朱劲松　姚丽霞 等著

“三元二区”融创中心协同育人的张家港实践

苏州大学出版社
Soochow University Press

图书在版编目（CIP）数据

“三元二区”融创中心协同育人的张家港实践 / 朱劲松等著．—苏州：苏州大学出版社，2021.8
ISBN 978-7-5672-3678-3

Ⅰ.①三… Ⅱ.①朱… Ⅲ.①中等专业学校—产学合作—人才培养—研究—张家港 Ⅳ.①G718.3

中国版本图书馆 CIP 数据核字（2021）第 159952 号

书　　名：“三元二区”融创中心协同育人的张家港实践
“SANYUAN ERQU” RONGCHUANG ZHONGXIN XIETONG YUREN DE ZHANGJIAGANG SHIJIAN

著　　者：朱劲松　姚丽霞 等
责任编辑：刘　海
装帧设计：吴　钰

出版发行：苏州大学出版社（Soochow University Press）
社　　址：苏州市十梓街 1 号　邮编：215006
网　　址：www.sudapress.com
邮　　箱：sdcbs@suda.edu.cn
印　　装：苏州工业园区美柯乐制版印务有限责任公司
邮购热线：0512-67480030　**销售热线**：0512-67481020
网店地址：https://szdxcbs.tmall.com/（天猫旗舰店）

开　　本：710 mm×1 000 mm　1/16　**印张**：15.75　**字数**：266 千
版　　次：2021 年 8 月第 1 版
印　　次：2021 年 8 月第 1 次印刷
书　　号：ISBN 978-7-5672-3678-3
定　　价：68.00 元

前 言

职业教育人才培养的实践性、复杂性与昂贵性等特征决定了其必须走跨界与融合发展之路。职业教育主要面向职业世界，培养胜任实操岗位、较好应对生产和管理实际的技术技能人才。古尔德（Gould）认为这一类型的人才必须兼具狐狸与刺猬的品性，即既能够拥有不屈不挠、毫不妥协地追求既定目标的美德（刺猬方式），同时又具备能达到预期目标的见多识广、足智多谋的灵活性（狐狸方式）。一言以蔽之，职业教育培养的人才必须知道干什么、怎么干及怎样干好。应用型人才培养的这一特性决定了受教育者除了必须掌握必要的理论知识之外，还要具备较强的实践智慧。诚如英国哲学家阿尔弗雷德·诺尔司·怀特海（Alfred North Whitehead）所述，“它是你在进行思考时的创造性的体验，是实现你的想法的体验，是教你协调行动和思维的体验，是引导你把思维和预见、把预见和成就结合起来的体验。技术教育提供理论、并训练敏锐的洞察力来判断理论将在何处失去作用”①。该类型人才不仅培养过程复杂、培养成本高昂，而且必然会伴随着社会经济的发展不断进行调整，以保持与经济社会发展的动态适应性，这也就决定了职业教育与行业企业、生产生活须臾不可分离。

无论是古今还是中外，大凡职业教育发展得好的国家或地区，无一不得益于跨界得法、融合有方。党的十九大报告指出，要“深化产教融合”，“校企合作”；中共中央办公厅、国务院办公厅印发的《加快推进教育现代化实施方

① ［英］怀特海著，庄莲平、王立中译．教育的目的［M］．文汇出版社，2012：70.

案（2018—2022年）》也提出，要“深化职业教育产教融合”，“构建产业人才培养培训新体系，完善学历教育与培训并重的现代职业教育体系，推动教育教学改革与产业转型升级衔接配套。健全产教融合的办学体制机制，坚持面向市场、服务发展、促进就业的办学方向，优化专业结构设置，大力推进产教融合、校企合作”。

历史与经验表明，产教融合、校企合作是职业教育改革发展的重要抓手，是一种注重培养质量，注重在校学习与企业实践，注重学校与企业资源、信息共享的“双赢”模式。产教融合也是地方产业转型升级的必然选择，是实现双主体育人的重要途径。职业学校是人才培养的主体，企业是人才使用、产品研发、技术应用和成果转化的主体，两者作为人才培养共同体，相辅相成、协同作用。学校基于育人规律，与企业产业链紧密对接，企业将先进的技术和岗位需求融合到课程体系和教学计划中，引导学生树立正确的职业理念，培育职业素养与职业精神，共同参与职业人才培养全过程，从而实现人才培养与经济社会发展的匹配性和适用性，促进地方产业经济优化升级。

江苏省张家港中等专业学校作为一所历史悠久的国家级示范性中等职业学校，为培养促进区域经济社会发展的高素质技术技能人才，自2005年起就深入开展校企合作，在引企入校、引进企业工业案例等方面进行了积极探索和创新实践，并取得了显著成效。学校提出了“理论与实践合一”“教室与车间合一”“教师与师傅合一”“学生与学徒合一”“作品与产品合一”“实习与生产合一”的“六合一”合作模式，校企合作的经验在全国职教工作会议上做交流推广。然而，我们也清楚地认识到，在办学过程中依然存在技术水平不高、高质量“双师型”师资不足、办学资源缺乏和人才质量参差不齐等一系列问题。所以，从2012年开始，学校进一步把校企合作模式升级成为“四位一体”的产教融合、协同育人模式，即实现政府、学校、企业和国外优质职教资源四位一体，深入合作。其中，具有典型代表性的项目由张家港保税区政府主导，江苏省张家港中等专业学校为育人主体，瓦克（张家港）化学有限公司等12家

企业紧密参与，德国瓦克化工学院（BBIW）提供课程与标准支持。此项目的深入推进，取得了显著的人才培养效应，毕业生深受企业欢迎，基于该人才培养模式凝练的成果获得了江苏省教学成果一等奖。

在产教融合、校企合作的人才培养过程中，职业学校的定位和作为始终坚持以市场为导向，根据行业标准、职业（岗位）要求、学生职业生涯发展需求，适时调整教学内容，使最前沿的信息和技术进入课程、深入课堂。校企协同进行人才培养之所以是一个动态的发展过程，原因就在于教育结构与产业结构之间的不适应和不匹配是常态的、持续的，因而校、企双方在协同的过程中始终处于从不适应到适应再到不适应的循环与交替的变化中。特别是学校和企业所秉承的价值取向、文化积淀、利益诉求不尽相同，这些都可能成为阻碍产教深度有效融合的重要因素。由于受到传统惯性思维影响，在产教融合过程中过度重视学校教育，轻视企业利益，片面地认为校企合作就是为了提高学生的技能水平，而忽视了职业教育服务企业、服务社会的重大作用，加上一些企业认为投入的硬性指标与预期收益不对等，这些便造成了职业教育与企业、产业发展的疏离。

江苏省张家港中等专业学校正是在不断实践、不断探索、不断发展的过程中加深了对产教融合培养人才重要性的认识，因而，始终用发展的眼光、出新的视野和务实的举措进行着产教融合的研究与实践。自 2015 年开始，学校对原有的“四位一体”协同育人模式进行迭代升级，以构建“三元二区”融创中心为平台，以产业学院、企业学院为纽带，引进德国优质职教资源，搭建产教融合联盟，深入开展产教融合、校企合作。相关各方根据自身特点，主动在人才培养、技术研发和文化传承等方面深度合作，达到自身利益和价值的最大化，共同完善人才培养供给链。由此，学生增强了自身的职业技能，树立了追求卓越、严谨创新的工匠精神；学校扩大了自身优势，提升了服务社会的能力水平；企业获得了人才支撑、技术成果并延续了技艺传承，从而推动学校和行业企业形成了命运共同体。

为了使学校的做法与经验能够为更多的职业学校提供借鉴，同时进一步促进学校自身的创新探索，我们将这些年来的经验进行总结、归纳与提炼，形成了《“三元二区”融创中心协同育人的张家港实践》一书。本书以江苏省张家港中等专业学校推行的“三元二区”融创中心协同育人模式实践积累的经验为蓝本，从产教融合、校企合作的平台搭建，从校内产业学院、厂区企业学院的建设与实施，从人才培养、技术创新、成果转化及社会服务等方面的做法与效果等角度，详细阐述了其方法、途径、效果和侧重点。本成果经历了实践的检验，因此可以在产教融合、校企合作等方面给予职业院校一些有益的启示，这也正是我们编写此书的目的和追求。

虽然学校在办学中取得了明显的成效，但我们依然认为在产教融合的紧密程度、校企合作的有效程度、校企效益的最大化等方面还没有臻于完善，所以，本书中所总结的一些经验不可避免地存在局限性；同时，由于时间、能力和条件诸因素的综合作用，本书的系统性、条理性、理论性等也不尽如人意。尽管如此，我们仍不揣浅陋，将书付梓，无他，旨在搭建一个同行之间相互学习、相互交流、相互借鉴的平台，期望能如愿。

朱劲松

2021 年 4 月

目　录

第一章 "三元二区"融创中心的内涵特征与功能定位

自2017年党的十九大报告提出深化产教融合以来，各职业学校纷纷探索产教融合的内涵、形式样态、特征与功能等，并积极实践其成效。为适应新形势下高素质技术技能型人才培养的需求，近年来，江苏省张家港中等专业学校不断创新校企合作模式，建设"三元二区"融创中心，并将之作为职业学校提高人才培养质量而与行业企业开展深度合作的教育途径和平台，通过这一培养人才的新途径、新平台，促进校、企深度融合，探索多元人才培养路径，提升人才培养质量。

一、"三元二区"融创中心的产生背景

（一）时代命题——新时代发展背景下职业教育变革的必然需求

如何培养适应新时代发展要求的高素质技术技能型人才？这是每一个职业教育研究者和实践者迫切需要回答的时代命题。国家"十四五"规划和2035年远景目标纲要都提出，必须加强创新型、应用型、技能型人才培养，实施知识更新工程、技能提升行动，壮大高水平工程师和高技能人才队伍。据人社部数据，截至2020年，我国技能劳动者超过2亿人，高技能人才超过5000万人，但我国技能劳动者在就业人口总量中的占比仅为26%。从整个就业和经济发展需求看，我国技能人才总量仍然不足。"十三五"期间，我国新增高技能人才超过1000万人，但高技能人才仅占技能人才总量的28%。① 企业虽然进行了技术技能改革，自动化程度再上新台阶，减少了对部分普通技术工人的需

① 人民网．技能人才需求旺盛（民生视线）［EB/OL］.（2021-03-19）https://baijiahao.baidu.com/s?id=1694610761678547272&wfr=spider&for=pc.

求，但对自动化相关技术人员或者复合型技术技能型人才的需求却在大幅度增长。中国职业技术教育学会副会长陈李翔分析，未来制造业中的操作性岗位将逐步被工业机器人所替代，而生产现场的技术指导、工艺管理和产线运维等技能依旧不可或缺。① 在数字经济时代，随着企业生产运营智能化程度的大幅度提高，技术员与工人、工程师与技师之间的差异正在逐步缩小，远期甚至趋于融合，高技能人才的重要性日益显现。职业教育所面对的正是在科学技术不断进步中形成的各种新行业、新职业及新工种。

（二）产业转型——地方经济发展需要高技术技能人才的内生动力

在深度融入长三角高质量产业体系的过程中，张家港市瞄准“产业基础高级化、产业链现代化”目标，重点打造冶金、智能装备、新材料、高端纺织等四条特色优势产业链，以及新能源、数字经济、生物医药及高端医疗器械、先进特色半导体等四条新兴领域产业链，深度参与长三角一体化产业分工合作，精准布局先进制造业特色产业集群。张家港市装备制造业的发展，亟需一批能够满足产业发展需求和企业发展需要的高技术技能型人才。

（三）服务自觉——学校服务地方经济发展需要的应然突破

作为地处苏南经济发达地区的国家首批示范校，江苏省张家港中等专业学校（简称“张中专”）对接地方产业发展变化和企业发展需求，经过多年的研究与实践，独创性地打造了“三元二区”融创中心这一新载体，来实践产教融合新要求，解决职业学校在满足企业对人才的需求方面作用发挥不足的问题，克服产业力量在参与学校人才培养方案制订、课程建设中缺失的问题，形成教育力量和产业力量在产教融合中的合力，交出了一份地方政府放心、学生及家长满意的答卷。

二、“三元二区”融创中心的内涵阐释

“三元二区”融创中心是张家港中专校在校企合作的长期实践基础上，围

① 刘增辉．中国职业技术教育学会副会长陈李翔：以三大行动推动产教融合向纵深发展[EB/OL].(2021-04-08)https://www.sohu.com/a/459686507_100016406.

绕高素质技术技能型人才培养的关键环节和资源要素进行优化组合而形成的新型载体（图 1-1）。其中“三元”是人才培养的三个主体，分别是学校、企业和德国职教集团，校、企、外三方发挥各自优势，把实际生产经营过程和教育教学活动过程紧密联系起来，把德国职教先进教学模式渗透到教育教学的过程中，统筹整合资源，打造混编教学团队，共同制订人才培养方案，构建理论和实践课程体系，开发项目化教材，组织课程的实施。“二区”是指校区产业学院和厂区企业学院。针对区域产业集群，对应校内的专业群，在人才培养过程中，学生通过不同学习场域的交替、轮换，在低年级完成基础理论和基础技能学习；在中年级进入产业学院，完成工学结合实践学习、技能提升训练和企业员工初级培训；在高年级进入企业学院，完成企业岗前入职适应性培训和企业管理规范培训等。通过“三元二区”融创中心的培育，学生成长为适应区域社会经济发展的高素质技术技能型人才。

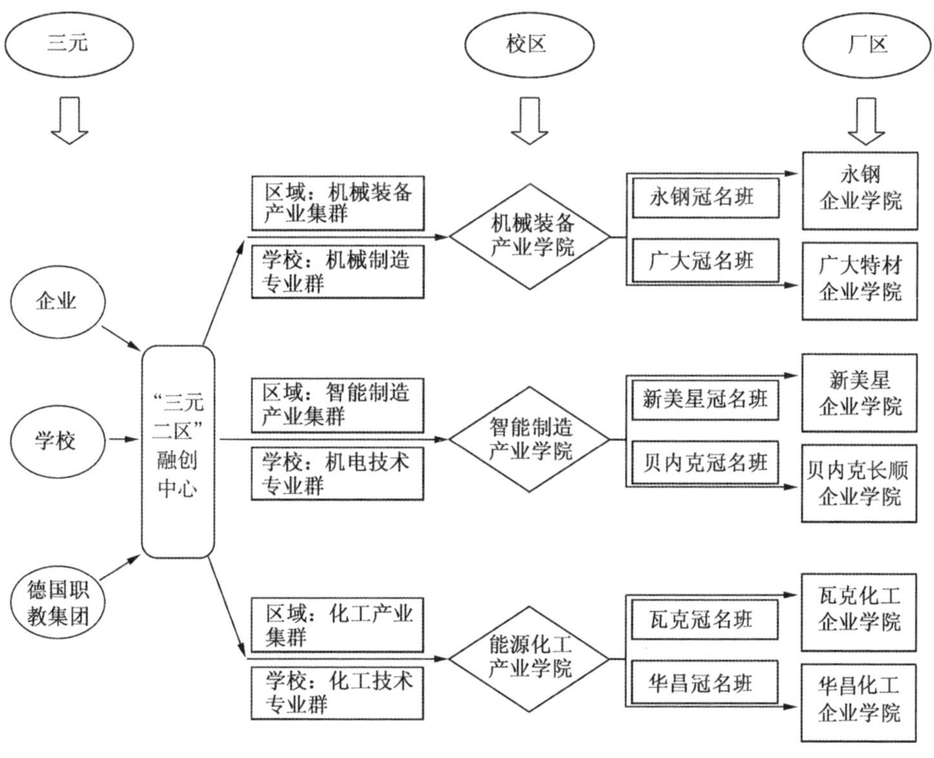

图 1-1 “三元二区”融创中心框架结构

三、“三元二区”融创中心的特征剖析

（一）多元融合性

“三元二区”融创中心是产教融合的新载体，也是校企合作的一个平台。在融创中心内，校企根据区域产业集群对接学校专业群，组建机械装备产业学院、智能制造产业学院及能源化工产业学院等三个产业学院。机械装备产业学院分别对接永钢企业学院、广大特材企业学院；智能制造产业学院对接新美星企业学院、贝内克长顺企业学院；能源化工产业学院对接瓦克化工企业学院、华昌化工企业学院。“三元二区”融创中心是新的校企合作命运共同体，通过融创中心这一平台，学校和企业协同发展，专业和产业共生共长，形成校、企双主体协同育人新模式。

学生进入“三元二区”融创中心后，在学习前期，根据专业等选择相应的产业学院，基于其兴趣爱好、特长及对未来职业生涯的考量等，选择进入不同的冠名班完成专业理论知识的学习、初级技能和中级技能的学习与培训；在学习后期，学生根据自己所选择的冠名班进入对应的企业学院进行企业技能学习、岗前入职培训等。在融创中心平台内，专业群对接产业集群，每一个校区产业学院对接两家以上厂区企业学院，“一个中心，三个产业学院，六家企业学院”架构起校企合作的新舞台。

（二）课程特色性

课程是育人的载体。“三元二区”融创中心在贯彻落实产教融合作为推动职业教育改革的关键理念和行动方略的过程中，坚持以产教融合型课程作为平台建设的主要课程形态。

融创中心课程从逻辑基础来看是教育规律与产业规律的融合。在课程设置中，除了遵循学生个体身心发展规律之外，也遵循学生个体职业成长发展规律，而这个规律实质上与产业发展所需要的职业人才的成长路径密切关联。因此，融创中心的课程以产业发展对人才的需求为基础，以教育规律与产业规律

的融合或共同合力为逻辑基础。① 从课程的使命和职责来看，融创中心的课程是自身授受与技术创造的融合。融创中心的课程由学校和企业共同协商确定，通过引进国外的标准来组织课程的实施，服务于学校和企业的人才培养，服务于产业发展中的技术创造需求。

同时，融创中心的课程不只是向学生传授知识和技能，也开展技术创新和创造工作，协同学校和企业，围绕产业发展所需要的关键技术和核心工艺攻坚克难，推动研究成果向产业技术转化。在课程中，除了教授基本的技术知识之外，还要帮助学生掌握技术创造能力，或者师生协同开展技术创造。

从课程的表现形式来看，融创中心的课程是书本知识与生产经验的融合。借鉴国外职教的普遍经验，融创中心的课程在产业学院一般以项目课程、理实一体化课程或者工作过程系统化课程来呈现，在企业学院则以参与企业实际产品的生产过程来呈现。与传统课程以讲授书本知识为主不同，融创中心课程的教学内容来自企业生产过程或者生活活动，既生产产品、完成工作，又培养技术技能人才。

基于此，融创中心的课程不仅仅是对学校书本知识的学习，还融入了产业和企业元素，突破了传统课程的内涵，丰富了传统课程的授课内容，超越了传统的学校教育的范畴。

（三）三方协同性

融创中心的教学团队由学校教师、企业师傅、外教这三方组成。然而，在产业学院和企业学院，三方发挥的作用并不相同。

在产业学院，学生的导师是以学校教师和外教为主，同时配有不同企业的技术员、人力资源专员等。同一产业学院不同的冠名班由统一的学校教师和外教组成基本教学团队，给全体学生传授专业基础知识及基本技能，根据国外先进的专业标准来规范技能技术要求；同时，还邀请不同企业的技术人员、人力资源专员等定期给本企业冠名班学生讲授具有本企业特色的技术、企业文化等。

---

① 赵文平. 职业教育产教融合型课程形态初论［J］. 高等职业教育探索，2021(1)：43-47.

在厂区企业学院，学生导师团队以企业师傅为主、学校教师为辅，外教和企业外资技术员等作为协助。在企业学院，学生主要跟随企业师傅进行岗位技能、前沿技术、企业管理规范等知识的学习，学校教师更多的是辅助管理，从思想品德等方面对学生进行引导。由于企业外向型经济发展的需求，在企业学院组织教学的过程中，也会渗透国际领先理念；在企业师傅团队配备过程中，也会邀请企业的外方管理人员或者外方技术员给学员授课或讲学，对学生进行技术培训或者管理培训。

教师、外教、企业师傅三元合一的教学团队，让学生接触到不同的导师，从不同教学管理对象身上感受到不同的文化、不同的要求，从而吸收、掌握更加多元的知识和技能。

四、"三元二区"融创中心的功能定位

（一）整合"校企外"三元优势资源，创新协同育人培养模式

"三元二区"融创中心将学校、企业、德国职教集团优势资源充分整合与共享，"通过深化产教融合，促进教育链、人才链、产业链与创新链的有机衔接，促进人才培养供给侧和产业需求侧结构要素全方面融合"①，根据产业需求调整课程目标，针对市场需求进行课程设置，依照产业要求选择课程内容，根据产业经济发展动态来确立人才培养目标定位、确定课程的目标。从社会生产活动对人才的需求出发，以社会生产活动对人才需求的规格作为主要依据，教育元素与产业元素一体化，学校与企业一起，根据国际先进企业标准，共同建设专业、共同开发课程、共同组织教学、共同开展合作，实现专业与产业对接、学校与企业对接，校、企融为一体。产业的技术需求、企业人才需求成为学校的专业体系、课程体系，从而实现培养人才与服务社会经济的双重目的。

（二）重构产教融合型项目化课程形态及结构体系，改革教学组织形式

"三元二区"融创中心，整合教学资源，改革教学模式，依托企业实际，

① 王祝华．产教融合从内涵深化到载体创新［J］．中国高校科技，2019(12)：61-64.

建设产教融合型课程，构建基于工作过程的项目化、模块化的课程体系。在教学过程中，将学习过程与工作过程以及学生能力的培养相结合。学生基于兴趣爱好、自身特长等选择不同的产业学院，通过项目化、模块化的课程学习，从传统的被动式听课转变为主动式探索学习。学生在不同的企业学院学习，可以获得完整的工作过程学习机会，增强适应企业实际工作环境和解决综合问题的能力，缩短进入企业岗位的适应时间。企业技术专家参与课程的开发，有助于将企业生产中的新工艺、新标准、新技术和新要求纳入课程内容；参与对学生的教学、评价等环节，有助于把专业教学标准与企业发展中的职业岗位能力标准相对接、相统一。企业将真实的设备、工具、环境、任务作为学生学习的设备、工具、环境和学习任务，为学生提供生产实际的学习环境、学习内容，既丰富了教学内容，又改革了教学组织形式。

（三）建立流动机制，打造"学校+外教+师傅"三元联合教学团队

《关于全面深化新时代教师队伍建设改革的意见》《国家职业教育改革实施方案》《深化新时代职业教育"双师型"教师队伍建设改革实施方案》《全国职业院校教师教学创新团队建设方案》等文件明确提出要打造职业学校高素质"双师型"教师队伍，为新时代职业教育教师队伍建设提供了实践依据。"三元二区"融创中心的师资以"学校+外教+企业师傅"三元教学团队为主，建立起校、企、外三方人员流动机制，在校区产业学院和厂区企业学院，教师、企业师傅和外教发挥的主体功能不同：在校区产业学院，教学团队以学校教师和外教为主，企业人员为辅；在厂区企业学院，教学团队以企业师傅为主，学校教师和外教为辅。

同时，学校教师在产业学院深入钻研基于工作过程的教学方法和现代化教学手段，到与其专业相关的企业学院进行"充电"，掌握企业最新发展动向，提升实践操作技能。① 此外，依托产业学院实践和企业学院企业人员进课堂，企业师傅担任实践导师，自身的教学能力也得到提升。

---

① 陈灵超，涂三广，董宏建．数据视域下中职师资培养的现状、成因及发展策略——基于教育部 2010—2017 中职校(机构)教师队伍状况分析［J］．职教论坛，2019(1)：74-82.

（四）创设多元情境，全面提升学生综合职业能力与职业素养

职业教育高质量发展主要通过知识和技能等的传授和创新，使学生养成职业道德、职业态度和职业精神，掌握职业知识和职业技能，全面提升职业素养。学生职业能力的获得是在传统的学校教育场所与具有真实工作任务的企业工作场所完成的。①“三元二区”融创中心这一平台的搭建，使学生学习的场所突破了传统的教室或学习场域，进入仿真模拟工作场景，或走进企业车间体验真实的工作场景。学生在参与真实任务的过程中，在熟练成员的直接或间接指导下获得知识和技能。“三元二区”融创中心自2015年成立至今，已培养学生1362人，学生获得高级工或者“1+X”证书率达92%以上，学生毕业后成为多家企业的技术或管理精英，毕业生收入呈线性增长；在各级各类技能大赛中，学生获奖人数和获奖级别显著提升，得到用人单位高度认可。

① 赵文平．职业教育产教融合型课程形态初论［J］. 高等职业教育探索，2021(1)：43-47.

第二章 “三元二区”融创中心的发展与演变历程

在深化产教融合、校企合作、协同育人的过程中，张家港中专校充分挖掘和弘扬自身优势，结合新时代、新形势、新要求，创新建立“三元二区”融创中心，积极对接地方支柱产业、新兴产业和特色产业，服务张家港地方产业结构调整和转型升级的需要，构建提高专业人才培养质量的校企协同育人机制。基于此，学校充分凝练办学特色，提高人才培养质量，增强学生创业就业能力，从而提升学校社会服务能力与社会影响力。

“三元二区”融创中心经历了一个逐步完善、不断发展的演变过程，先后经历了校、企“二元合作”初探索（2003—2009），外、企、校“三方联动”对接地方产业集群提质量（2010—2013），政、企、校、外“四位一体”建设产业学院求发展（2014—2015），由学校、企业、国外优质职教机构“三元”合作以及共建“校区”产业学院、“厂区”企业学院“二区”协同育人促融合（2015 年至今）阶段。历经 18 年的发展与演变，张家港中专校逐步形成了独具特色的产教融合协同育人的人才培养新模式：将产业部门和教育部门紧密联系，产业集群对接专业群，以龙头企业为引领，引进国外职教集团教学标准，成立产业学院和企业学院，专业对接企业，教学活动过程对接实际生产过程，校、企、外三方资源共享，实现功能对接、责任共担、人才共用、设施共建和信息互通。

一、校企“二元合作”初探索（2003—2009）

2003 年，张家港中专校和江苏新美星包装机械有限公司合作，开启了校、企二元合作之路。次年，学校又积极探索中外合作办学之路，先后与澳大利亚新南威尔士州西南悉尼 TAFE 学院、印度国家信息技术学院、韩国湖南大学等

开展中外合作办学。

（一）校企二元合作共建新美星实训车间

2003年11月，江苏新美星包装机械有限公司与学校共建实训车间，进行教学模式的改革试点。学校将数控车间建成新美星实训车间，作为校企二元合作基地；将机电一体化技术四年级班整班作为新美星学徒制班，45名学生既是学生同时又是新美星的员工；同时配备了2名专职教师，既负责对学生的管理，同时也跟着企业师傅学技术、学企业管理方法。

新美星派1名车间管理人员和10名数控操作师傅进驻新美星实训车间，将当时输送机辊筒产品的生产带进了实训车间。在企业师傅和学校老师的合作下，双方共同开发编写了《输送机配件的生产及其安装与调试》一书，作为学生技能实训的项目教材。与此同时，一名工厂师傅带4名学校学生，将生产产品的过程作为教学过程，开启了校企二元合作探索之路：学生进入新美星实训车间，通过有组织、有计划、系统规范的训练，直接参与企业产品的生产与制作，直接参与到企业的生产、管理一线中。学生在真实的企业氛围中对接生产，训练自己的职业能力，锻炼和培养岗位适应能力。通过实习实践，学生参与生产性实训的深度和广度得到拓展，检验了专业理论，提高了综合技能水平。

新美星实训车间的设立，将教学与实践相结合，车间与课堂融为一体，学生边学边做，边做边学，车间成为学生消化理论、锤炼技能，综合应用能力体系初步形成的场所；突破了单向、松散的人才培养模式，转向集学生、教师、企业实践于一体的多向而真实的培养，为校企合作、工学交替的实施提供了宝贵经验。

2004年6月，第五次全国职教工作会议把张中专作为一个参观考察点，并在张中专举行了结束会议。教育部周济部长在考察了新美星实训车间后，称赞张中专校企合作练技能的实训模式代表了中国职业教育发展的方向。

【案例：校企二元合作项目优秀毕业生张碧霞】

张碧霞，学校机电 074 班优秀毕业生，现为张家港市超旺实业有限公司技术副总裁。2007 年 9 月，张碧霞进入机电一体化专业就读。其间参加了学校与新美星联合举办的新美星学徒制班，既跟学校老师学理论，又跟企业师傅学技能。2012 年毕业后，他进入超旺实业公司工作。因为专业对口，技能扎实，所以很快就适应了企业的生产要求。

在生产实践中，他发现在学校里上的机械、液压气动和电气控制等专业课，自己时时刻刻都在运用着，但同时还有许多新知识需要学习，而厂里的老师傅不会像学校老师一样讲解技术要点。于是他晚上重温在学校里学过的课程，白天上班再观察实践，验证理解技能内涵。经过两年左右的潜心探究与实践，他自己可以独立安装并调试好整套设备。他的勤奋好学得到了领导的认可，2014 年，他成为一名中共党员。2015 年担任市场部技术组组长。2016 年 4 月，他被调入高端吹塑机研发部，主要开发用于帮助客户实现全自动化、无人化的生产车间。他迅速成长为研发部技术骨干，从控制器程序编写，到机电一体化技术应用，再到设备之间配合提高，最终实现全自动化流水操作，提高产品质量，降低设备故障率、返修率，为公司增加了 2000 万元的产值。2019 年 1 月，他被破格提拔为公司技术副总裁。

（二）中澳 TAFE 项目

自 2005 年起，为了适应张家港外向型经济发展的需求，学校与澳大利亚新南威尔士州西南悉尼 TAFE 学院合作办学（简称“TAFE 项目”）。TAFE 项目招录机械专业和会计专业学生，两个专业隔年招生，学制 5 年，每年招录 45 名学生。澳方提供人才培养方案，提供教程、教材，每年派 2 名外教来张家港中专校担任专任专业教师，同时对中方教学质量进行监督考核。张家港中专校依据澳方要求实施教学，每年组织 4 名教师与澳方外教一起管理学生，进行项目化的教学，同时向澳方学习管理经验。学生入学后，前两年重点学习语言，提高英语的听、说、读、写能力。从第三年、第四年开始，学习澳方提供的专业课程，学习合格后，可以取得澳大利亚 TAFE 学院的大专学历证书。学

生在第四年学业结束后，若愿意出国赴澳大利亚TAFE学院继续就读本科，可以办理留学申请，TAFE学院承认中方学生在国内已经合格的专业课程，并将其纳入本科段的学分。不愿意出国的学生则可以继续留在学校就读，到第五年，考核合格后，可以取得江苏联合职业技术学院五年一贯制学历文凭。

2005—2010年，张家港中专校先后接待10名澳大利亚外教来学校任教，他们带来了澳大利亚TAFE学院的理念目标，将TAFE学院的课程体系带入校园，将TAFE学院的教学模式和教学方法运用于学校机械、会计专业的教学，同时对评价机制也进行了改革。由此，这种做法成了学校职教改革的新风尚。为了适应这种变化，提升教师教育教学能力，学校专门成立外教中心，选派6名教师和澳大利亚外教一起办公，并先后派了16名教师赴澳大利亚进修学习，开拓视野。在学校与TAFE学院的共同努力下，从2005年至今，学校共有550名学生获得TAFE三级和四级专业证书，530名学生获得TAFE大专学历证书，并先后有170名学生出国赴澳大利亚TAFE学院留学，为张家港外向型经济企业培养英语专业技术人才多名，极大地缓解了张家港外向型经济发展过程中外贸人才紧缺的局面。

【案例：TAFE项目优秀毕业生严艺桐】

严艺桐，2010年6月毕业于张家港中等专业学校中澳会计专业，现任上海雅格博尔教育科技总裁，“嘟嘟漫”品牌创始人，旗下拥有巴巴姆国际少儿英语教育、嘟嘟漫科创美学馆、元嘟嘟在线美术等机构，在上海、张家港、昆山、无锡等地都开设了分支机构。严艺桐毕业后开始创业，在张家港首先创办了巴巴姆国际少儿英语教育机构，并取得了巨大成功，随后又将事业版图拓展到上海、昆山、无锡等地，创建了雅格博尔教育机构，并担任总裁。在2019年第三届博鳌企业论坛上，严艺桐以上海雅格博尔教育科技总裁、“嘟嘟漫”品牌创始人身份应邀参会并发表了主题演讲。

【案例：TAFE项目优秀毕业生许诗琦】

许诗琦，2013届经管部（中澳合作办学）会计专业毕业生，在校期间班

级专业课排名第一，荣获英语技能大赛苏州市三等奖、张家港市一等奖等好成绩及“江苏省三创优秀学生”等荣誉。2016年，许诗琦顺利通过雅思考试，去往澳大利亚麦考瑞大学求学，就读专业会计学士学位，并以优异的成绩从学校毕业。现在悉尼大学攻读金融和商业分析研究生。

（三）中印NIIT项目

从2006年开始，为了适应张家港网络与信息技术产业发展需求，学校参与了江苏联合职业技术学院与印度国家信息技术学院合作办学项目（简称“NIIT项目”）。该项目是根据江苏省委、省政府要求，由江苏联合职业技术学院牵头的集团化办学的中外合作项目：引进NIIT学院教育资源和课程体系，采用双语教学和项目式实习实训方式，以提高学生的应用实践能力、科技创新能力。学生在校学习5年，通过考试，可以取得江苏联合职业技术学院的大专毕业证书，同时，如果通过认证相关考试，学生还可以取得NIIT相关认证，从而提高就业能力。学校每年让计算机专业的1个五年制班级学生参与该项目，并专门成立了NIIT教学管理团队，该团队由张家港中专校的5名教师和2名印度外教组成，负责该项目的日程教学管理和学生管理。双方在新课程、新模式、新师资、新考核、新激励以及新就业等方面扎实开展了各项工作。同时，为了提高NIIT项目学生的适应能力，项目组和声光智能科技有限公司合作，持续14年培养复合型技术人才。

通过参与NIIT项目，学校拓宽了国际化视野，提高了专业建设质量，进一步认识了项目合作的意义和价值，同时也为校、企、外三方合作打开了崭新的局面。NIIT项目连续培养了14届学生。通过参与该项目，学校为张家港及周边城市培养了超过600名具有较好英语沟通能力、较强IT技能的优秀人才，在合作中也促进了相关专业教师的成长。

【案例：NIIT项目优秀毕业生陆一洲】

陆一洲，2010年进入张家港中专校计算机专业NIIT项目班学习，现就职于江苏国泰新点软件股份有限公司，目前在南京分公司从事App编程与测试

等工作。2017年与2018年连续获得“公司年度先进员工”荣誉称号。目前，陆一洲在公司里担任研发小组组长。在国泰新点这个人才辈出、90%以上员工都是一本毕业生的单位，他作为五年制大专学校的毕业生，能在这样的环境里胜出，离不开在学校打下的良好基础，更离不开自己的努力和拼搏。

【案例：NIIT项目优秀毕业生刘梦瑶】

刘梦瑶，计算机143班学生，毕业后便踏入了面向小朋友的编程教育行业，现就职于蓝魔机器人培训中心。初次走上工作岗位，她在工作中扎实稳重、不懂就问，不断学习并且善于学习，而且勇于发表自己的意见并愿意采纳他人意见，带班半年多就得到了小朋友与家长的认可。她每月会给自己定下明确的目标，并为实现目标而去努力。仅用一年的时间，她就从职场小白成长为教学部门小组长。

二、外、企、校“三方联动”对接地方产业集群提质量（2010—2013）

在校企二元合作和中外二元合作的过程中，学校逐渐认识到校、企、外三方联动是创新培养模式、实现人才联合培养的全新路径。自2010年起，为了满足张家港市韩国工业园区内韩资企业的用工需求，学校与韩资企业、韩国湖南大学合作，在商贸专业开展校、企、外三方联合育人。为了满足张家港市经开区内日资企业的用工需求，张家港中专校与那智不二越（江苏）精密机械有限公司、日本不二越工业高等学校在机械制造与自动化专业开展联合育人的实践探索。

（一）中韩湖南大学项目

2010年，为了满足张家港市韩国工业园区内企业的用工需求，学校开始与韩国湖南大学沟通接洽合作办学事宜（简称“中韩项目”）。双方根据商讨，决定从2011年开始合作办学商务韩语专业，学生在张家港中专校就读商务韩语专业，学制3年，专业课程以学习韩国语言为主，成绩合格后可以取得张家港中专校中专文凭，并升入韩国湖南大学就读本科。为了确保学生在3年的学

习中语言能过关，韩国湖南大学每年派 1 名专任教师赴张家港中专校教学，并定期对学校中韩项目的教学质量进行跟踪监督。同时，为了适应学校中外合作办学的需要，学校专门成立了国际交流教学部，专门负责全校对外合作办学班的管理和日常教学管理。从 2010 年至 2020 年，中韩项目共培养了近 500 名商务韩语专业的学生，共有 50 名学生赴韩国湖南大学留学深造，另有近百名毕业生赴张家港韩国工业园工作。这批学生因为懂韩语，很快就适应了韩资企业的工作，有多名学生已经成长为企业的骨干。

【案例：中韩项目优秀毕业生袁帅】

袁帅，2012 年进入中韩商务专业学校，2015 年赴韩国湖南大学进行本科阶段的学习。在韩国就读期间，他选择就读高尔夫球产业系并且积极参加学校组织的各种活动，荣获积极分子和功勋奖。2015 年 11 月 4 日，参加韩国湖南大学外国人演讲比赛，荣获第一名。2016 年 6 月下旬，代表湖南大学参加全韩独岛演讲比赛，获得鼓励奖。2017 年 6 月下旬，代表湖南大学参加全韩独岛演讲比赛，获得三等奖。2017 年 9 月到 2018 年 6 月，担任湖南大学留学生会会长。2018 年 6 月下旬，代表湖南大学参加全韩独岛演讲比赛，获得二等奖。大学毕业后，他在韩国自主创业，主要从事中韩贸易工作。

【案例：中韩项目优秀毕业生季亭亦】

季亭亦，2011 年进入中韩商务专业学习，2014 年赴韩国湖南大学就读医学美容专业。2014—2015 学年，获得湖南大学语学堂优秀奖。2015 年，担任光州市汉语原语民指导老师。2017 年，取得韩国皮肤美容社会国际 CIDESCO 韩国区优秀奖，并取得大韩经络协会授予的经络师资格证。2018 年，获得 TOPIK 六级，获得韩国语能力优秀奖。毕业回国后，季亭亦运用自己所学到的扎实的专业知识，从事着一份自己喜爱的工作，现在致美逆颜皮肤管理所工作。

（二）中日那智不二越项目

2012 年，那智不二越（江苏）精密机械有限公司落户张家港。该企业在

发展壮大的过程中，主动对接张家港中专校，表示希望和学校合作开展机械制造类专业人才的培养（项目简称为"那智不二越项目"）。从 2014 年起，学校从机械制造及自动化专业四年级学生中选拔 2~4 名学生作为交换生，赴日本不二越工业高等学校学习。交换期间，学生在日本的课程、学分等均被张家港中专校承认，并记入学生学籍档案。学生在日本的学费、生活费等全部由那智不二越（江苏）精密机械有限公司承担。学生交换期满后，可以留在日本继续本科阶段的学习，也可以返回国内，继续完成五年制大专的课程学习。学生大专毕业后，可以赴那智不二越（江苏）精密机械有限公司工作。

从 2014 年至 2019 年，学校共派 26 名学生作为交换生赴日本不二越工业高等学校学习，学生在不二越工业高等学校学习期间表现优异，并获得了日本技能认证证书。

【案例：那智不二越项目优秀毕业生赵海军】

赵海军，2013 年 9 月进入张家港中专校机械 132 班学习，2016—2017 年，作为中日交换留学生，前往日本不二越工业高等高校学习。留学期间，他刻苦学习，获得了新日语能力考试二级证书、日本普铣三级证书，给日本老师和同学留下了很好的印象。毕业后，赵海军就职于大福自动搬送设备（苏州）有限公司，工作内容主要是机械工程设备维护，兼顾日语翻译工作。虽然只有一年的工作经验，但他已赢得了公司领导和同事的认可，并被评为优秀员工。

三、政、企、校、外"四位一体"求发展（2014—2015）

随着张家港外向型经济的转型和发展，以及外向型支柱产业的升级，对于逐利的企业和公益的职业院校而言，其利益的协调更需要政府的参与。从 2014 年开始，学校在政府的参与下，学习德国"双元制"职业教育先进理念，将其本土化，努力实践政府、行业企业、国外知名职教集团与学校"四位一体"协同育人模式，推动人才培养模式的改革。

（一）中德 BBW 项目

2014 年，为了借鉴德国"双元制"的教学模式和教学经验，提升人才培

养质量，针对现代职业人才的岗位职责和学生发展要求，学校与德国东布兰登堡职教集团（简称“BBW 集团”）开始实践制造类专业人才“四位一体”协同培养项目（项目简称为“中德 BBW 项目”）。

学校统筹整合张家港经开区政府、行业企业和德国 BBW 集团资源，共同修改人才培养方案，系统引进机电一体化、机械制造及自动化等专业的德国课程标准，引进德国师资与本校教师一起组建混编教学团队，与当地企业共建实践实训教学基地，共同开发项目化教材并全面实施项目化教学，谋求实现专业与产业、课程内容与岗位标准、教学过程与生产过程的无缝对接，努力将学生培养成为德行良好、爱岗敬业、技术精湛的高素质技能型人才。

【案例：中德 BBW 项目优秀毕业生赵春荣】

赵春荣，2009 年 9 月进入学校机电一体化专业学习，是学校中德 BBW 项目第一批学员。毕业后，他进入张家港市舜辰机械有限公司，在公司担任电气工程师。前期在车间内实习，熟悉设备。由于在中德 BBW 项目学习过程中有实际技能操作经验，他在处理设备的运动和控制这一领域技能比其他人强。这使得他原本 3 个月的实习期缩短至 1 个月，并直接进入技术科参与设备的研发。在参与项目组设备研发的过程中，他经常会遇见各种各样的问题，但在中德 BBW 项目学习过程中，德方老师和企业师傅勇于攻坚克难的教导让他备受鼓舞，面对困难，他勇于接受挑战，绝不退缩，而是从容地去处理各种问题。凭借扎实的理论基础，过硬的专业技术，赵春荣共获得国家发明专利 5 项，被评为张家港市“技能状元”，在第四届苏州市技能英才周中荣获机电设备安装与调试第二名，被苏州市总工会、人力资源和社会保障局分别授予“苏州市青年岗位能手”“苏州技能大奖”和“苏州市五一劳动奖章”等荣誉。

【案例：中德 BBW 项目优秀毕业生陈超】

陈超，2009 年 9 月进入学校机电一体化专业就读，2014 年成为中德 BBW 项目第一批学员。现担任苏州涵熙工程建设咨询有限公司张家港分公司负责

人。毕业后，陈超在红星美凯龙品牌管理有限公司张家港分公司任职。在职期间，他对所在岗位认真负责，办事态度严肃、一丝不苟，赢得了领导的赞赏，从职员升至部门主管。2019年年底，他开始自主创业。创业是艰辛的，又恰逢疫情的影响，所以创业初期并不顺利。经过一年的努力，公司业绩终于扭亏为盈，达到50万元以上。

（二）中德BBIW项目

2015年，张家港保税区政府与学校化工专业合作办学，为保税区内化工企业提供人才培养服务（项目简称为“中德BBIW项目”）。中德BBIW项目首先从中德化工实训基地建设开始，由张家港保税区政府出资450万元，参照德国瓦克学院化工实验室建设标准，在学校技能楼三楼、四楼改造建设了中德化工实训基地。实训基地由2个基础化工实训室、1个化工网络实训室、2个化工理论教室组成。在基地建设过程中，由瓦克化学（张家港）有限公司派4名技术人员和学校对接协商，参照瓦克化学车间模式，商榷了实验室建设标准，进行了施工改造。实验室中所购买的设备均来自德国，文化布置均参照德国瓦克学院。中德BBIW项目努力实现教学标准国际化，教学管理规范化，教学内容项目化，教学质量标准化，教学方式现代化。2015年7月，为了确保项目的顺利实施，学校选派4名教师赴德国瓦克学院学习了解国际化教学标准，学习现代化教学模式。2015年9月，共有45名学生参与中德BBIW项目。学校根据“四位一体”协同培养的要求，将德国瓦克学院化工专业项目课程作为教程，按德国职教模式要求授课。同时，为了确保教学质量，德国瓦克学院每学期派2名导师来学校进行教学示范和质量督学。中德BBIW项目实施至今，已经培养了4届学生，学生通过该项目增强了运用专业技术技能解决生产一线工程技术问题的能力。

【案例：中德BBIW项目优秀毕业生许洋洋】

许洋洋，2016届化工应用化工专业毕业生。在校期间曾担任校学生会生活部部长，多次获得“优秀学生会干事”“优秀志愿者”等荣誉。于2021年入

职瓦克化学（张家港）有限公司，担任ELA工厂工艺技术员。在工作中，他凭借出色的组织能力、沟通能力及协调能力，得到领导与同事的认可。他在新员工职业技能考核中取得了优异的成绩，在新人之中起到了榜样作用。在工作之余，他也抓住一切机会学习新知识、新技术，抓紧时间，努力提升自己。他相信，只要不停地努力下去，就一定会获得成功。

【案例：中德BBIW项目优秀毕业生杨婧奕】

杨婧奕，2016届化工161应用化工专业毕业生。在校期间曾多次获得“三好学生”“先进个人”等荣誉，现在陶氏化学（张家港）有限公司担任Utility部门现场技术员。在工作中，杨婧奕能一直严格要求自己，认真及时地完成领导交代的每一项任务，并虚心向同事学习，不断改进工作中的不足，提升自身技能，认真学习并严格执行公司的规章制度。她在入职陶氏化学的这段时间里，学会了如何与他人更好地交流，锻炼了组织能力和沟通协调能力，养成了吃苦耐劳、乐于奉献、关心集体、务实求进的品性。在公司期间，她协助同事完成了多个工作项目，得到了领导的肯定与表扬。

（三）“四位一体”协同培养的思考

制造类专业人才“四位一体”协同培养模式主要针对现代制造业人才的岗位职责和学生发展要求，由政府、职业学校、行业企业、国外职教机构发挥各自优势，统筹整合资源，协商共治专业设置、人才培养方案，构建理论和实践课程体系，打造混编教学团队，开发项目化教材，建立实训基地，理实一体、产学结合实施教学并组织评价，谋求实现专业与职业岗位、课程内容与职业标准、教学过程与生产过程的无缝对接，努力实现学生职业精神、技术技能和综合素养的同步提升（图2-1）。

制造类专业人才“四位一体”协同培养模式的核心是需求导向的理念指导、工作过程导向的教学设计、学生发展为中心的过程管理和体现“协同”思想的运行机制。

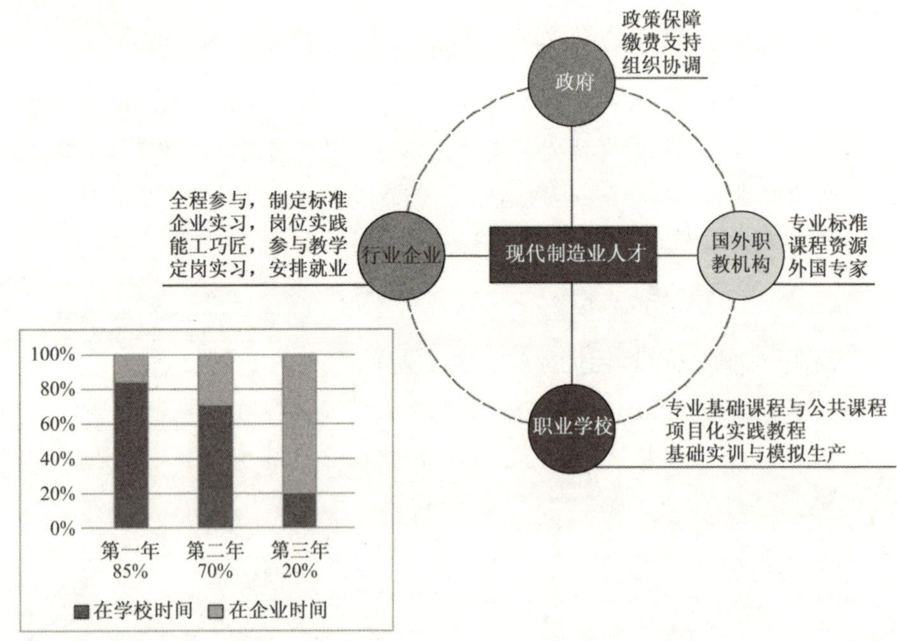

图 2-1　张中专制造类专业人才“四位一体”协同培养模式

首先，坚持以需求导向的理念为指导。学校始终关注“企业”“学生”两个客户群的诉求，通过全面引进德国机械、机电和化工等专业的人才培养标准，与国外职教机构以及合作企业共同改革人才培养方案，将国内制造类企业的需求融汇其间。通过人文素养课程、选修活动课程和校内外实践课程的设置，最大限度地调动学生的学习积极性，关注学生学习体验，充分挖掘学生自身潜能，以期获得学生的全心投入、主动进取与可持续发展。

其次，坚持工作过程导向的教学设计。学校比较系统地构建了以德国制造业的课程体系为蓝本，以项目化课程为核心，以企业实际生产案例为补充，以国内职业资格证书和国际通用证书考核要求为引领，体现适应区域现代制造产业结构、对接企业岗位职责需求、满足学生可持续发展的课程体系。同时，通过聘请德国专家、行业企业能工巧匠，与本校专业教师一起，组建理论和实践课程教学的混编教学团队，以从产品研发到产品运行的全周期为过程载体，让学生在不同年级以不同时间周期和机动方式有机介入，以项目小组为依托，实施项目化教学。学校先后争取张家港市政府、经开区政府、张家港保税区政府投资 5000 多万元，联合德国 BBW 职教集团、德国克斯特系统技术有限公司中

国研发中心、莱茵克斯特智能制造科技有限公司，共同打造中德机电实训中心等一批融学生学习培训、仿真生产、科技研发等功能于一体的多元集成实训基地。此外，学校还积极利用合作企业的场地、岗位和设施设备，根据专业学习需求，使学生在学校、企业和实训基地等不同场所接受教育与培训。

再次，坚持以学生发展为中心的过程管理。学校办学目标和本成果的所有设计都是为了促进学生发展，全部教育和教学活动皆凸显学生主体、围绕学生中心。学校在专业理论和实践教学中，根据"90后""00后"学生的特点，大胆尝试分组学习、小班化学习、电子化学习等学生喜闻乐见的形式，提倡"做中学""玩中学""创中学"，取得了良好效果。与此同时，改革评价方式，把传统的以学校为评价主体的单一评价模式，改为由学校、行业企业、社会和家庭等多元主体共同参与的评价模式。在注重知识、技能、能力的评价的同时，更加关注学生职业精神和综合素养的养成与提升。

第四，充分体现"协同"思想机制运行。政府、学校、企业和国外职教机构是不同的社会组织，有着各自不同的利益诉求。四方本着平等、互惠和互信的原则，通过"职责驱动、体系同构、立体培养"的机制架构设计，明确了资金及权力来源、参与者及流通网络、相互影响及作用规则、监督和仲裁办法等协同要素及其运行方式，即政府主要出政策、出资金，行业企业负责出岗位、出设备，国外机构出专家、出标准，学校出场地、出教师，四方共同发力、职责同担、利益共享，共同聚焦于培养适应产业经济和学生发展需求的现代制造业人才这一力点。

"四位一体"协同培养模式建立了制造类专业人才"四位一体"培养新模式。制造类专业人才培养需要兼顾理论学习和实践操作两个环节，统筹职业学校和行业企业两方面资源，用好借鉴先进国家经验与结合国内实际创新两种方式。通过建立并实践"四位一体"协同培养模式，学校建立了以需求导向的理念指导、工作过程导向的教学设计、学生发展为中心的过程管理和体现协同思想的运行机制，并从机械、机电等制造类专业逐步拓展到化工服装和数控等专业。

四、依托"三元二区"融创中心新载体，培养"现代工匠"促融合（2015年至今）

产教融合制度成为现代职业教育治理制度的顶层架构，推动产教融合，加

强校企合作，是新时代技术技能型人才培养的重要途径。在深入贯彻国务院办公厅《关于深化产教融合的若干意见》和教育部等六部门《职业学校校企合作促进办法》精神的过程中，“三元二区”融创中心成为张中专创新办学体制、推进产教融合的新载体。

2015 年 9 月，为了适应新时代发展高素质技术技能型人才的需要，为区域经济发展创造人才红利，高效服务地方经济发展，学校筹建“三元二区”融创中心这一新载体，开展了新一轮的协同育人实践：搭建“三元二区”融创中心这一新载体，在这一新载体下，紧密联系产业部门和专业系部，将产业集群对接专业群，以龙头企业为引领，引进国外职教集团教学标准，在校区成立产业学院，在对应的企业成立企业学院。专业对接企业，教学活动过程对接实际生产过程，校、企、外三方资源共享，功能对接，责任共担，人才共用，设施共建，信息互通。

在这一轮的校企协同育人实践中，学校进一步坚持服务产业发展需求的导向，通过“三元二区”融创中心这一平台，将产业集群与专业群进行对接，成立校区产业学院。同时，在产业集群内找寻知名企业，在企业内成立厂区企业学院。融创中心中产业学院和企业学院的专业培养目标及培养内容深度均对接产业集群内企业的岗位需求，注重实践教学，教学设计体现理实一体特色，采用基于工作过程系统化和任务驱动的理实一体化课程体系与课程教学、基于典型工作任务和生产性职场环境的系列化综合实训教学，跟岗实习与顶岗实习相结合的现场实习锻炼，提升学生综合职业能力，注重“现代工匠”的培育。

“三元二区”融创中心成立后，2015 年 9 月，学校最先在机电技术应用专业群成立了智能制造产业学院和新美星企业学院，开启了融创中心协同育人新模式，此后在机械制造及自动化专业群中成立了机械装备产业学院、永钢企业学院和广大特材企业学院，智能制造三元产业学院又成立了贝内克长顺企业学院；在化工技术应用专业群成立了能源化工产业学院、瓦克化工企业学院和华昌化工企业学院。各专业群依托“三元二区”融创中心这一新载体，纷纷开展协同育人的模式。

“三元二区”融创中心的建立带来了协同育人的崭新模式和路径，借助校企共建的融创中心这一平台，学校的师资优势、专业优势、教学环境与企业现

有的生产设备、技术、人力资源有效聚合融通，校、企双主体育人机制实现了系统化、紧密化、制度化与持久化。

五、"三元二区"融创中心未来发展趋势

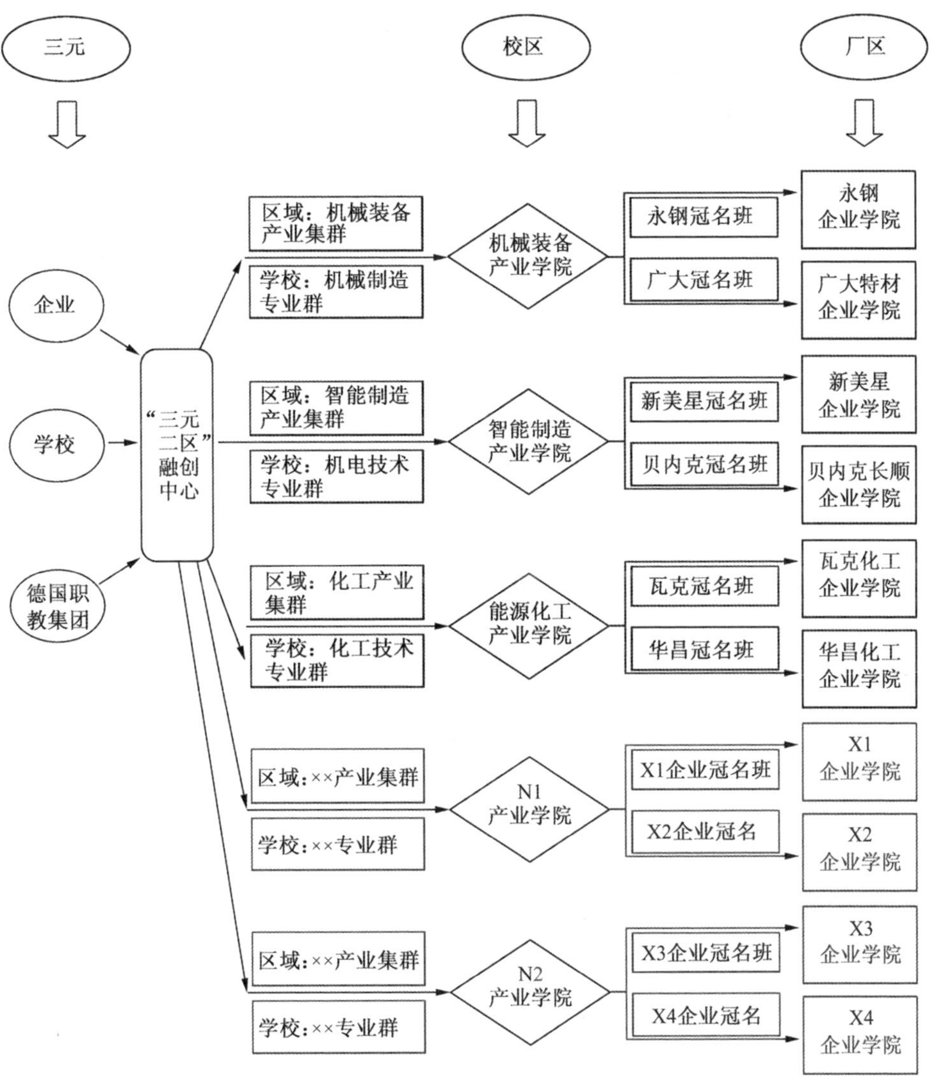

图 2-2 "三元二区"融创中心未来发展趋势图

目前，融创中心以 1 个中心、3 个产业学院、6 家企业学院为主开展产教融合校企合作。未来随着产教融合的进一步加强，校企合作发展将使融创中心形成“1+N+X”发展新格局（图 2-2）：“1”为“三元二区”融创中心；“N”为在现有“3”家产业学院的基础上，结合学校专业群建设与发展诞生更多新的产业学院，比如信息技术产业学院、经贸商务产业学院等；“X”指在现有 6 家企业学院的基础上，会有更多的企业学院成立，这些企业学院，有的是现有产业学院下的新成员，有的是新成立产业学院的新成员。

第三章 “三元二区”融创中心的运行机制

“三元二区”融创中心由张家港中专校牵头，以专业群对接张家港地方产业群，以专业对接企业，为张家港市传统产业解困与铸魂，适应新兴产业发展需求，为张家港市产业升级、装备提升、工艺优化以及产品升级提供优秀后备技术工人。

一、“三元二区”融创中心的基本架构

“三元二区”融创中心是学校整合企业各种资源，借鉴德国职教集团先进模式与管理经验，深化校企合作、产教融合，实施校企共同育人的命运共同体，是学校和企业协同发展的综合体，是学校学习岗位和企业工作岗位共生共长的一个崭新平台。

（一）“三元”

“三元”是指人才培养的三个主体，它们分别是学校、企业、德国职教集团。校、企、外三方发挥各自优势，把实际生产经营过程和教育教学活动过程紧密联系起来，把德国职教集团先进的教学模式渗透到教育教学的过程中，统筹整合资源，打造混编教学团队，共同制订人才培养方案，构建理论和实践课程体系，开发项目化教材，组织课程的实施。

（二）“二区”

“二区”是指在学校设立校区产业学院，在企业设立厂区企业学院。针对区域内产业集群对应的专业群，成立校区产业学院。在每个校区产业学院内部，根据专业对接企业，由区域内龙头企业引领，分别设立不同的厂区企业学

院。在人才培养的过程中，充分利用学校校区产业学院资源和企业的厂区企业学院资源，让学生通过在不同学习场域的交替、轮换，分别完成基础理论和技能学习、工学结合实践学习、技能提升训练、企业入职适应性训练等，帮助学生成为适应区域经济社会发展的高素质技术技能型人才。

(三)“三元二区”融创中心架构

目前，“三元二区”融创中心由 1 个中心、3 个产业学院、6 个企业学院组成（图 3-1）。

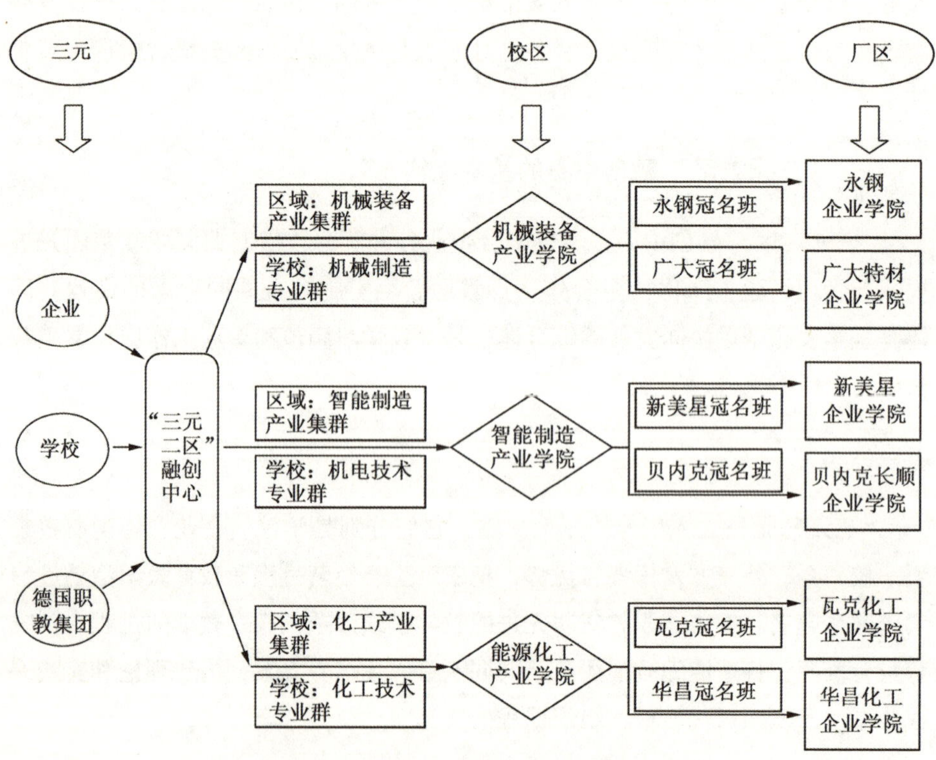

图 3-1 “三元二区”融创中心结构模型

1. 一个中心

一个中心指“三元二区”融创中心，它隶属于学校层面的校企外联合管理委员会，负责全校校企合作产教融合性教学的管理与运行。融创中心主任由

学校合作培训处主任担任，相关企业校企合作管理人员共同担任中心副主任。

2. 三个校区产业学院

结合张家港地方区域经济主干产业集群，对应学校的机械制造专业群、机电技术专业群、化工技术专业群，分别成立不同的产业学院。每个专业群对应一个产业学院，每个产业学院由N个厂区企业学院组成。产业学院建在校内，充分利用学校已有的实训基地和已有的中外合作办学项目设立。设施设备既有学校原有设备，也有企业捐赠设备；课程由学校结合企业工艺技术，对接德国职业教育项目教学标准，整合成新的教学内容；由学校教师、企业师傅、外教组成教学团队来对学生开展授课。每个产业学院内，根据对接企业的不同，成立不同的冠名班作为管理单元，开展教学活动。目前，学校有机械装备产业学院、智能制造产业学院、能源化工产业学院等三个校区产业学院。机械装备产业学院下设有永钢冠名班、广大冠名班，智能制造产业学院下设有新美星冠名班、贝内克冠名班，能源化工产业学院下设瓦克冠名班和华昌冠名班。在产业学院内部，学生打破专业壁垒，可以根据专业特长、兴趣爱好等选择到不同的冠名班学习。未来还将成立计算机应用与网络技术产业学院、智能汽修运行与维护产业学院、财经商贸产业学院等。产业学院的院长由各专业系部分管校长担任，副院长由对应的系部主要负责人和各企业校企合作主要负责人担任。

3. 六个厂区企业学院

根据各企业生产类型不同，分别设立厂区企业学院，隶属于不同的产业学院。机械装备产业学院下设有永钢企业学院（机械加工方向）、广大特材企业学院（数控技术方向）。智能制造应用产业学院下设新美星企业学院、贝内克长顺企业学院。能源化工产业学院下设瓦克化工企业学院、华昌化工企业学院。企业学院的院长由企业负责校企合作的主要负责人担任，副院长由各专业负责人担任。

二、“三元二区”融创中心的运行机制

（一）“委员长制+主任制”协同共管

为了确保“三元二区”融创中心的正常运行，学校专门成立了校企外联

合管理委员会，由校长任管理委员会主任，副主任由行业和核心企业相关人员、德国职教集团外教主要负责人担任。校企外联合管理委员会主要负责产教融合，校企合作项目的洽谈与对接。

校企外联合管理委员会下设“三元二区”融创中心，代表校企外联合管理委员会主持工作，具体负责产业学院从招生到教学再到就业期间所有事务的组织及管理，对照校、企、外三方合作协议，督促合作方严格履行刚性协议，针对合作中出现的问题进行协调，开展良性互动，补足三方合作中的缺失。

中心设管理人员 5 人，分别为：正主任 1 名，具体负责校企合作实施、产业学院培养方案修订与实施等工作；副主任 2 名，具体负责校企创新合作开展，产业学院校冠名班课程的实施与管理；助理 1 名，具体负责冠名班日常教学事务、对外联络与交流工作；办事员 1 名，具体负责冠名班学生的管理和教学常规的检查与落实。各专业系设融创中心联络员若干名，具体对接各专业对应产业学院和企业学院学员的组织与管理。

在教学层面，为了制订切合学校实际、符合企业需求的人才培养方案，各产业学院还分别成立了由专业教师和企业人力资源经理、车间主任等组成的专业教学指导委员会，协调商定产业学院的课程设置、实践课程内容等。

（二）校、企、外协同联合运行

学校、企业和德国职教集团协同教学管理，协同组建师资，协同实施教学，协同开展考评，实现“三元二区”融创中心高效运行。

1. 三方协同开展教学管理

在融创中心，各产业学院由学校方联合外教和企业方协同开展教学管理，协同商定课程计划、教学内容、教学标准和人才培养目标。

2. 三方协同组建师资队伍

在融创中心，同一产业学院有统一的由学校教师和外教组成的基本教学团队，给全体学生传授专业基础知识、专业基本技能，根据国外先进专业标准来规范技能技术要求；同时，邀请不同企业的技术人员、人力资源专员等定期给本企业冠名班学生讲授本企业特色技术、企业文化等。

3. 三方协同实施教学过程

在产业学院的冠名班，学校教师和外教团队联手共同实施教学，在共同备课的基础上，按照项目进程理论，教师侧重讲“做什么”“为什么要这么做”，企业师傅侧重指导“怎么做”“怎样做得更好”，外教结合德国标准，从“德国标准有哪些”“德国标准下的技能教学要求”等角度，在技能培养和素养提升等方面配合教学实施。

4. 三方协同开展评价

在产业学院，以学校教师和外教为评价主体，按照课程教学标准，从知识、技能等方面，围绕理论知识掌握情况、基本技能达成情况等观测点对学生进行日常考核。学生进入企业学院后，以企业师傅为主要评价主体，学校教师和外教辅助，按照在岗员工的要求，从素养、标准等方面，围绕工作质量、专业知识、工作速度、社会行为、安全生产与文明生产等观测点进行日常考核，每个项目结束时均组织师生开展“面对面评价”。通过产业学院和企业学院的学习，组织学生分批参加“1+X”项目的考证。学生毕业时，会获得毕业证书及多张技能证书。

三、“三元二区”融创中心的保障机制

“三元二区”融创中心成为校企融合协同育人的新模式，适逢好时机和新机遇。张家港地处长三角经济发达地区，全市已经连续多年位居全国经济百强县前三名，工业发展迅速，2020 年完成工业总产值 4800 亿元，新兴产业产值占规模以上工业总产值的比重达 50%，是全国唯一入选国家先进制造业和现代服务业深度融合试点县域城市。沙钢集团连续 12 年入围世界 500 强，有 4 家企业荣登“中国企业 500 强”，9 家企业获得“中国民营企业制造业 500 强”。“十三五”以来，张家港深入实施智能工业“1211”计划，完成智能制造投资超 100 亿元，建成苏州市级示范智能车间 40 个。有效高新技术企业达 785 家。① 张家港地方经济转型提质更优，有效投入推进更快，创新发展动力更

① 根据《张家港市 2020 年国民经济和社会发展计划执行情况与 2021 年国民经济和社会发展计划报告》整理而成。

足，为产教深度融合提供了优良的环境氛围。

（一）政府为校企合作提供保障机制

《教育部 江苏省人民政府关于整体推进苏锡常都市圈职业教育改革创新打造高质量发展样板的实施意见》《国务院关于印发国家职业教育改革实施方案的通知》《职业教育提质培优行动计划（2020—2023 年）》《江苏省职业教育质量提升行动计划（2020—2022 年）》《苏州市推进苏锡常都市圈职业教育改革创新打造高质量发展样板实施方案》等文件的出台，从省级和地级市层面为学校打造新载体、实施产教融合提供了良好的上层政策保障。

为推动校企合作，张家港市政府也先后出台了多项政策，鼓励开展产教融合、校企合作。2018 年 9 月，张家港市委、市政府通过了《张家港市鼓励支持企业加大研发投入实施办法》。2020 年 3 月，通过了《张家港市职业技能提升行动实施方案》。这一系列文件鼓励企业员工参加岗前培训，并给予培训费的补助。对于企业积极参与职业教育，或者组织员工参加职业培训的，可以给予企业免税等优惠。例如，《张家港市职业技能提升行动实施方案》就规定：对参保企业吸纳就业困难人员、零就业家庭成员就业并开展以工代训的，按每人每月 500 元标准给予企业不超过 6 个月以工代训补贴，以工代训补贴与新录用人员岗前培训补贴不可重复享受；对困难企业职工参加岗前培训的按企业新录用人员岗前培训标准执行，参加在岗培训和转岗转业培训的，取得培训合格证书后，按每人 1200 元标准给予企业培训补贴；企业要将职业道德、安全生产和劳动保护知识等贯穿职业培训全过程，培训合格的按每人 300 元标准给予企业培训补贴；企业按规定足额提取并使用完职工教育经费后，职工技能培训经费超出部分可参照张家港市每年发布的《张家港市职业技能培训补贴目录和补贴标准》或相类似职业（工种）补贴标准全额补贴；职工取得职业资格证书或职业技能等级证书，按规定给予参保职工技能提升补贴，补贴标准为初级工 1000 元、中级工 1500 元、高级工 2000 元；对职工参加技师、高级技师培训并取得证书的，分别给予 3500 元、4500 元培训补贴；强化紧缺型职业工种获证培训，纳入张家港市紧缺职业（工种）目录的，技能提升补贴标准在职业（工种）对应等级补贴标准基础上提高 30%；对于企业出资组织职工开

展免费岗位技能提升培训的，培训补贴可按上述标准直补企业，但不可与参保职工技能提升补贴重复享受。①

伴随着后疫情时代的到来，从外部环境看，世界经济逐渐复苏，世贸组织预计2021年全球贸易额将增长21.3%，IMF预测2021年全球经济增速为5.2%，发达经济体增速为3.9%，新兴经济体增速为6%。从国内环境看，经济复苏步伐加快，大型企业景气持续回升，制造业供需显著改善，生产已恢复至正常水平。这给张家港的经济发展带来了机遇与压力。为适应张家港市8条产业链接续发力，推动全市产业规模加速扩容、创新能力显著增加、经济效益持续提升的变化，张家港市政府也先后出台了前述《张家港市职业技能提升行动实施方案》等文件政策，鼓励职业学校和企业积极开展多元合作。张家港市政府正充分发挥统筹作用，协同调动各方面的积极因素，共同推进校企融合。

（二）行业企业层面的激励保障机制

多年来，张家港的行业企业与学校有着长期友好合作的机制。学校与张家港市青年商会、张家港市电气技师协会、张家港市制冷协会等行业协会联系密切，每年行业企业会来校参加专业教学指导委员会的活动，对专业人才培养方案等进行滚动修订。永钢集团、江苏新美星、瓦克化学等企业与学校合作历史悠久，它们在学校设立奖教金、奖学金等，合作形式从最初的向张中专捐赠设备发展到在学校设置定制班或冠名班。2015年，随着"三元二区"融创中心的建立，校、企双方协同育人的步伐更坚定，融合程度走向更深层次。2020年，加特可（苏州）自动变速箱有限公司等企业又向学校捐赠实验实训设备4台（套），贝内克-长顺汽车内饰材料公司等3家企业在学校新建立奖学金奖教金24万元。学校与企业合作，新建产教研合作基地2个，校外产教融合基地5个。学校现有苏州市优秀企业学院2家，合作开发校企融合课程20门，聘任企业兼职教师30名，有235名专业教师参与企业实践与研修。参加苏州市现代学徒试点项目4项，现代学徒制学生共272名，助力企业降低人力资源

① 根据《张家港市职业技能提升行动实施方案》摘编。

培养成本。学校与长华化普、易华塑料、永钢集团等企业签订员工培训协议10项，积极为企业开展员工入职培训、职业技能培养等，有效提高企业一线工人整体素质。企业层面参与校企合作的积极性非常高。

（三）校企权、责、利共赢的合作机制

学校先后制定了《江苏省张家港中等专业学校“三元二区”融创中心工作章程》《江苏省张家港中等专业学校“三元二区”融创中心经费使用管理办法》《江苏省张家港中等专业学校校企合作考核条例》《江苏省张家港中等专业学校“三元二区”融创中心专业指导委员会工作章程》《江苏省张家港中等专业学校“三元二区”融创中心各专业联席会议制度》等相关文件，为校企合作提供学校层面的政策保障（图3-2）。

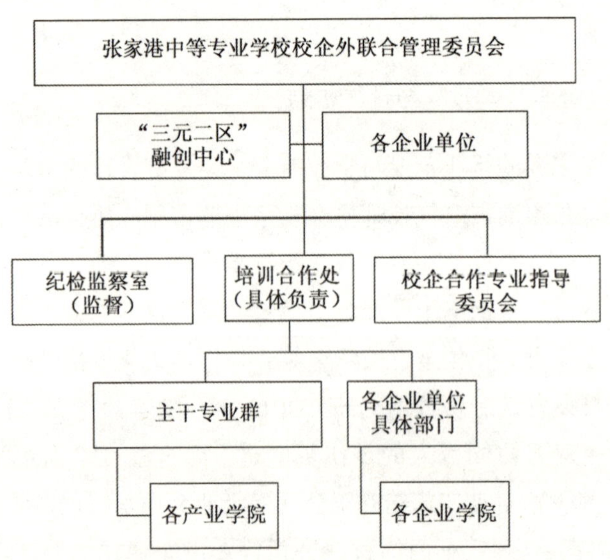

图3-2 张家港中等专业学校校、企、外联合管理架构

第四章 "三元二区"融创中心的创新实践

作为世界经济发展的巨大引擎，中国特色的社会主义经济建设一路高歌猛进。作为门类齐全的产业链，新科技手段正在发生日新月异的变化。这种新技术、新工艺带来的快节奏变化冲击着职业院校固有的人才培养体系。张家港中专校审时度势、积极应变，高起点构建"三元二区"融创中心合作平台，系统优化机械装备产业学院、智能制造产业学院、能源化工产业学院的人才培养体系，扎实推进专业人才培养与企业岗位需求之间的无缝对接。

一、机械装备产业学院

（一）机械产业学院建立的背景探寻

当今世界，和平与发展仍是时代主题，以"5G"为代表的新一轮科技与产业革命风起云涌，不稳定、不确定因素增多，冷战思维抬头，全球经济增长乏力，贸易保护主义抬头。国内经济长期向好的基本面没有变，经济发展进入温和增长、转型升级、动力转换的新常态。随着长三角经济一体化、苏南自主创新示范区、自由贸易试验区等国家战略的推进，以及"中国制造 2025"、供给侧结构性改革等重大举措的推动，区域经济将向着形态更高级、分工更复杂、结构更合理的阶段演化。江苏正向着实现"两个率先"和建设"强富美高"新江苏的战略目标迈进，处于加快转型升级的关键阶段，这对苏南各市、县的发展提出了更高的要求。外部形势使张家港市经济发展既面临诸多困难和挑战，又面临难得的历史机遇。

作为长三角地区经济较为发达的县级城市之一，张家港有着雄厚的机械装备制造产业发展基础。机械装备产业是其在冶金、纺织、食品、化工、建材以

外的又一支柱产业，形成了饮塑机械、纺织机械、化工机械、建筑机械、洗涤机械、锅炉等成套设备及汽车配件等多门类的产业格局。目前，主要经济指标实现稳定增长，综合实力处于全国同类城市第一方阵。

1. 区域机械装备产业发展基础

（1）张家港县域综合经济实力稳步增长

规模型制造类企业发展迅猛。当前，张家港拥有年产值约2300亿元的新材料、新能源、高端装备制造等战略性新兴产业，年产值近5000亿元的冶金、化工、机电、纺织、粮油食品等“五大支柱产业”。2020年，张家港市坚持调结构、促转型，完成工业总产值4800亿元，新兴产业产值占规模以上工业总产值的比重达50%，是全国唯一入选国家先进制造业和现代服务业深度融合试点的县域城市。沙钢集团连续12年入围世界500强，4家企业荣登“中国企业500强”，9家企业入围“中国民营企业制造业500强”。

发展质量持续提升，经济转型质效更优。有效投入推进更快建立“项目直通车”联络机制，推行“签约即挂牌、拿地即开工、竣工即投产”快审批模式，“项目提速年”成效明显，全市完成固定资产投资526亿元，同比增长20%，增速位列苏州各市（区）第一。江苏省、苏州市重点项目开工建设率100%，123个市级重大项目年度完成投资超300亿元；其中，宝马光束汽车生产基地、沙钢环保综合提升、中车氢能等6个省重大项目完成投资52亿元。深入实施智能工业“1211”计划，完成智能制造投资超100亿元，建成苏州市级示范智能车间40个。灿勤科技入选江苏省高端化技术改造升级项目，创新发展动力更足，启动“创新张家港”建设工作，建立科技创新厅、市会商机制。科技积分在全省推广，全社会研究与试验发展经费支出占地区生产总值的比重达到3.4%。有效高新技术企业785家，同比增长38%。新增苏州市级以上孵化载体10家，其中，国家级众创空间3家，启动姑苏实验室张家港创新中心建设，万人发明专利拥有量达55件。

新增国家级重大人才工程入选者1名，江苏省“双创计划”人才16名，苏州“姑苏计划”人才35名；新增市领军人才110名，重大创新创业团队5个。新增上市企业2家、累计达到23家。产业资本中心入驻基金管理规模突破800亿元。

坚持强改革、扩开放，融合发展走在前列。区域协同发展实现新突破，加快全方位对接上海，融入长三角区域一体化发展，共建“上海张家港技术转移协作中心”和“张家港上海高校协同创新中心”，与上海杨浦区、苏州工业园区等地达成战略合作协议，建成启用“上海张江张家港创新中心”，正式成立上海市张家港商会，顺利召开“2020 张家港市创新发展（上海）说明会”，现场签约 50 个项目总投资超 430 亿元。自贸区苏州片区张家港联动创新区建设有序推进，营商环境建设迈上新台阶。制定优化营商环境“1+N”政策体系，其中 21 项举措在全国领先，营商环境列全省同类城市第一方阵。打造数字政府，构建“一网通办”“一网统管”“一屏总览”数字政府智慧治理模式，张家港党政通、“今日张家港”App、基层审批服务综合执法一体化平台、智慧应急等项目顺利上线。不断深化“放管服”改革，推进具有港城特色的“多审合一”“多证合”和“多测合”改革。

产业转型升级成效明显，科技创新能力显著增强。全市主动适应新常态，扎实推进“810 工程”建设，实施转型升级“三个一百”培育工程。工业有效投资奠定转型升级基础，为改变产业偏重格局奠定良好前景。

坚持将创新驱动作为推动经济升级发展的重要战略，创新型城市建设取得新的成就。建成十大科技载体，引进北大、清华这两个著名高校的产业技术转移中心和重点产业领域的多个产业技术研究院，持续引进企业院士工作站、博士后科研工作站，在全省率先实现建制镇省级以上科技企业孵化器全覆盖。

（2）张家港机械装备产业发展现状

张家港机械装备产业内主要门类产品划分为：通用设备制造业、专用设备制造业、交通设备制造业、电气机械及器材制造业、仪器仪表、计算机、办公用机械制造业。

地区迫切需要进行工业产业结构的调整与优化，重点发展耗能低、污染小、技术含量高的机械装备产业，提升其在工业经济中的结构比例。综合考虑张家港的产业基础、资源、生态环境以及外部产业发展环境等因素，机械装备业将会成为张家港工业产业结构调整优化的重点所在，也是地区经济获得新一轮跨越式发展的核心。通过对现有机械装备业的梳理、调整，重点处理好产业发展与资源利用之间的关系，按照产业集聚、集群式的发展要求，规划其未来

的发展，提升产业的核心竞争力，提高其在张家港市工业经济中的结构比例，带动张家港市经济的快速发展。

（3）张家港机械装备产业发展机遇

国内机械装备业发展态势。机械装备产业居全球重要地位，集群发展已显雏形。近年来，我国机械装备业表现出强劲的发展势头。总体生产规模较大，其工业增加值仅次于美国、日本和德国。目前，我国已形成一批跨地区的机械装备业生产集中地，如以上海为龙头的长江三角洲，汽车零部件的铸锻毛坯件、大型结构件和一般小件的产业集群发展已初见端倪，形成了汽车和汽车零部件制造集中地；在东北老工业基地则形成了重大成套装备制造集中地；西部（包括四川、重庆、陕西等）形成了军事装备制造集中地；等等。

国内机械装备业发展瓶颈。研发投入和技术创新能力不足，重大技术装备依赖进口。与我国制造业整体发展情况相似，我国机械装备业研发投入和技术创新能力相对不足，研发机构不健全、研发与管理人才匮乏成为影响机械装备企业创新能力提升的重要因素。目前，我国主要装备制造产品中达到世界先进水平的不到5%，制造技术及装备与国外有15年左右的差距，缺少自主知识产权，缺乏核心技术和关键技术，产业主体技术依靠国外是我国机械装备业目前存在的主要问题。表现最为突出的是：我国通用、中低档机械产品生产能力严重过剩，而市场急需的重大技术装备、高新技术产品、专用设备及机械基础件的开发和生产水平不高，一些重大技术装备主要依赖进口。

产业升级优化为机械装备业提供了巨大的市场空间。目前我国正处于工业化加速发展的时期，需要对传统生产方式进行现代化的改进，对机械装备的市场需求十分巨大，特别是对数控机床、大功率发电装备、新型仪器仪表、大型成套技术装备等产品的市场需求日益广泛。从发展趋势来看，装备制造业的增幅将高于全国GDP的增幅，预计装备制造业年均增长速度在10%左右。我国的产业升级优化客观上为机械装备业的快速发展提供了广阔的市场空间。

政策环境为我国机械制造产业提供了良好的发展机遇。从政策环境层面分析，我国非常重视机械装备制造业的发展，国务院已经发布了《关于加快振兴装备制造业的若干意见》，要求在未来的一段时间内，要从产业结构调整着手，加大装备制造业特别是机械装备业的发展力度，提升其在工业经济结构中

的比重，以此更好地落实科学发展观和满足节能降耗等方面的要求。

江苏省高度重视装备制造业的发展，把加快装备制造业的发展作为规划的重点。《江苏省国民经济和社会发展第十四个五年规划和二〇三五年远景目标纲要》明确提出了装备制造业发展的重点和方向，以汽车、船舶、工程机械、数控机床及其他成套设备和专用设备等为装备制造业发展的重点；重点建设沿江地区数控机床及仪器仪表生产基地；在沿江地区加快建设汽车零部件产业集群，在宜兴、常州、苏州建设环保产业生产基地；支持其他有条件的地区布局发展装备制造业。

（4）周边地区机械装备业比较分析

机械装备业在苏锡常地区已经有了一定程度的发展，尤其是在无锡和常州有了较多企业的空间集聚。因此，在张家港发展机械装备业既有该地区集聚发展、配套良好的优势，同时面临竞争的相对劣势，只有分析周边地区机械装备业的发展基础及其整体产业发展的方向，加以比较分析，实行错位发展，才能较为准确地把握住张家港发展机械装备业的脉络。

① 苏州地区

苏州市是长三角地区的重要制造业基地，这里的机械装备业已经具备一定的发展基础，尤其是以发展数控机床、新型纺织机械、新型医疗设备、智能化装备及技术为重点。

昆山：尽管电子信息产业是昆山市的支柱产业，但作为支撑制造业发展的基础产业，机械装备业在昆山也有一定的发展，其重点是以模具为特色，兼以发展汽车关键零部件、新型纺织机械、先进制造装备等光机电一体化产业。未来昆山将培育和壮大精密机械产业群，精密机械重点发展汽车零部件、精密模具、专用设备、机电一体化设备，特别是要培育、发展、壮大汽车零部件产业。

苏州高新区：以精密机械及汽车零部件为主，与电子产业、软件、环保技术和新材料等新兴产业及现代服务业形成了一个聚集程度较高的高新技术产业群。未来苏州高新区将重点发展电子产业先进装备制造，重点为 IT、IC 产业的生产装备、数控机床、数控系统及伺服装置制造，精密加工设备制造及数字化、智能化测量与自动控制设备制造，柔性生产线设计与制造，精密机械零部

件加工等；同时还要引进风力发电机等新能源和汽车关键部件制造企业。

吴江区：以电梯及其零部件生产，工业缝纫机、电力用变压器、纺织机械制造为主，以电梯及工业缝纫机的制造为重点。未来在产品设计上将广泛应用信息化技术、自动化控制技术，加快先进设计制造技术及机电一体化产品技术的研究应用步伐；在产品性能上则突出数字化、自动化、智能化，重点开发高速无齿轮电梯、输变电设备、新型纺织机械等产品。

苏州工业园区：已建成火炬计划汽车零部件产业基地等国家级产业基地，汽车及配件具有一定的生产能力，大型客车产能已居全国前三位。未来 5 年，园区机械装备制造业将以航空设备、汽车零部件及整车制造等精密机械产业为支柱，以培育壮大汽车零配件和航空产业为抓手，以高端配件生产为重心，以优化发展环境为保障，促进精密机械产业由“特色”产业向“支柱”产业转变。

② 常州地区

常州地区是长三角重要制造业基地之一，在机械装备领域以输变电设备、工程机械与车辆、农用机械、轨道交通车辆等为发展重点。其中，工程机械、车辆、机车产业是常州地区机械装备业中优势最突出的领域，目前已经形成了一批大型企业和企业集团；以小柴、小拖、饲料机械为代表的农用机械产业，在全国产销量中一直居首位；在变压器行业已经形成了一批骨干企业，在全国大容量变压器、专用电缆等领域具有较强优势，已形成了输变电产业集群。

目前，常州地区正重点发展各种容量的电力变压器、电力开关柜、电力电缆、电工材料及配套件，提高输变电设备的整体配套性，以此形成完整的系列产品和产业链。

③ 无锡地区

在地区工业快速发展过程中，无锡地区的机械装备业已经具有一定的发展基础，形成了比较明晰的产业发展体系，重点集中在机床工具、汽车及汽车零部件、内燃机、电工电器、石化通用、农业机械、仪器仪表、环保机械、工程机械、基础件等 10 个机械装备子行业领域，共拥有产品 300 多个大类、2000 多个系列，近 20000 个品种规格。

从整体上看，无锡地区机械装备业发展基础良好，涉及领域较为庞杂，主

要集中在通用设备和专用设备等领域，未来具有很好的发展前景，为地区工业经济的发展奠定了基础。

总体而言，张家港周边地区的苏锡常装备制造业表现出以下特征：无锡和常州机械装备产业在苏锡常区域内相对具有比较优势，基础较为扎实，对张家港发展机械装备业存在一定的竞争压力。但是，由于苏州地区电子信息产业极为发达，有一定的高新技术优势，未来发展高新技术机械装备业具有较强的基础和潜力。

（5）张家港机械装备产业发展布局

① 机械装备产业规模及空间分布

A. 总体概况。机械装备业是张家港六大支柱产业的重要组成部分。随着近年来产业发展步伐的加快，张家港机械装备业呈现出蓬勃的发展态势，目前已经形成了涵盖纺织机械、饮塑机械、化工机械、洗涤机械、建筑机械、锅炉、改装汽车等成套设备及零配件生产的产品体系。产业结构以通用设备制造业、专用设备制造业和交通运输设备制造业这三大类为主，所占比重高达85.06%（图4-1）。

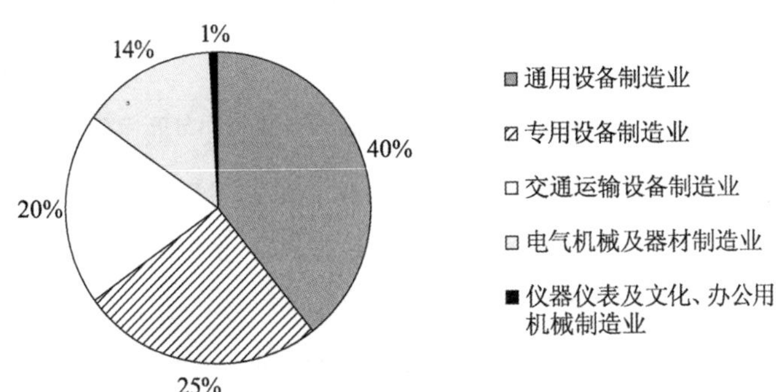

图4-1　张家港市装备制造业内部结构分析

生产规模。据统计，张家港市共有机械装备业生产企业400多家，拥有一大批对产业发展起到重要带动作用的重点龙头企业。

市场份额。全市存在着一些销售收入绝对值不高但占有绝对市场份额的生产企业，如中集圣达因产品在全市机械装备业中的比重仅为2.48%，但其已经成为我国最大的低温储运设备生产基地，占有全国70%的液化天然气市场份

额，新中环保占据了国内该行业市场的前三位，具有很大的发展潜力。

分布状况。张家港机械装备业已呈现出特色产业空间集中的特征，在重点乡镇形成了特色较为显著的产业集聚。如汽车改装生产、洗涤机械主要集中在乐余镇；中高档汽车零配件生产则重点集中在开发区和凤凰镇韩国工业园；锦丰镇重点生产饮塑机械，是全国著名的饮塑机械生产集聚区；塘桥镇则重点生产纺织机械设备，是华东地区知名的纺织机械设备特色集聚区。这些特色产业集聚区的形成为张家港未来机械装备业结构的全新升级优化打下了坚实的基础（图 4-2）。

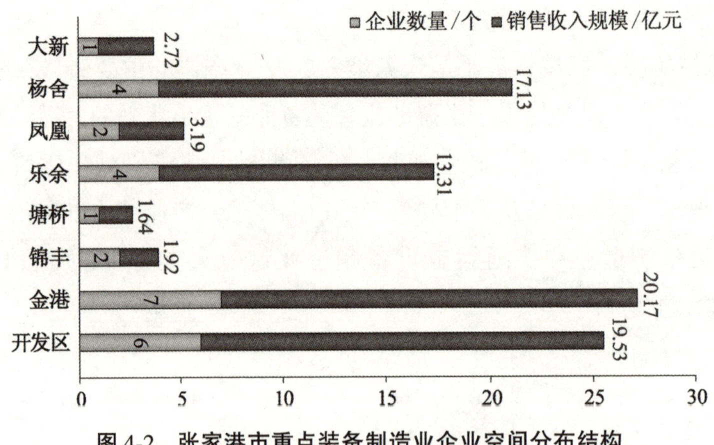

图 4-2 张家港市重点装备制造业企业空间分布结构

重点龙头企业主要分布在开发区、杨舍镇和金港镇范围内，其他乡镇生产企业尽管相对集中，但是其规模不大，重点龙头企业相对较少，这也说明了张家港机械装备业高度集中的分布特征。

B. 产品体系。张家港机械装备业以专用设备、通用设备和交通运输设备的优势最为突出，其产品突出地表现在汽车及零配件、纺织机械设备、饮料及包装机械、塑料机械、锅炉配件等领域，已经成为张家港机械装备业的传统优势产业。

改装汽车及零配件。汽车整车的改装生产以乐余镇的企业为主，产品涉及轻卡、中巴、豪华大巴以及特种车辆。近年来，随着国内外汽车整车市场格局的变化，张家港汽车整车的改装生产存在着一系列问题，市场竞争能力也逐步减弱。与整车改装生产相比，开发区和凤凰镇已经形成生产中高档汽车的零部

件重点集聚区。开发区内有各类汽车配件生产企业近30家，产品门类涉及汽车电器、驱动桥、传动装置、制动器、车身控制器等，诸如韩国东熙汽车配件公司和日本精工等知名企业带动了开发区汽配业的快速发展；凤凰镇则形成了以威亚汽配和大一汽配为首的汽配产业集聚地，重点生产汽车发动机铸件和其他汽车关键零配件等产品，形成了一定的生产规模。

纺织机械。目前全市的纺织机械制造企业主要集中在塘桥镇区域，是塘桥镇的支柱产业之一。主要有全自动电脑横机、半自动电脑横机、特种纱线钩边机、加弹机、毛纺粗纱机、针梳机、中空成型机和帘子布剑杆喷气织机等纺织机械产品。大部分产品的技术档次已处于国内领先水平。特别是电脑横机、毛纺针梳机、毛纺粗纱机和帘子布剑杆喷气织机已可与国外同类产品相媲美。目前，最具代表性的纺织机械制造企业有维达集团、盛美机械、大成纺机、攀峰纺机、盛天机械、同大纺机和合众机械等。

饮塑机械。饮料及包装机械的生产主要集中在锦丰镇的三兴办事处，是锦丰镇的传统支柱产业之一。全镇共有108家生产企业，产业高度集聚，产品门类上以酒饮料机械产品居多，有60多家，占到全国同行业1/3的市场份额。此外，塑料机械也是锦丰镇的传统支柱产业，其生产企业达到了124家，销售收入占到全国同行业的8%左右，产品以中空注塑机、辅机、挤出机以及相关模具为主。

锅炉及部件（压力容器）。锅炉及辅助设备（包括相关压力容器设备）的制造与生产是张家港市近年来快速成长起来的机械装备业重要门类。全市拥有包括海陆锅炉在内的几家重点龙头企业。其中：张家港市海陆锅炉有限公司是国内生产各种锅炉、压力容器特种设备的重点企业，其产品以有色冶炼余热锅炉、干熄焦锅炉和氧气转炉余热锅炉为主，在国内同行业中占有相当的市场份额；特种锅炉配件厂和申港重工则重点为上海锅炉、东方锅炉、哈尔滨锅炉、北京锅炉、武汉锅炉等国内知名锅炉厂配套生产优质锅炉承压部件；中集圣达因重点生产低温液体贮藏、槽车、大型常压贮藏罐、罐式集装箱、低温绝热气瓶和气化设备，是我国低温压力容器产品领域的专业生产企业。

其他产品。除了以上较为突出的、具有传统优势的机械装备业产品的生产以外，近年来，张家港市在环保装备、资源利用设备等产品的生产领域也表现

出一定的发展势头。例如，年销售收入达4.8亿元、主要生产环境污染防治专用设备的新中环保率先开发生产的XLDM型高效低压脉冲式除尘器和EBC型高效荷电分级式布袋除尘器，其技术已经处于国内领先水平。

C. 技术创新水平。张家港机械装备业在稳步发展的同时，极为注重企业自主创新能力的提高，通过产学研结合的方法，积极与科研院所合作，注重科研成果的孵化、转化，与国内科研院所形成了良好的合作机制。如江苏新美星包装机械有限公司与清华大学、上海交通大学、中国食品发酵工业研究院等科研院所合作，研制出填补国内空白的高速罐装机；宏宝集团与上海核工程研究设计院研制开发的核反应堆控制棒逐渐驱动机构的重要部件，是科技含量高、附加值高的尖端产品。

拥有一定数量的技术创新型企业。在企业与国内科研院所形成良好合作机制的基础上，张家港机械装备业领域也形成了一定数量的基础创新型企业。其中，全市列入国家火炬计划的重点高新技术产业共有13家，中集圣达因、海狮机械、海陆锅炉均为国家火炬计划的重点高新技术产业。此外，全市机械装备业还拥有省级高新技术企业30家，有一定数量的中小型企业是获得市级认证的高新技术企业。

拥有不同层次的企业技术研究中心。随着企业自主创新意识的提高，机械装备业中的一些重点龙头企业日益重视企业研发载体的建设，积极建设技术研究中心，为企业的研发创新提供平台和载体。目前，全市获得省认定的技术中心共有6家，其中机械装备业就有2家。除了省级的技术研究中心之外，全市还有一些苏州市级企业技术中心，如乐余镇的长力机械、开发区内的五洲变压器，江苏新美星也拥有全市唯一的液体包装工程技术研究中心等。

拥有一定数量的研发成果。张家港机械装备生产企业在与国内科研院所形成良好合作机制，提高企业自主创新能力的基础上，一些重点龙头企业已取得了一定数量的研发成果，实现了科研成果的孵化和转化，甚至部分研发成果的产业化。如江苏新美星在自主研制出我国第一条PET瓶高温茶饮料包装流水线后，又先后研制出了我国第一台全自动PET瓶吹制机、PET瓶超洁净（中温）罐装生产线等；江苏海狮集团目前已申请发明专利51项，授权达到了34项，自主知识产权产量占同行业知识产权总量的50%；华大离心机有限公司投

资创建分离机械研究所，自主创新研制的 AUT1250 型立式刮刀下部卸料离心机已经达到国际先进水平；江南锅炉压力容器公司则拥有煤制气废弃利用锅炉、循环流化床燃烧锅炉等多项实用新型专利；海陆锅炉在余热锅炉等产品领域具有很好的技术创新水平，研制开发了 10 余种余热锅炉产品，尤其是干熄焦锅炉技术获得了多项荣誉。

D. 生产装备水平。目前，张家港市机械装备生产企业呈现出不同产品生产门类其装备水平差异显著的特征。一些传统优势产业门类如饮料及包装机械、塑料机械、纺织机械等，以及近年来快速成长起来的行业门类如锅炉配件、船舶配件等生产企业的装备水平较高，这些生产企业的一些重点核心加工生产设备均从日本、美国等发达国家引进，一定程度上提高了企业以及该行业领域的生产装备水平。与此相对应，近年来张家港市汽车整车改装生产企业的装备水平提升较为滞缓，已经成为该行业升级改造的重要限制性因素之一。

E. 产业发展特点及优势。

第一，产业集中度高，形成了特色的产业空间集聚。张家港市域范围内已经形成了机械装备业优势产业的空间有机分工，在重点乡镇形成了特色的产业空间集聚，其产业的空间集聚度较高。如锦丰镇已经成为全市饮料、塑料机械设备的生产基地；汽车及汽车零配件等产品的生产则集中在乐余镇、开发区以及凤凰镇等三个区域；塘桥镇则重点发展纺织机械设备，已经成为苏州地区重要的纺织机械生产基地，为吴江以及浙江地区的纺织生产企业提供纺织机械装备。此外，一些成长型的产业门类如锅炉部件、环保设备等的生产企业也在开发区等区域形成了一定的空间集中。空间上产业的有机分工与相对集聚，为全市机械装备业的升级优化提供了良好的发展基础。

第二，重点企业及主要产品知名度大幅提升。随着近年来张家港市做大做强机械装备业相关措施的落实，目前张家港已经拥有四五十家销售规模在亿元以上的企业，一些重点企业凭着规模优势和技术优势，其产品知名度大幅度上升。如中集圣达因在国内液化天然气产品方面已经占到70%的市场份额；海狮机械国内市场占有份额达60%以上，是我国最大的洗涤机械专业生产厂家；海陆余热锅炉的市场占有率为国内同行之首，干熄焦余热锅炉的市场占有率达到了 100%；新中环保率先开发出的拥有自主知识产权的 XLDM 高效低压脉冲代

式除尘器处于全国领先水平，已经占据了该行业市场份额的前三位；金帆电源生产的蓄电池充放电设备所占国内市场份额超过60%。

第三，技术研发能力得到不断增强。张家港市重点装备制造企业基本上设立了研发机构，在企业自主知识产权的培育和发展上取得了很大的成绩，全市机械装备业的技术研发能力随之得到增强。目前，全市被列入国家火炬计划重点高新技术企业的企业中就有3家是机械装备业（中集圣达因、海狮机械、海陆锅炉），其中海狮机械和牡丹汽车还拥有获得省级认定的技术中心。在此基础上，地区机械装备业的发展还积极与科研院所形成良好的合作机制，实现产学研一体化发展，带动全市机械装备业整体技术研发能力的快速提高。

第四，产业发展特色显著，新兴产业具有很大发展空间。从张家港机械装备业的发展现状看，产业自身发展已经形成了优势明显、特色显著的发展格局，特别是塑料机械、饮料机械、化工机械、纺织机械已经在空间上形成了有机分工。在此基础上，随着外部环境的发展与演化以及张家港产业结构的调整与优化，机械装备业中的一些新兴门类已逐步成为张家港市未来机械装备业的发展重点，如工程机械中的起重设备、依托良好长江岸线资源可能形成的船舶配件设备、符合国家产业政策的环境保护技术装备，以及张家港近年来蓬勃发展起来的电子信息产业，这些均是张家港机械装备业中的成长型产业，具有很大的发展空间。

F. 机械装备产业发展存在问题。

第一，结构性矛盾比较突出，自主创新能力不足。张家港机械装备业表现出的最大问题是占全市工业份额相对较低，仅为8%左右。一个地区机械装备业的发展水平往往标志着其工业发展底蕴和规模扩张能力，因此，迫切需要调整产业结构，提高机械装备业的比重。

除了全市高新机械装备业的比重相对偏少外，全市重要的外资机械装备业企业均属于加工配套性企业，这些企业主要是引进国外先进技术装备，消化吸收和自主创新能力不足，这导致其产品技术含量不足，很大程度上限制了全市机械装备业核心竞争力的提高。

第二，土地条件成为优势产业发展的重要制约因素。目前张家港市几乎所有工业企业的发展均面临着土地紧缺的问题，可供开发利用的土地极为有限。

未来全市机械装备业的快速发展必须以调整产业结构、提升产业科技含量，走集约利用土地和挖掘盘活存量土地为原则，企业在空间上向集中区内高度集中，实施基础设施共享，形成全市范围内企业有机分工协作的机械装备业产业集群。

第三，生产性服务支撑体系建设滞后。随着整个长三角区域经济的快速发展，苏南地区的商务成本逐步上升，培育、做大做强中小型企业，提升中小型机械装备业企业的核心竞争力，整体上带动全市机械装备业的跨越式发展，成为未来地区机械装备业发展的重点所在。张家港市以上现代服务业以及公共研发平台、教育培训、公共服务等外部生产性服务支撑体系建设尚不完善，产业升级、企业成长、个人发展所需的服务保障远不能得到满足。

第四，人才队伍建设相对薄弱。张家港市由于中小型企业数量相对较多，一方面对科技人才的集聚能力较弱，在一定程度上制约了高层次人才的引进；另一方面，部分民营企业重使用轻培养、重当前轻长远，导致技术工人的流动性很大，人才出现“引不进”“留不住”的现象，人才队伍建设相对滞缓。

人才是第一生产力。面对错综复杂的经济建设宏观环境和艰巨繁重的发展任务，张家港中专校作为培养职业院校人才的排头兵，必须迎难而上，在持续稳定地提供强劲的人才支撑方面有所作为，大力改革职教体系，创新实践人才培养机制，助力实现“全面建设现代化港城”总目标。

2. 机械装备产业未来发展趋势

当前张家港市在经济新常态下，需要积极应对要素成本不断上升、“人口红利”逐步消失、资源环境约束加剧等矛盾和问题，将经济转型升级作为核心战略，优化创新创业环境，聚力有效投资和创新驱动，重点解决传统产业改造升级、新兴产业谋篇布局、服务业提速发展等问题，推动经济增长从要素投入向创新驱动转化。所有这些目标的实现，皆离不开高素质专业人才资源的支撑。

张家港市经济社会发展的总体目标提出，聚焦转型升级核心，构筑产业发展新结构，以提高经济发展的质量和效率为主线，全面融入“中国制造 2025”和“互联网+”，推动产业“调高、调轻、调优、调强、调绿”，培育引导新经济发展，加快形成先进制造业和现代服务业“双轮驱动”、新兴产业蓬勃发展

的现代产业体系，保持经济中高速增长，努力提升三次产业的融合化、高端化、智能化、服务化和集约化水平。

（1）机械装备产业发展总体思路

根据张家港市现有机械装备业的基础，选择优势明显、成长性和带动性强的产业方向作为发展重点，积极引导张家港机械装备业走节能降耗、综合利用、循环经济的新路子，发展特色产业、提高产品层次，实现全市制造业的优化协调发展。规划张家港机械装备业的发展，依托现有机械装备业基础，以锅炉、船舶、生产线等终端产品为依托，以汽车零部件、船舶零部件为重点，开发技术含量高、附加值高的配件产品，并发展化工设备、包装设备、环保设备、资源综合利用设备、数控机床等机械产品，向高（高技术）、大（大型化）、新（新型化）方向发展。

（2）产业发展方向

从张家港市机械装备业现有基础出发，规划传统优势产业、成长型产业、引导型产业分别往以下方向发展。

① 积极推广优势产业的工业自动化技术，提高企业的开发生产能力

张家港市的饮塑机械、纺织机械、洗涤机械及化工机械等已具有一定的生产规模，上述产品的市场需求具有较大的变化性和多样性。规划通过企业采取多品种、小批量的生产方式，适应市场变化的需求；通过研发平台的建设，鼓励企业适时建立综合自动化系统，形成对市场的快速反应能力，在激烈的竞争环境中取得更大的发展空间。

② 推动成长性企业的转型升级，促使其持续快速发展

张家港市锅炉配套件、石化设备配套件、船舶配件的生产能力较强，它们基本上是以板材、型材为原料的焊接结构件，属于高耗材、高耗能、生产占地多的行业，而且经济效益和市场份额受制于主机厂。建议条件成熟时，规划通过重点企业及时开发、生产最终产品（如电站锅炉、石化成套设备、船舶等），然后根据自身发展的需要，有选择地扩大自己的产业加工链，争取更大的发展空间。

③ 积极培育机械装备业新的增长点

重点引导发展大型部件和成套设备，适当发展智能化、数控化产品。根据国家产业政策，与地区产业发展基础相配套，重点引导发展冶金焦化设备、石

化设备、节能环保设备等大型部件及成套设备，包括选择性地发展风力发电设备、航空机械等新兴产品领域。在区域控制系统和侍服系统等配套体系发展到一定程度时，适当发展数控机床等高端技术产品，积极研究、开发机械设备自动化所需要的各种控制系统及其配套的液压元件、气动元件、传感元器件、专用电子电路和工业自动化仪器仪表等，为传统产品如轻纺机械、塑料机械、石化机械、冶金设备、锅炉及环保设备等实现自动化提供技术支撑。

（3）机械装备产业布局

① 产业集聚、集群发展——高效率配置资源

产业集聚现象是区域产业组织的一种有效形式，产业的空间集聚、集群发展对产业创新起着至关重要的作用，它有助于高效率地配置资源，为产业的技术创新提供更多容易捕捉的机会，使企业能够更方便地接近市场，共享区域内的基础设施和技术，减少企业的学习成本，强化企业间的技术溢出效应，促进技术进步，加速企业的产品创新。机械装备业发展的显著特征突出表现为上下游企业之间的紧密联系与组织，产业发展往往随上下游产品市场的变动而有所变化。张家港机械装备业的发展必须遵循产业集聚和产业集群的布局原则，一是增强上下游企业之间的专业化分工与协作，二是降低企业交流而产生的额外交易成本，更好地高效率配置资源。

② 点轴状布局——形成有效的生产力布局态势

传统生产力布局的一个特点是产业以不同的功能方式在不同区域进行布局，然后以多条轴的形式将这些组团进行有机串联，形成点轴发展的布局模式。以多个点促动协作轴的辐射扩散，以此更好地、更合理有效地组织和利用资源，节约化使用资源，使得产业发展更具生命力，能够更好地带动其他相关产业的发展，在有限的资源空间中产生最大的经济效益。机械装备业的集聚、集群式的发展属于上下游产业链联系非常紧密的集群体系，在进行产业空间布局的时候应遵循点轴状布局的原则，一是形成等级不一的产业集中区，二是进行产业的功能分区，通过行业之间的协作轴将各个集中区有机结合起来，最终形成有效的生产力布局态势。

③ 生态优先——科学发展观的具体体现

在国家明确提出科学发展观的大前提下，生态环境保护、节能降耗、可持

续发展成为地区经济发展的重要方向。张家港机械装备业的发展必须以节能降耗、可持续发展为指导思想，遵循生态优先的布局原则，在产业布局发展的同时，兼顾生态环境的保护，建立和谐的环境和可持续发展的产业，最终实现全市机械装备业的跨越式发展。具体而言，可以在产业选择上设置一定的标准和门槛，并在空间上进行合理布局，推行企业清洁生产，从源头上截断环境污染的根源；加大区域范围的循环经济发展力度，落实科学发展观的要求。

（4）总体布局规划

根据产业集聚及产业集群的理论与发展模式，综合考虑张家港机械装备业的发展特征和空间布局态势的实际情况，从土地资源、岸线资源等自然要素以及产业发展的基础设施配套等角度出发，遵循产业集聚集群发展、产业功能分区、集约化利用土地以及生态优先等布局原则，与城市总体规划、土地利用总体规划相衔接，空间上规划提出“一核、一次、两特色区、三集聚区”的产业总体布局，以此合理组织全市机械装备产业的发展，从根本上盘活土地存量，整合资源，优化配置，使资源利用发挥出最大效益，促进地区机械装备业集群式快速发展。

① 核心园区——省级经济开发区

空间位置。目前，在开发区范围内布置了诸如海陆重工、伊萨焊接、马尼托瓦克、五洲变压器及孚冈集团等机械装备领域的重点龙头企业，形成了一定的机械装备产业发展基础。规划依托开发区，形成全市机械装备业的核心园区，作为未来张家港机械装备业发展的核心所在，同时也是密切联系其他机械装备产业集聚区的区域。

发展目标及重点。区域内重点发展压力容器（锅炉设备）、工程机械（起重设备为主）、节能环保与技术设备、数控机床（机器人等）等具有很大发展潜力的机械装备业产品。到远期，争取将核心园区打造成为省级机械装备业制造基地。

② 次核心区——保税区暨扬子江化学工业园

空间位置。位于江苏省扬子江化学工业园南侧、保税区东侧的高新技术产业园区内，未来该区域将作为张家港保税区暨扬子江化学工业园的机械装备业重点发展区域，也是全市机械装备业发展除开发区南区核心园区外的次核心

区，是全市机械装备业新增长点培育和发展的重点之一。

发展重点。在该区域内与其高新技术产业园的定位相对应，近期依托保税区良好的政策优势和基础设施，重点发展汽车及汽车零部件和精密机械产品，提高产业技术和装备水平，向高层次的机械装备产品方向发展；远期，与大新地区大型部件设备发展相配套，适当发展与化工园区紧密配套的石化设备产品和起重设备产品等，促使区域机械装备产业向大型化和综合化发展。

重点项目。重点在汽车零配件、化工设备、大型装备等方面引进一些技术含量较高、规模较大的国外重点机械装备生产企业入驻，尽快培育形成新的增长点。同时，依托江南锅炉压力容器有限公司，重点推进大型石化装备和石油开采设备项目，成立专业大型石化设备和石油开采设备研发中心，增加超临界试压设备，全自动焊机、全自动盘管加工中心、大型全自动中频变管机等设备。

③ 两特色区

根据张家港机械装备业的整体发展思路，发展大型部件和成套设备是机械装备业的重中之重，是解决地区目前机械装备业结构性矛盾突出、产业规模小等问题的关键，是产品结构调大的重点。在此基础上，规划依托现状岸线资源基础，建设两个特色产业基地。

第一，大新大型部件及成套设备总装区。

发展重点。利用良好的长江岸线资源，在大新镇沿江区域公共码头规划建设的基础上，与张家港现有的冶金、化工等支柱产业相配套，重点发展冶金焦化设备、石化设备、船舶配件设备以及其他大型装备的总体组装生产，形成张家港市大型部件及成套设备的总装区域，作为张家港机械装备业新的增长点进行培育，更是未来张家港市机械装备业产品结构调大的重要基础之一。

重点项目。在大新大型部件及成套设备基地内重点引进发展冶金焦化设备和大型石化设备生产项目，快速与化学工业园区和沙钢集团形成配套发展态势。同时，在该区域引进船舶配件的生产制造项目，为乐余造船基地和国内外重点造船企业作配套。此外，在以上基础上，引进其他相关大型装备组装生产的重点企业项目，整体上推进张家港市机械装备业的生产制造能力，在新增长点培育发展的基础上提高其在工业经济中的结构比例。

第二，乐余船舶工业生产区。

发展重点。在改造提升乐余镇传统洗涤机械、冶金焦化、汽车及配套件等门类产品的基础上，利用其沿江地区良好的岸线资源规划建设张家港市的船舶工业基地，作为机械装备业重点培育的新增长点。区域内形成船舶建造区、船舶配套工业生产区、游艇工业生产区等三大功能区，重点发展大型船舶产品，如散货船、集装箱船、油船、液化气船等整船类型产品。

重点项目。一是船舶基地一期工程建设项目。船舶工业基地规划地址位于张家港市乐余镇沿江岸线区域，岸线长度约 4 千米，一期工程占地 1000~1500 亩，总投资在 20 亿~30 亿元，可形成造船产值 40 亿~60 亿元/年。二是船舶重点产品生产制造项目。规划在基地内建设 3 个大型的 30 万吨船坞，引进发展 30 万吨 VLCC、8000TEU~10000TEU 大型集装箱、FPSO、LNG 等重点产品生产项目。三是船用设备制造项目。引进船舶控制与自动化、通信导航、仪器仪表等船用设备制造项目。四是冶金焦化、环保机械生产改造项目。依托长力机械有限公司，加快发展冶金焦化设备和环保机械设备产品，提升其生产水平，加大其市场份额。

（5）多头并举，机械装备产业全面改造升级

① 做高装备制造业附加值

改造提升传统机械装备产业，全面推动张家港传统制造业转型升级，瞄准国内国际同行业标杆推进技术改造，加强新一代信息技术开发应用，加快传统优势制造业装备提升、工艺优化、产品升级，全面提升质量品牌，推动传统规模企业向智能制造、高端产品、战略新兴产业方向拓展和提升。实施品牌工业机器人的应用示范推广工程，鼓励全市冶金、纺织、化工、物流、装备等行业以及劳动密集型企业加快智能化改造升级。提高企业在工艺流程改造、在线检测、质量性能提升、研发设计及营销服务等领域的信息化程度，实现信息管控和全流程管控，构建智能化、网络化的生产系统。

② 装备制造业提档升级

重点做特、做高，重点发展节能型压力容器、自动化程度更高的塑机饮机、智能化的汽车汽配、高档化的分离机及精密化的加工机械等领域。依托产业各领域龙头企业，推动产业通过向服务融合延伸升级，通过制造服务化和发

展电商平台提升产业能级；推动机电产业智能化升级，大力采用新技术，开发高新产品；推动机电产业走出去，通过并购、重组等方式获取新资源，提升企业竞争力。

③ 培育产业集群竞争优势

围绕“技术创新+模式创新”双轮驱动，以新材料、高端装备、新能源为发展重点，集中力量建设页岩气综合利用、光学膜再制造、LED、智能装备、临港装备及锂电新能源等制造业基地项目，以相关产业园区载体为依托，着力推进产业链上下游的联动发展，打造在国际国内具有较强竞争力和影响力、产业链完备的新兴产业集群。

④ 打造高端装备产业

推动装备产品复合化、高精化、智能化、柔性化和集成化，大力引导装备制造业向高附加值、高技术含量、高服务水平方向发展。重点打造以汽车发动机及零部件、办公信息设备再制造为主体，逆向物流、检验检测等公共服务平台完备的国家级再制造产业基地。发展以那智不二越等为骨干的机器人产业，做强以现代威亚、天合等为骨干的汽车零部件产业，提升能源装备、电力电子、饮塑装备及医疗器械等产业优势。培育船舶、海洋工程、海水淡化装备和增材制造。

⑤ 完善夯实产业载体

按照产业集中、企业集聚、发展集约、资源共享、功能互补的要求，合理布局，调整结构，积极推进保税区、经开区、冶金工业园等三个重大载体和各镇产业区建设。

保税区加快向自贸区转型升级。积极借鉴自贸区创新经验，加速推进政策功能和镇（区）形态转型，加快建设保税港区、扬子江化工园、环保新材料产业园、资源再生示范园及重型装备工业园等五大载体，推动保税区向自贸区转型升级。

经开区提升自主创新能级。全力打造自主创新主阵地，加速集聚科技创新资源，加快建设省高新技术产业开发区、智能装备（机器人）产业园、国家再制造产业示范基地、绿色能源和照明产业园、沙洲湖科创园、智能电网产业园等载体。

冶金工业园加快提档升级。打造以不锈钢薄板、精密冷轧板和高强度钢为特色的精品钢材产业基地，使之成为世界一流的千亿级精品钢材产业基地。高标准建设玖隆钢铁物流园，打造集现货和期货交易、剪切加工、运输配送、进出口保税、电子商务及金融担保质押于一体的现代钢铁物流集聚区。汇聚创新创业人才 。坚持把人才资源开发作为落实创新驱动战略和加快转型发展的先导工程，坚持“以人才带项目，以项目聚人才”的导向，积极招才引智。

优化提升中心城区及产业园区功能。加快提升中心城区城市能级，塑造创新资源和高端服务的集聚核。继续聚焦战略重点，强化杨舍主城区核心功能；继续创造条件，优化战略定位，发挥各自优势，加快城北科教研发区、塘桥副城区建设，努力将其打造成张家港自主创新载体、机构、人才、资金、平台、政策集聚的高地和高端服务集聚高地。大力推进金港、锦丰、乐余、凤凰等产城融合片区建设，构筑要素集聚、产业发达、特色鲜明的战略增长空间体系。

完善市域城镇四级聚落体系。持续深化镇（区）联动，推进区域统筹、资源整合、发展互补，人口自然增长率稳定在4‰以上，努力构建一个结构完整、功能完善、运行协调的网络状城镇体系。至2020年末，市域人口控制在160万人左右、中心城区人口控制在80万人左右。

（6）推进质量基础建设

围绕以现代服务业、战略新兴产业、先进制造业为主体的新型产业，引导企业运用先进质量管理理念、方法和工具，实现管理创新，提升质量发展水平。促进企业自主开发核心技术，加强自主品牌建设，形成全市品牌梯次发展格局。鼓励企业积极采用国际标准和国外先进标准，加强科技创新成果与标准的紧密结合，参与制定或修订国际、国家和行业标准，占领技术标准高地。

（7）加快企业走出去步伐

积极培育本土跨国公司，引导重点企业通过直接投资、收购参股、合资合作等方式参与国际化进程。到2020年末，全市累计新批准境外投资项目达到300个，中方投资额超过30亿美元，继续在境外投资规模上保持全省县、市领先水平。

3. 机械装备产业人才需求现状

随着市场经济体系的不断完善，经济体制改革进一步深化，经济结构进行

战略性调整和优化，5G 技术给机械产业带来了革命性的变化，地方经济将从更宽的领域、以更快的速度和更高的要求融入世界潮流，参与国际竞争。这些变化给教育，特别是与经济和社会紧密结合的职业教育带来了新的机遇与挑战。目前世界发达国家的产业结构正在进行调整，由于亚洲人力资源的优势，世界制造业中心将进一步向亚洲转移，特别是向中国沿海发达地区转移，因此我国机械、机电产品的出口更具市场竞争力，这是我国沿海地区尤其是长江三角洲地区经济发展面临的又一次机遇。

（1）机械装备产业人才队伍现状

① 科技人才队伍建设步伐相对滞后

全市机械装备业企业现有人才存在总量不高、层次偏低，专科学历者多、专业对口少的现象，创新创优能力强且直接从事产品开发和科研的技术人才十分稀少。企业这种轻培养的短视境况直接影响到全市机械装备业自主技术创新能力的提高。

② 制造类专业人才大量紧缺

机械制造业是地方经济社会的传统产业，在世界制造中心转移的背景下，它成为我们的支柱产业之一，地方制造业对人才的需求急剧增加。随着西部大开发进程的加快，成为支柱的外来劳动力大军逐渐回归故里发展；新生代大专院校毕业生普遍追求更高学历，机械制造业的人力资源捉襟见肘。

③ 与职业院校开展融合培养尤为迫切

从调研获取的信息来看，飞速发展的信息化生产技术对制造类专业人才的知识能力结构提出了更高要求。人才培养和产业需求“两张皮”痕迹突出，课程内容与职业标准、教学过程与生产过程相对脱节，数控机床操作的需求仍占较多的份额，而一些普通机加工的需求仍有一定的市场，尤其是对熟练机加工的需求很迫切，“重理论、轻实践”问题普遍存在。企业对高质量产品的追求，使得越来越多的企业更关注员工的质量。

（2）创新机械装备产业人才队伍建设的举措

通过各种政策措施的制定与实现，吸引和引进高级技术人才队伍，实现全市机械装备生产企业人才层次的提升。到远期，争取建成张家港市完备的机械装备人才体系，满足公共研发平台和重点企业工程技术中心进行新产品研发的需求。

① 完善机械产业人才引进机制

建立人才引进基金、创业扶持基金，对人才给予政府专项津贴，对携带科技成果或重大课题到张家港创新创业的科技人才，给予资金资助；建立技术入股和知识产权保护制度，激励科技人才的科研成果转化；建设人才公寓，解决其子女户口及入托、入学等生活问题，系统地、全方位地引进高素质人才。紧贴本地产业转型升级和新兴产业发展壮大的需求，在现代装备制造产业节点上形成比较独特的人才集聚优势。

② 扎实推进机械领域人才计划

全面推进高技能人才队伍建设，积极引进和培育一批在相关领域具有重要建树和重大影响力的精英人才。到 2020 年末，全市拥有高层次人才达到 2.5 万人，其中列入省“博士计划”的博士超过 50 名；引进和培育“港城英才计划”100 名以上，省“333 工程”培养对象达到 30 名，万名劳动力研发人员达到 210 人，高技能人才达到 700 人以上。

③ 校企合作构建人才队伍培养体系

鼓励机械装备业企业与职业院校合作建立专业人才培养机制，充分发挥本企业高级管理人员、高级技能人员和高级技术人员的指导作用，对企业冠名班进行定岗定向培训；发挥企业学院的育人功能，提高企业内部各类人员的专业水平，满足企业对更高层次人才的需求。

④ 构建科技型团队研发平台

近期，构建以企业为主体的产业技术创新体系，建成一批国家级重大技术装备工程研究中心、产学研联合研究中心、企业技术中心，依托外资企业，建成外资独立研发平台；远期，建成张家港机械装备业公共研发平台，为本地机械装备生产企业提供技术咨询、产品开发、难题攻关、人才培训、产品检测认证等服务，实现区域范围内企业的技术共享，拥有一大批具有自主知识产权的产品和技术，重大装备技术创新能力处于国际领先地位。

4. 校企融合是职教发展的必然产物

（1）校企合作建办机械装备产业学院的紧迫性

① 地方制造类专业人才严重紧缺

随着市场经济体系的不断完善，经济体制改革进一步深化，经济结构正在

进行战略性调整和优化，5G 技术给机械产业带来了革命性的变化，地方经济将从更宽的领域、以更快的速度和更高的要求融入世界潮流，参与国际竞争。这些变化给教育，特别是给与经济、社会紧密结合的职业教育带来了新的机遇和挑战。目前世界发达国家的产业结构正在进行调整，由于亚洲人力资源的优势，世界制造业中心将进一步向亚洲转移，特别是向中国沿海发达地区转移，因此我国机械、机电产品的出口更具市场竞争力，这是我国沿海地区尤其是长江三角洲地区经济发展的又一次机遇（图 4-3）。

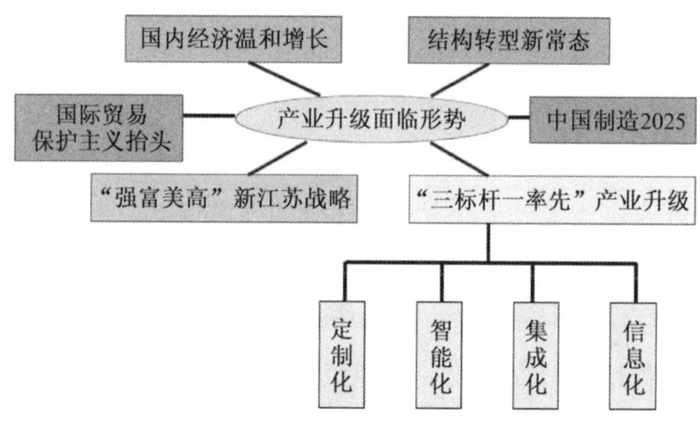

图 4-3　机械产业发展形势

当前时期，全市紧紧围绕“三标杆一率先”总目标，大力弘扬张家港精神，紧扣转型升级核心战略。地方产业结构转型升级、技术创新，向定制化、智能化、集成化、信息化方向飞速发展，企业岗位的技能规格和要求正在发生剧变，职业院校三年制中职或五年制高职的学生培养周期已经无法适应这一快节奏的变化，校企间人才培养方向及供求矛盾严峻。机械制造业是地方经济社会的传统产业，在世界制造中心转移的背景下，它成为支柱产业之一，制造业对人才的需求急剧增加。

② 智能制造对人才的知识能力结构提出了更高的要求

人才培养供需矛盾依旧。从调研获取的信息来看，数控机床操作的需求仍占较多份额，而一些普通机加工的需求仍有一定市场，尤其是对熟练机加工的需求很迫切。课程内容与职业标准、教学过程与生产过程相对脱节；校企协同、实践育人的人才培养模式尚未根本形成；企业学院处于浅层次、自发式、

松散型、低水平状态。

③ 协同育人的保障机制不健全

当前职校与企业融合办学还面临不少瓶颈和制约因素。比如政策层面，缺乏整体性、系统性政策供给，运转资金、激励保障服务还不到位；受专业局限，部分企业参与办学的积极性不高；政府、企业、学校、行业及社会各负其责、协同共进的发展格局尚未健全，教育和产业统筹融合、良性互动的格局尚未根本确立；企业对高质量产品的追求，使得越来越多的企业更关注员工质量，很多企业在用人时，不仅考察其专业教育的背景，更关注其社会能力和非智力素质，例如是否善于与别人交流，是否有正确的价值观、敬业精神、吃苦精神、纪律性、责任心、工作态度等。

④ 职业教学改革势在必行

根据职业教育应该服务于地方经济建设的办学指导思想，对照张家港市的特色产业，目前张家港中专校机械制造与自动化专业在学生培养目标上与企业的需求存在距离，结合不够紧密。要改革教学内容和教学方法，突出实践性教学环节，加强职业技能训练。教学安排要注意增强适应性、实用性和灵活性，应实行工学结合，为本地区经济建设服务；与企业密切联系，培养实用人才和熟练劳动者。要坚持市场导向，突出培训的针对性、实用性，根据企业实际设置课程。

（2）校企融合机械装备产业学院培养机制的必要性

① 有效解决校企人才培养方向脱节问题

校企间通过“机械装备产业学院”合作办学的形式，以遵守国家宪法、法律政策为宗旨，以产学研结合和资源共享为基础，积极推进校企融通体制创新。以诚信为纽带，以契约为保证，实现供需对接、资源共享、责任共担、互利共赢。深化职业教育办学体制和办学模式的改革，进一步探索企业学院的创新之路，合理进行职教资源的共享，发挥最佳效能。提高企业学院的办学质量和效益，提高服务经济建设和社会发展的能力。

② 发挥企业强大的教育资源优势

职业院校与用工企业必须开展深度合作，在培育专业岗位人才上共同发力，才能得到符合岗位需求的实用型人才，这样的校企合作才能实现校企双

赢。江苏省张家港中等专业学校是江苏扬子江职教集团的牵头单位，拥有数十家紧密型合作单位，企业设施设备先进，专业技术力量雄厚，办学资源丰厚。学校十分重视充分发挥行业企业在专业技能教学中的主体作用，密切校企融合培养关系，为区域经济社会发展提供充足的基础人力资源保障。

③ 实现人才供需的无缝对接

根据苏南地区及港城产业结构调整、经济增长方式转变和科技进步的特点，紧密结合机械制造产业的发展需要，根据职业教育应该服务于地方经济建设的办学指导思想，坚持以服务为宗旨，以就业为导向，以培养具有社会责任感、实践能力、创新能力的高素质技术技能岗位人才为目标，以校企融合培养为主线，以机械装备产业学院校企融合培养为准绳，解决人才培养和产业需求“两张皮”的问题，形成机械制造与自动化专业群和张家港机械装备制造业深度融合的培养模式。探索由地方政府牵头，机械装备制造产业、学校、德国爱科特职教集团共同参与的“三元二区”融创中心机械装备产业学院联合培养模式。

（4）建立校企融合培养机制的可行性

张家港中专校机械工程系与加特可变速箱苏州公司、广大特材有限公司、江苏永钢集团等装备制造类企业紧密合作，立足“三元二区”融创中心合作平台，共同成立机械装备产业学院。

校企双方以机械装备产业学院为突破口，以组建冠名班、践行工学结合为切入点，融合校企双方教学资源，深化教学内容和教学方法改革，根据企业用工岗位的需要设置专业理论课程和岗位技能课程，在实践教学内容的安排上突出适应性、实用性和灵活性；在技能教学环节中发挥企业优势，深入践行现代学徒制培养；加强岗位技能实操训练，突出专业技能培训的针对性、实用性，时刻围绕企业需求培养专业技能人才和熟练劳动者。

（二）机械装备产业学院建立的历程回溯

早在2006年，张家港中专校首开校企合作创新模式，学校作为秘书长单位牵头成立了江苏省首家职教集团——江苏扬子江职教集团。此后，在德国爱科特等国外优质职教集团的加盟助推下，张家港中专校职业教育的改革浪潮澎

湃，一度成为职教改革试点的排头兵。2015 年 8 月，张家港中等专业学校与江苏新美星集团间的校企合作再上一台阶，首度建办“新美星企业学院”，从此开启了张家港中专校“三元二区”融创中心的建设序幕，校企融合产业学院应运而生。

随后几年，学校以“新美星企业学院”为标杆，积极推广成功经验，立足扬子江职教集团平台，汲取强大的企业资源。在引进德国双元制教学模式的基础上，校企双方广泛开展合作，在深化产教融合、优化合作培养机制的道路上积极探索，在机械制造类专业人才培养方案修订、融合型课程开发、双师型教师培养、现代学徒制方案落实、工学结合等方面密切配合，培养机制得以不断锤炼、推陈出新。机械工程系积极与职教集团内众多企业探寻企业学院合作培养之路，立足于机械制造与自动化、机械加工技术、数控应用技术等三个专业方向开展深度合作，以建办现代学徒制冠名班为纽带，建立起校区机械装备产业学院和厂区企业学院。建设进程如下。

1. 2016 年建设项目

机械工程系立足机械制造与自动化专业群，提升与广大特材、江苏永钢集团、瓦克化工、加特可变速箱等企业间的合作层次；完善合作机制，确保永钢企业学院、新美星企业学院处于高质量运行状态。

实施办法与举措：

积极争取，多方支持。在现有法律、政策框架内，学校积极争取市政府、市教育局对创办产业学院工作的支持，重点是落实添置对接企业学院实训设备的经费，落实聘请兼职教师的费用，争取办学宣传、社会招生与招工政策的倾斜，妥善处理教学管理制度等；相关企业行业积极争取人社局、安监局的政策支持；积极推动产业学院设施设备的升级换代。

修章建制，规范管理。随着国家层面出台更新的职业教育法律法规，校、企共同争取法律法规的落实，努力保障企业学院的高效推进。进一步完善产业学院管理制度建设，推动规范化管理，落实《产业学院章程》《产业学院专业人才培养实施方案》《产业学院编写专用教材实施办法》《产业学院招生/招工方案》《产业学院师资聘用标准与考核实施办法》《产业学院教学管理制度与考评办法》《产业学院安全管理三方协议》等，为产业学院的正常运行提供制

度保障。

2. 2017年完成任务

修订机械装备产业学院合作办学机制，重点是实施“3.5+1.5”分段培养模式，稳步提升办学质量；拓展延伸，面向社会人员、企业职工组织开放式岗位培训，持续扩大产业学院的办学规模。

实施办法与举措：

精耕细作，优化提升。发挥“校、企、外”三元协同优势，统筹校企教学资源，对接岗位急需高技能人才培养目标，高规格建立专业化师资队伍。借鉴国际先进的德国爱科特职教集团双元制办学模式，瞄准前沿科技，组织更加务实的岗位化培训，推行岗位技能订单式培养；推广永钢企业学院与机械制造与自动化专业合作办学经验，围绕岗位培养目标，立足于培养解决问题的能力；探索完善招生招工的方式、培养模式和教学方法，逐步建立和完善课程体系、教学标准、评价办法、管理制度等，并形成文件。学校全面推广“3.5+1.5”分段培养模式，前3.5年学生在校完成文化课程、专业基础课程和基本技能学习，穿插企业文化、生产车间参观等实践活动；后1.5年在企业学院践行双元制培养模式，学生进行理论学习和轮岗见习、定岗见习、顶岗实习。轮岗实习阶段原则上为期两个月，定岗实习原则上为期3个月，顶岗实习为整个学期。在产业学院内完成从学生到学徒、从学徒到员工的角色转变和岗位工作适应，有效缓解企业紧缺型技能岗位的用工问题，使更多学生学员从产业学院的定岗培养中受益。

推广复制，横向延伸。复制企业学院的办学机制，发挥机电技术应用、机械加工技术、数控技术应用等制造类专业占明显优势的特点，积累经验，并向校内其他专业、三年制学制横向推广延伸。与长期合作的其他制造类企业升级合作层次，积极筹措条件，为更多的地方企业提供人才支撑。

充分发挥产业学院灵活办学的体制优势和教学资优势源，增加同专业学生的参与率，向邻近专业学生辐射；吸引更多企业职工参与培训与技能考核，尝试向社会人员开放岗位培训。配合开发区，协调落实援助瓦克化工企业学院硬件设施设备的安装调试工作。

3. 2018年完成任务

发挥扬子江职教集团平台优势，借力行业指导委员会，企业学院瞄准岗位前沿科技，实现由单岗向双岗、多岗的定向岗位群培养的转变，拓展学生岗位适应面和适应性，实现培训与岗位间的精准对接，全面推行订单式培养。将产业学院在校生扩展至600人以上规模，富余办学资源向社会人员全面开放。

在新校公共实训中心，高标准高起点规划建设机械装备产业学院的公共基础性实训设施，提升培训的业务范围和能级层次。

实施办法与举措：

服务产业，深度融合。配合全市工业化调整布局，围绕重点骨干企业的用工需求，再建贝内克企业学院、加特可企业学院、宝马光束企业学院。在校企业学院达到9所，实现各大专业群全覆盖。继续加强与鉴真车灯、宝时得机械、宏宝集团、保丽洁环境科技等骨干企业间的工学结合人才培养合作，形成以校内校外实训基地、企业学院、岗位车间为特征的立体式技能型人才培养格局。

对接岗位，精准培养。产业学院全面实行定岗订单式培养，企业开放更多技能岗位以满足受训学员的需求；扩大学生的岗位选择面，企业学院尝试由单岗定向培养转向双岗、多岗的岗位群定向培养，为企业储备岗位多面手；进一步扩大学生的参与量；组织更能对接岗位要求的个性化技能培训，提升学生岗位技能对接度。

持续发挥“四位一体”平台优势，推动企业学院办学机制改革；孕育崭新经验，擦亮人才培养的鲜明特色，辐射周边。

修炼提升，凝聚特色。在普及机械制造与自动化专业群内各主干专业厂区企业学院的基础上，进一步规范校区机械装备产业企业学院建设。依据张家港市国民经济和社会发展规划，调整张家港中专校专业发展方向，围绕机械装备产业重点岗位群，在新校建设中，重新规划建设高规格、高起点的“三元二区”融创中心机械装备产业学院。

由政府牵头，经开区、冶金工业园、保税区扬子江化工园区完成“三元二区”融创中心硬件设施建设；由学校、企业和德国优质职教机构进行三元整合，各方协调发力，抽调精兵强将，组建机械产业学院的专业化教学与管理

师资队伍；对照智能制造技能岗位，迅速投入师资培训。引入由院士领衔的专家团队，重组区域性机械装备产业指导委员会，对照智能制造岗位前沿科技和企业生产岗位需求，科学制定机械装备产业学院人才培养方案和课程标准，集中专家教授编制校本教材。

（三）机械装备产业学院的立体架构

作为地处苏南经济发达地区的国家首批示范校，江苏省张家港中等专业学校经过多年的研究与实践，独创性地打造了“三元二区”融创中心新载体，推广实践校企融合培养机制，源源不断地为企业提供高素质机械类专业人才，满足企业智能化升级改造的大量用工需求。张中专“三元二区”融创中心合作机制，很好地回答了如何解决当前制造业用工荒、用工难这一时代命题，并为区域经济发展创造了显著的人才红利。

机械装备产业学院是校企双主体共建实施一体化办学的崭新阶段，它对接学校机械制造与自动化专业群，下设机械制造与自动化学院、数控技术应用学院、机械加工技术学院。学校立足完善校企合作育人机制，积极探索推进产教融合发展，高起点打造融合育人模式。

1. 机械装备产业学院立体架构

（1）“三元”

机械装备类企业、职校、国际优质职教集团共建企业学院（图 4-4）。三方强强联动，实现供需对接、资源共享、责任共担、互利共赢。

图 4-4　机械装备产业学院三元构成

（2）“二区”

① 校区机械装备产业学院

近年来，张中专机械工程系立足“三元二区融创中心”平台，与多家制造类企业共同组建机械装备产业学院，进行了成功的校企合作创新实践。机械工程系按照机械专业群三大专业的培养方向，分别与紧密型企业合作组建了 3 个现代学徒制冠名班。引进德国巴登学院的成功经验，建办成两家企业学院。校区机械装备产业学院按专业下设永钢企

业学院、广大特材企业学院，并由此构成校区“机械装备产业学院”。机械装备产业学院对接张家港市机械装备产业集群，实施“1+N”校企联合培养模式。第七、八学期对应专业学生参加校区通用技能学习和企业专业理论与基础技能的学习，结束时学生对应各企业生产岗位类型，通过双向选择，进行岗位定向分流，进入厂区企业学院学习（图 4-5）。

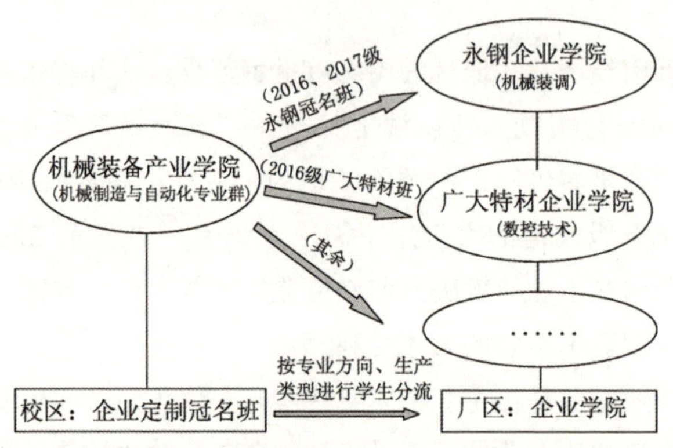

图 4-5 机械装备产业学院学生分流图

② 厂区企业学院

根据机械制造与自动化专业群内主干专业方向的差异，机械制造与自动化专业对接厂区永钢企业学院，数控技术应用专业对接厂区广大特材企业学院。学校依托企业已有的企业培训教室、车间、设备来开展高年级的教育教学。第九学期，学生在厂区企业学院参加专业技能、岗位技能的学习。第十学期，学生分别进入厂区企业学院学习，师资以企业师傅为主，学校专任教师配合教学，德国巴登钢铁学院提供实践教学经验，组织外教参与教学管理。学生在企业师傅的指导下践行顶岗实习，完成 X 项技能鉴定、上岗证考证培训。学生经过企业考核被录用后，签订三方协议，在生产岗位参加顶岗实习。

2. 融创中心机械装备产业学院组织管理机构

在机械装备产业学院构成要素中，“三元”是指实施人才培养的 3 个教育主体——张中专机械工程系、机械装备企业、德国巴登学院，目的是发挥校、企、外三方优势，把教学活动与生产活动结合起来，融入国际先进的职教理念，打造三元统编团队，紧扣岗位实施班组化教学。两个专业分别与江苏永钢

集团有限公司（江苏永钢）、张家港广大特材股份有限公司（广大特材）、德国巴登学院合作共建，校企合力组建永钢企业学院、广大特材企业学院。

机械装备产业学院依托学校已有的设备及企业捐赠设备，建有装配钳工实训室、机加工实训室、数控技术实训室等通用性技能实训基地，主要对接低年级冠名班预设岗位特殊要求的专业理论和岗位技能的教学任务（图 4-6）。学校根据企业生产的相关项目，采用德国巴登学院的教学标准，对学生进行理论基础知识教授和基础技能的训练，管理方面以学校管理为主，师资以学校和德国巴登学院的外教为主，企业技术专家定期赴产业学院组织专业理论课程教学和基础技能培训。

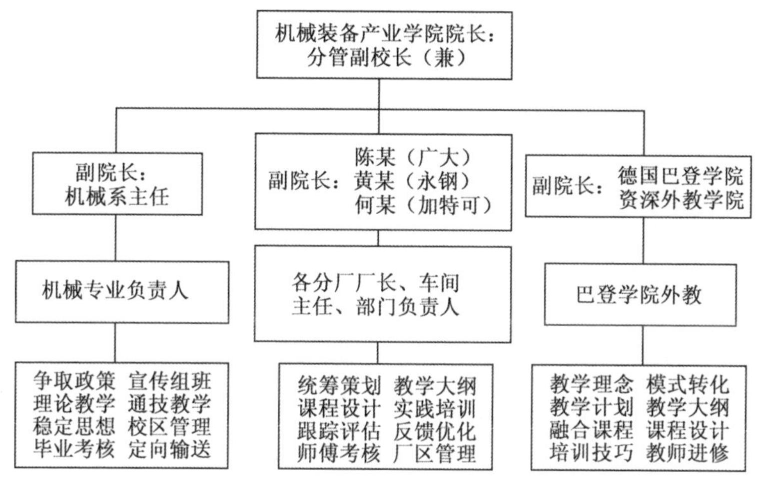

图 4-6 机械装备产业学院组织机构

（四）"三元二区"融创中心机械装备产业学院的创新举措

1. 机械装备产业学院人才培养机制

张中专立足于"三元二区"融创中心，联合机械装备骨干企业、优质外教资源、学校优势专业等形成紧密型的合作伙伴，凝聚成机械装备产业学院的三元综合体，并逐渐建设成为智能装备制造业的人才培养基地。机械装备产业学院正日益成为新时代智能制造专业人才的重要基地。现代制造业企业不仅看重毕业生的专业知识和岗位技能，更看重其工作态度、学习态度、团队精神及沟

通能力；要求学生的知识面要宽，专业技能要好，工作态度要端正，人际交往要友善，并具备一定的沟通能力。制定该专业人才的培养方案时，课程知识应具有一定的宽度。

“三元二区”融创中心机械装备产业学院是校、企双主体共建校企融合办学的高级阶段，具有显著的校企融合人才培养方案、共享资源、过程共担、产教同频共振及零距离就业等有利因素，极具推广价值（表 4-1）。

表 4-1　机械装备产业学院人才培养机制

项目 学年	学习场所	师资团队	教学核心内容	学习形式	评价主体	证书
3	学校	学校	国规/省规课程	集中学习	学校	通用证书
1	校区 产业学院	校+企+外	通用技能+ 专业技能	技能训练	学校+企业	“X”考核 证书
0. 5	厂区 企业学院	企+外+校	专业技能+ 岗位技能	专业实践	企业+学校	“X”+IHK 证书
0. 5	多家企业	企业	岗位生产技能	顶岗实习	企业	企业证书

基于机械装备产业学院培养流程再造，张中专以每个专业对接一家骨干企业，优化“3+1+0. 5+0. 5”人才培养过程，以专业对接产业、课程对接岗位、教材对接技能为切入点，提升人才培养质量（图 4-7）。“3+1+0. 5+0. 5”人才培养方案构成如下：

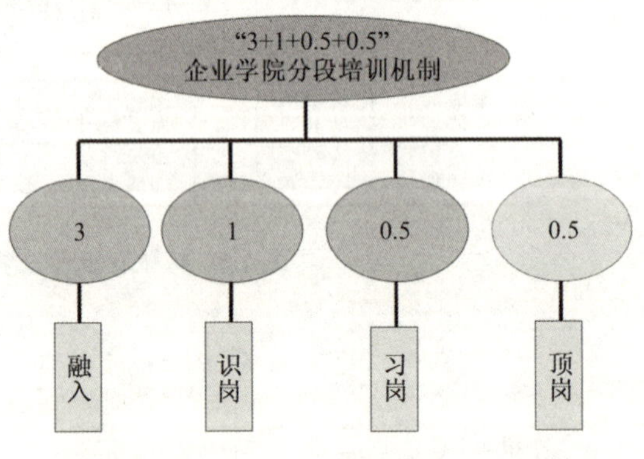

图 4-7　机械装备产业学院分段培训机制

“3”年融入阶段——前 3 个学年，学校是教学活动的主场，学校教师是教学活动的主体。

“1”年识岗阶段——第七、第八两学期，机械装备产业学院是教学活动的主场，校、企、外三方师资共同参与。每学期组织学生入企 1 个月接受识岗

培训。

“0.5”年习岗阶段——第九学期，学生根据自己所在的现代学徒制冠名班，分流进入对应的厂区企业学院学习。厂区企业学院是教学活动主场，以企业的教学人员为主体，学校和外方师资协同参与，教学评价的主体是企业为主、学校为辅。

“0.5”年顶岗阶段——第十学期，经过考核，学生各自分流进入关联企业。企业是活动的主场，岗位师傅是生产教学活动的主体，教学评价的主体是企业。学生在岗位上完成从学生到学徒、从学徒到员工的角色转变。

机械装备产业学院的培养模式正在逐渐成形，“三元二区”融创中心的办学名片得以持续擦亮，校企合作的崭新模式正在为区域经济建设提供强劲的人才支撑。

2. 机械装备产业学院课证融通体系建设和教学方法改革

（1）以实践教学为中心，以能力培养为目的，改革教学课程体系

机械制造与自动化专业（群）主要培养适应制造类企业生产一线需要、具有较强的机械制造与自动化专业应用能力和操作技能的人才，即掌握必备的机械制造与自动化专业基本知识及理论，能从事涉及企事业机械产品安装、调试、维修、设备维护和机械产品销售，德、智、体全面发展的技能型人才。这种人才的培养模式应具有明显的特征，即以培养技能型人才为根本任务，以适应社会需求为目标，以培养技术应用能力为主线来设计教学体系和培养方案，以适应技术为主旨的特征来构建课程和教学内容体系，基础理论和专业理论知识以够用为度，实践教学的主要目的是培养学生的技术应用能力和操作能力。

（2）紧跟技术发展步伐，开设校企融合课程

合理安排“校区企业学院基础理论、通用技能训练—厂区企业学院工学结合—毕业顶岗实习”实训项目，使能力培养递进提高；按照“校区产业学院建设企业文化”和“厂区实践教学生产化”的原则，建设生产型教学车间，紧跟技术发展进步，选用生产型实训设备，使实训更加贴近生产实际。努力营造真实的生产环境，广泛开展生产性实训，使“工学结合”教学模式体现在教学各环节，不断推进一体化教学、项目式教学、体验式教学等方法。

机械装备产业学院融合型课程设置是以能力为本位，以岗位实践为主线、

以岗位项目课程为主体的模块化专业课程体系（表 4-2），按照职业教育的要求和本专业高技能人才的培养规律，专业课程设置和课程内容安排都以学生的职业能力和专业知识的应用为主要目标，打破按照学科体系、知识体系设课的惯例。例如，开设“齿轮加工原理”“统计过程控制”“组装基础基本”等与岗位密切相关的专业理论课程。在整个教学课程体系中，以企业用工岗位的专业技能为主要项目，每个项目彻底改变原有的教学课程体系，如开设“标准作业基础”“加工基础基本”“测量工具的使用方法”“物流基础基本”等课程。企业以岗位技能项目为中心，设置多个技能组合模块，专业课种类与课时合理配置。

表 4-2　机械装备产业学院部分现代学徒制班融合型课程授课计划

永钢冠名班现代学徒制试点项目企业课程计划（2017—2018 学年第一学期）				
序号	课程名称	授课部门	授课人员	课程类别
1	机械设备维护	炼铁事业部	设备主管	设备管理
2	如何做好设备小改小革	特钢事业部	特钢机械设备主任工程师	设备管理
3	安全管理知识	安全环保管理部	安全环保管理部安全管理主管	安全知识
4	质量管理基础理念	产品研发中心	产品研发中心质量管理室	质量知识
5	电气作业及电器设备知识	炼铁事业部	动力自动化主管	电气管理
6	电气基础知识及电气安全	钢轧事业部	钢轧事业部轧钢电气主管	电气管理
7	企业文化	公司办公室	公司办公室秘书科科长	基础素养
8	烧结球团生产工艺技术	炼铁事业部	生产副主任	生产工艺
9	高炉炼铁工艺	炼铁事业部	高炉主管	生产工艺
10	转炉炼钢基本工艺介绍	特钢事业部	特钢炼钢主任工程师	生产工艺
11	轧钢基本原理	特钢事业部	特钢轧钢工艺主任工程师	生产工艺
12	设备基础管理及标准	特钢事业部	特钢机械设备主任工程师	设备管理

低年级阶段，教学的核心内容是国规、省规课程，以组织集中学习为主要形式，教学评价的主体是学校，考核通用类证书。

高年级阶段，教学的核心内容是通用类技能和专业类技能，以组织技能训

练为主要形式，教学评价的主体是校、企双方，学生参加专业关联性证书考核。培训内容包括企业文化和相关管理制度认识、班组化岗位培训、安全生产知识培训等，目的是深入了解企业的技能岗位要求，培养爱岗敬业的职业操守。

第九学期，厂区企业学院是教学活动的主场，教学的核心内容是专业技能和岗位技能，学生参加专业关联性证书和 IHK 证书考核。学生在校区学院完成毕业设计等主要学习任务的基础上，进企业接受近 4 个月的岗位见习。实行"4+1"制学习模式，即前 4 天学生在岗位跟随师傅见习，最后 1 天集中进行与岗位有关联的专业理论学习。学生接受企业班组化培训，1 个师傅带数个徒弟，组成学习小组，确保学生掌握对应岗位的专业技能；考核合格后，学生再进入下一个岗位的轮岗实习，体验本岗位群不同岗位的职责能力要求。通过特定岗位技能培训，学生完成考工考级。充分发挥学生自主性，鼓励学生参加有关联性的"1+X"证书考核，增强适岗能力，考核结果纳入学生学分银行系统。

第十学期，冠名班学生与企业签订三方协议，在生产岗位全程参加顶岗实习。教学的核心内容是生产岗位技能，以顶岗实习为主要形式，学生参加岗位关联性证书考核。学生在实习岗位上自然过渡，向签约员工的角色转变。

3. 机械装备产业学院对教学模式改革的创新实践

为实现培养企业岗位专业技术能力人才的目标，打破以往学科体系的课程模式，建立与用工岗位接轨的技能训练课程体系，根据融合型人才培养的目标，对原有的课程内容进行解构和重组，制定通用性与专一性相结合的课程标准，选择适宜学生发展、适合企业要求的教学内容，并兼顾岗位技能证书的考证需求。课程内容的实施宜采用项目教学法，应特别加强实践性环节教学，在所有专业课程的教学过程中渗透社会能力的培养；要求专业教师在自己承担的专业课教学中特别注意对学生职业道德的引导，在课程考核中应有对相关社会能力的考核指标。

4. 机械装备产业学院双师型师资队伍建设

机械装备产业学院实行校、企师资互聘，建立融合性师资团队。每个企业都聚集着一批行业内的能工巧匠。校、企双方高度重视现代学徒制试点班，企

业和学校从各自的重要岗位上精心挑选了一批高技能人才担任产业学院的兼职教师。为强化技能教学，企业着重挑选了一批岗位技术能手担任现代学徒制岗位师傅，对现代学徒制班的学员进行师徒结对式的点对点重点培养。为进一步促进校企深度融合，张中专校融创中心特制定《校企师资“互聘互用”管理办法》(以下简称《办法》)，共6章16条。

《办法》明确规定了校、企合作双方的职责、具体任务、相应待遇，充分发挥专兼职教师的组合优势，形成“双师”素质培养和“双师结构”专业教学团队建设的长效机制。这是加强学院专业教学团队建设的重要举措，教学团队中至少有1名在行业或企业有影响的专业技术人员或管理人员兼任专业带头人或教研室主任，至少有1名专业带头人或骨干教师兼任企业的技术骨干、部门领导。校、企人员“互聘互用”协议书按学院规定的程序审批后，由学院与企业签订。协议包括兼职人员的互聘，兼职人员职务及职责，兼职人员考核及管理，兼职人员待遇等内容。通过校、企双方的组织行为，对等互聘对方人员，统筹安排兼职人员的工作，使兼职人员妥善处理好本职工作和兼职工作的关系，保证兼职人员的工作成效和学院正常的教学秩序。

(1) 产业学院兼职教师聘期

学院可以根据专业建设、教学团队建设及校内实训基地建设等工作需要，确定企业兼职人员的聘期，一般为2~3年。

企业可以根据产品生产、技术改造、技术服务、生产经营管理等具体项目及工作任务需要，确定学院兼职人员的聘期，一般为2~3年。

兼职人员聘期内工作时间可根据工作特点，实行脱产与半脱产结合、固定工作时间与弹性工作时间相结合等形式，原则上每周到对方单位工作的时间不少于1天。学院兼职人员还可根据企业的实际需要，利用暑期时间完成兼职工作任务。

(2) 兼职教师工作职责

指导和参与制定专业建设规划、人才培养方案，共同推进专业课程体系和实践教学体系改革。

指导和参与人才培养模式改革以及专业核心课程建设和教材建设等各项教育教学改革工作，共同提升人才培养质量。

指导和参与制定专业教学团队建设规划，协助安排专业教师到企业顶岗挂职，协助聘请企业兼职教师到学院承担教学任务。

指导和参与制定校内生产性实训基地建设方案以及学生实训项目，协助安排学生到企业顶岗实习。

根据职业资格标准和永钢工作要求，指导和参与教学过程管理和教学结果评价，形成有企业参与的教学质量监控体系。

（3）融创中心专家团队工作职责

指导和参与校企联合申报科技类或社科类科研项目，为企业科研工作提供理论或技术上的指导、咨询，帮助开展科研项目的调研、论证、评估等工作。

指导和参与企业的技术、管理工作，协助开展产品研发、技术开发、技术服务以及市场调研、营销策划、生产经营管理等工作。

指导和参与制定员工培训计划，充分利用学院专业教学资源，协助做好岗位培训、技术培训、生产经营管理培训等工作。

指导和参与校企联合开展专利技术研究、开发、申报，协助企业将专利技术转化为生产力，提高经济效益。

根据产业学院专业实践性教学需要，指导和参与企业建立校外实训基地，协助安排、管理学生的顶岗实习。

（4）融创中心教师团队的待遇

学院每月给专家团队发放兼职津贴，作为兼职专业带头人或兼职教研室主任的报酬。永钢兼职人员除履行规定的工作职责外，如果还承担相应的教学工作，其课酬由各系参照相应标准负责发放。

专家团队人员可参加学院组织的相关考察、学习、交流活动，也可主持或参与学院的科研创新团队、科研及技术服务机构，或以学院名义申报科研项目、完成科研任务，并按学院相关规定享受科研经费资助和奖励。

对于兼任专业带头人或教研室主任 3 年以上、为学院专业建设做出贡献、聘期考核为“优秀”的兼职人员，学院可聘任为客座教授，下一轮聘期内每月发放兼职津贴和相应标准的课时津贴。

学院教师在完成学院规定的教学工作量的前提下，可不再增加教学工作量；兼职年度考核为“合格”的可认定为完成学院规定的年度到企业顶岗挂

职任务，享受暑假期间教师顶岗挂职津贴。

对于教师兼任技术负责人或部门领导3年以上，为企业技术、管理工作做出贡献，聘期考核为“优秀”的学院兼职人员，下一轮聘期内永钢将提高相应的工作津贴，学院也按教师顶岗挂职津贴标准的2倍发放津贴。

（5）融创中心兼职人员的管理与考核

校、企双方共同确定兼职人员工作任务书，明确具体考核要求。兼职人员根据工作任务书的要求制定工作计划、预期物化成果，并按月填写工作手册。校、企双方联合对兼职人员在兼职期间的工作情况进行管理、考核。兼职人员的考核分为年度考核和聘期考核，聘期为1年的只进行聘期考核。

① 年度考核

兼职人员须在每学年末填写“永钢企业学院校企人员‘互聘互用’年度考核表”，并提交年度工作总结、工作手册、阶段性成果等有关材料，由校、企双方相关部门按工作任务书及具体考核要求进行考核，提出考核意见，确定考核等级。年度考核等级分为“合格”“不合格”，考核等级为“不合格”的，校企双方将终止兼职聘任合同，更换兼职人员。

② 聘期考核

兼职人员须在聘期结束前填写“企业学院校企人员‘互兼互聘’聘期考核表”，并提交聘期工作述职报告、工作成果等有关材料，由校、企双方相关部门（学院为教学系）按工作任务书及具体考核要求进行考核，提出考核意见，确定考核等级。考核等级为“不合格”的，校企双方将不再聘任为兼职人员。

校、企双方根据实际情况为兼职人员建立工作室，配备必需的办公用品，提供必需的教学资料、科研资料，创造必要的工作条件，以利于开展工作。兼职人员要定期参加专业教研活动和高职教育理论培训，掌握高职教育规律，熟悉高职学生的特点，将自己丰富的实践经验与专业建设、课程教学有机融合，努力提高工作质量。学院兼职人员要定期参加技术研发、生产经营等相关会议及活动，掌握生产技术、经营管理等的规律和特点，将自己丰富的理论知识与企业工作有机融合，努力提高工作质量。

5. 机械装备产业学院“1+X”证书创新践行

机械装备产业学院全面推进“1+X”证书制度试点工作。学校以践行一岗多证为突破口，大力推进企业学院现代学徒制班的人才培养创新机制建设，加强相关实训设施设备建设，提高人才培养的规格，为社会持续输送一专多能的专业人才。

以服务为出发点，积极参与企业职工培训，承担企业技术研发、改革等任务，共建校外实训基地。不断增强顶岗实习效果，通过项岗实习，强化学生某一专项技能的实践，使其体验企业的真实生产环境，从而进一步提高学生专业能力，更好地与就业工作岗位进行衔接。不断加强与企业的合作，加强对学生的指导和管理力度，与企业共同对学生的项岗实习进行评定，并充分依托装备制造类企业，共享校企资源，形成一批具有行业、专业特色的厂区企业学院实训基地。

机械装备产业学院优化人才培养方案，充分利用选修课、实习实践课时，在校企融合性课程建设上，围绕专业知识理论与专业技能教学、教学时间分配、实习实训场所、校企兼课教师配备等，给予全面整合，实现校企一体化培养，高标准推进校企融合育人；建设厂区企业学院，最大程度地拓展与实际生产岗位接轨的培训课程；对机械类专业特别加强智能控制、机械加工、机械装调等一体化实训室等校区机械装备产业学院融合型实训课程建设，有条件的合作企业捐建实习实训专用教室，完善厂区企业学院岗位实训配套管理制度及资源建设。

机械装备产业学院在设计课程教学的组织与安排过程中，贯彻“做、学、教合一”的教学模式，即以学生做为核心、以学生学为基础、以教师教为辅来组织和设计教学。为了贴近职业岗位要求，依照专业培养目标的要求制定课程教学，以加强教学的针对性；将专业技能操作实训和职业资格要求融合到教学大纲计划与课程内容中，优化教学过程，提高专业技能的培训效果。

为了突出综合实践环节的建设，实践教学设计思路遵循了技能型人才职业能力形成的循序渐进规律：从简单到复杂，从一般到先进，从单一到综合。实践教学环节分阶段、分层次设置，采用循序渐进目标教学法，使学生逐步掌握适应岗位（群）要求的职业技能，具备本行业要求的综合实践能力与职业素

质，以利于学生专业技术应用能力的培养。

6. 机械装备产业学院人才质量评价深度改革

为了强化教育实践教学的特点，根据职业岗位所要求的知识、能力和素质结构制定实践教学标准，我们制定出本专业所要求的基本技能、专业技能和综合技术应用能力训练的实践教学模块，统筹安排实践性教学内容，将基本技能和技术应用能力训练贯穿于教学全过程，形成系列实验、专项实训、阶段实习、综合训练和顶岗生产实习等实践环节。

教学计划的安排有利于实践能力的训练。灵活安排教学实践各环节，教学计划的安排应主动适应企业的生产阶段与生产项目内容的安排，注重实施的效果；必须有利于学生实践能力的培养，而不是按照机械的、固定的模式去制定。

现代学徒制尚属在摸索中前行的新事物，机械装备产业学院创新考核评价机制，着重考虑学生创新意识、创新思维、创新能力和创新品格等方面的综合发展以及与之相伴随的情感、态度、价值观形成的评价（图 4-8）。考核评价采用校内评估和企业评估相结合的方式进行，校内评估包括教师评价和学生评价，企业评价包括企业师傅评价和企业车间管理者、人力资源管理者的评价。评价不仅关注基本专业知识与技能的培养，更应关注个体专业技能的进步和多方面的发展潜能，以促其全面发展、终身发展。

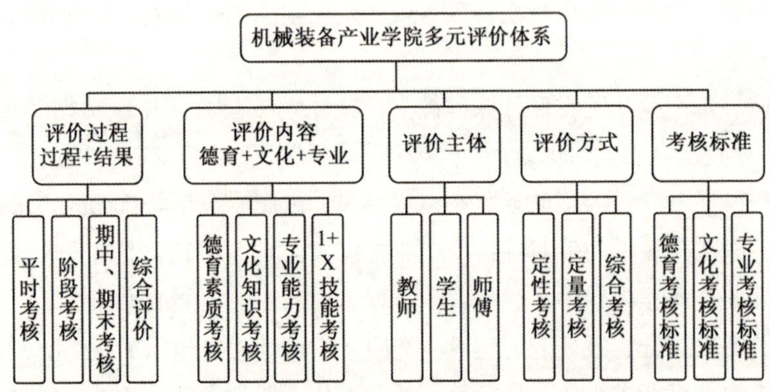

图 4-8 机械装备产业学院多元评价体系

（五）机械装备产业学院的实践成效

机械装备产业学院的办学经验表明，现代学徒制试点课堂能很好地融入企业元素，将企业文化、管理制度、考核标准规范、安全生产要求、岗位技能要求、质量管理意识等融入职教课堂，培养了学生的归属感、荣誉感，稳定了他们的职业信心。

学生通过工、学交替的岗位实践，从理论到岗位技能，都能建立起全新的认知：

亲历了企业生产全过程，能深刻领悟企业管理制度、生产组织结构，与一线产业工人建立了良好的感情，从心理上接受了一大批新同事。

通过岗位实践，熟悉具体部门和生产岗位的业务流程、工作规范、处理方法等，掌握相应岗位的操作技能，掌握相关技术，培养学生解决问题和处理问题的能力。

通过班组化的管理，加强学生纪律观念，培养团队协作精神，提高学生自觉遵守岗位工作规范的能力。

了解社会，更新观念，调整就业前心态，具备协调与沟通能力，为毕业后顺利就业打下扎实的基础。

机械装备产业学院的办学模式，是推进产教深度融合、校企合作培养的创新机制，是解决当前校企人才供需矛盾的金钥匙。其高度融合的人才培养方案、零距离就业等诸多有利因素，极具推广价值。

（六）反思与总结

政策层面，缺乏整体性、系统性政策供给，校企间正常的合作运转资金和激励保障服务受政策制约。长效的管理机制尚未很好建立。

毕业生受升学影响、属地制约、专业局限，对产业学院提供的企业一线技能岗位不甚珍惜。

政府、企业、学校、行业、社会各负其责、协同共进的发展格局尚未健全，教育和产业协会统筹融合、良性互动的格局尚未根本确立；校企协同、实践育人的人才培养模式尚未根本形成；校企合作的办学机制尚未成熟。

成班级建制的用工规模型企业局限于少数大型骨干企业，科技型、小型企业的用工不适宜联合建办现代学徒制班级。

学生的意志品质亟需锻炼和培养。在平时的教学中，学生的学习过程以课堂为主、以实习为辅，进入生产岗位后，学生需要很长一段适应期。

（七）永钢企业学院

1. 永钢企业学院成立背景探寻

（1）江苏永钢集团发展概况

① 企业经营管理的基本情况

江苏永钢集团有限公司（以下简称为"永钢集团"），始创于1984年，经过30多年的发展，现已成为一家在全国钢铁行业中具有特强竞争力的民营钢铁企业，现有员工10000余人。公司为A级纳税信用等级企业。2018年销售收入380亿元，利税80亿元。2019年，永钢集团在全国民营企业中排名第111位，获评"优秀钢铁企业"品牌。主要产品有能源领域用钢、交通领域用钢和生活领域用钢等。产品销售至全球110个国家和地区，其中"一带一路"沿线国家和地区有32个。公司产品被应用到港珠澳大桥等国内外重大工程。永钢集团先后获得了"全国守合同重信用企业""全国钢铁工业先进集体""全国模范职工之家""全国推动绿色发展示范基地"等多项国家级荣誉。

② 企业定位、科研和人才实力情况

永钢集团极为重视品牌建设，参与制定了系统化的品牌发展战略规划，把"品牌制造"与"绿色制造""智能制造"一起确定为企业发展的三大定位。

作为全国首家同时获得"绿色工厂"和"绿色供应链管理示范企业"称号的钢铁企业，永钢集团坚持绿色发展，积极寻求整个产业链绿色发展和低碳解决方案。永钢集团致力于推进低成本、高效率生产技术的引进和高品质、高附加值钢铁产品的研究与开发，积极开发生产技术含量高、附加值高的以高强钢筋、高强钢帘线用钢、免退火冷镦钢为代表的"资源节约型""环境友好型"产品，减少下游用户的钢材使用量和钢材热处理消耗，延长钢材使用寿命，提高资源利用率，最大限度降低对环境的影响。

永钢集团积极发展循环经济，推进节能减排工作，提升资源利用率，大力

推动3D打印等环保产业的发展，回收利用工业废水、固体废渣、工业余热，基本实现“零排放”，推进工民用结合，变废为宝，提升企业经济与环境效益。2017年，永钢集团成为苏州市首批“水效领跑者”企业。永钢集团先后累计投入近60亿元，实施超低排放改造，在大气污染、水污染、噪声污染等的防治方面做足提前量，走在了行业前列。

近年来，永钢集团科技创新成果显著，创新成果得到了行业认可并获得相关机构的奖励，科学技术成果累计获奖27项，其中：国家科技进步二等奖1项，省部级科技进步奖4项，中国钢铁工业协会、中国金属学会冶金科学技术奖4项，江苏省教育教学研究成果奖1项，苏州市科学技术奖4项，“镇长团杯”苏州市创新挑战赛创新企业奖1项，张家港市科技进步奖10项。多项产品被认定为高新技术产品，多项产品制造技术经鉴定达到国内领先水平。授权专利600多项，其中发明专利200余项。形成自主核心技术100多项。集团被江苏省科技厅、财政厅、税务局认定为高新技术企业，被江苏省工业信息化厅授予“江苏省管理创新示范企业”称号。

永钢集团基于产品“普转优、优转特”的转型升级发展战略，通过引进和自主培养相结合的方式组建了一支老、中、青相结合的研发队伍，研发人员中具有高级职称者达到16人，中级职称以上79人，具有硕士以上学位的有26人。企业不断加大科技创新和技术研发投入，2018年研发费用占销售收入的3.32%。企业积极推进产学研项目合作，与乌克兰国家科学院、钢铁研究总院、北京科技大学等国内外知名科研院所及高校开展深度合作，为解决永钢集团的关键技术问题发挥了重要作用。为了给研发工作者搭建科技创新平台，永钢集团先后建成国家级实验室、国家级博士后科研工作站、省级企业技术中心、首批省级企业研究生工作站以及江苏省工程技术研究中心等科研创新平台，并与江苏省产业研究院、沙钢集团等单位联合成立了“江苏冶金技术研究院”，与东南大学合作成立了“东大-永钢冶金新材料联合研发中心”。

③ 永钢集团开展教育培训、产学研合作等方面情况

永钢集团注重员工教育培训工作，早在2003年就成立永钢企业培训中心，专人负责职工教育培训工作。2016年又与张中专联合成立永钢企业学院，组建现代学徒制冠名班。目前永钢企业学院有工作人员7人，其中硕士2人，本

科学历5人。用于培训的教室有56间，容量在40~1200人不等，可以满足不同的培训需求。经过多年建设，永钢建立了以战略为导向的培训开发体系，从企业整体战略发展需要出发，注重关键岗位人员、核心岗位人才、技能人才与技术人才的培养和发展，满足培训需求多样化、层次化要求，避免培训的短视效应，为长远发展打好基础。

（2）江苏永钢集团近三年开展产教融合基本情况

永钢集团充分利用张中专“三元二区”融创中心机械装备产业学院这一合作平台，加强校企间的交流、合作，实行资源共享。根据岗位生产需求，从源头培养高素质技能型人才，公司积极参与学校机械装备产业学院建设，并与学校挂牌成立“永钢企业学院”，组建永钢冠名班，开展现代学徒制人才培养。

校、企双方秉承校企合作、产教融合的发展理念，形成了以永钢集团和职业院校为双主体的校企协同管理机制，建立以永钢集团人事部主任、张中专机械系专业负责人为正、副院长，10余名校、企、外专家团队参与的产业学院管理机构。充分发挥企业资源优势，组织专家团队、技术骨干、科研力量等主动参与永钢企业学院的课程标准制定、技能岗位校本课程开发，共同开发现代学徒制项目的专业类课程、素养类课程共计15个；直接参与永钢企业学院授课活动，以专业对接产业、课程对接岗位为切入点，实现校企协同育人，提升了人才培养质量。集团主动发挥专业技术优势和设施设备优势，全力支持职业院校师生技能训练，建立了职业院校科技创新基地。

近三年，永钢集团累计接收职业院校或高等学校学生开展每年3个月以上实习实训总人数达320余人，接收教师岗位实践72人，提高了人才培养的针对性，有多名毕业生已成长为岗位骨干。

（3）永钢集团产教融合发展规划

永钢集团以产教融合型企业建设为契机，规划每年建办一届“永钢现代学徒制班”，以每班30~40人的合作培养规模，实现人才定制培养。永钢集团在张中专设立100万元“永钢基金”，建立了“永钢学徒”专项计划、“产教师资”互聘计划，每年组织机修职工入校参加基础技能培训，有效推动了双方深度对接，促进了产教融合、校企合作各项改革措施落地，促进和提高了学

校教学改革、课程开发、人才培养等各项工作质量。

加强厂区永钢企业学院实训基地建设。2021 年拟完成投资近 300 万元，完善厂区企业学院的扩建改造工作，对原有的机修、电工、焊工、起重以及叉车等实训基地进行改造，引入球团、烧结、炼铁、炼钢、电炉、精炼、棒材与高速线材等仿真模拟系统，解决冶金行业专业工种实践培训与正常生产的矛盾。充分发挥企业设施设备优势，服务好周边企业，为张家港市技能型员工队伍整体操作水平的提升提供培训的便利与技术支持。

2. 永钢企业学院建设历程回溯

永钢企业学院是由张家港市教育局牵头，经江苏永钢集团有限公司、张中专、德国巴登钢厂设备制造与培训中心（简称“德国巴登”）三方共同协商、反复论证后启动建立。

作为中国民营企业 500 强之一，永钢集团在全国具有很高的知名度和重要影响力。在绘制“百年永钢”梦的进程中，随着企业产品高端化、装备尖端化、管理信息化步伐的不断加快，永钢集团需要大量有专业知识、文化素养、工匠精神的高技能人才。对于人才的强烈需求，使永钢集团在加快推进人才队伍专业化建设过程中，在招人、育人与留人等方面做了许多工作。用永钢集团董事局主席吴耀芳的话说：“磨刀不误砍柴工。人才的培训、培养就是我们企业在磨自己的刀。我们在引进人才的同时，更要培养人才，既要企业内部培养，也要与社会合作培养。”伴随着国务院颁布《国家职业教育改革实施方案》，江苏永钢集团、江苏省张家港中等专业学校两家单位积极响应，洽谈通过共建企业学院，在新型现代学徒制试点工作中迈开坚实的步伐。

（1）未雨绸缪，高起点合作规划

2016 年 9 月，永钢集团公司办公室主任、人力资源部部长与当时张中专分管校企合作的副校长等一行深入沟通交流，双方明确了合作目标——为永钢集团培养具有较强动手能力、创新能力和岗位适应性的技能人才，并达成了合作建立永钢企业学院的意向。双方商定，借助张家港中专校“三元二区”融创中心这一平台，在张中专建设机械装备产业学院，组建永钢冠名班；同时在永钢集团培训中心的基础上建设永钢企业学院。机械装备产业学院永钢冠名班学员由学校现有机械制造与自动化专业学生自愿报名组成，学生在前期主要在

校内的机械装备产业学院学习文化基础知识和专业理论基础知识，授课教师主要由张中专专任教师和外教担任，企业派人力资源专员和技术工程师来校教授企业技能基础知识；后期，学生进入永钢企业学院，由永钢派师傅教授学生企业专业技能，对学生进行考核，由永钢负责学生毕业后的定向就业。

（2）远渡重洋，取道双元制模式

2016 年 11 月，永钢集团和张中专校校企双方就共建永钢企业学院专门赴德国巴登钢厂设备制造与培训中心考察，深入学习切合实际的标准化生产管理、科学时间管理、严密工序管理等先进管理理念，重点汲取巴登钢厂设备制造与培训中心的岗前教育模式，努力为永钢集团培养更多具有较强动手能力、创新能力和岗位适应性的后备人才。在此基础上，和巴登钢厂设备制造与培训中心签署合作意向书。校、企、外三方就永钢企业学院的教学理念、模式指导、教学计划、教学大纲、课程设计及培训技巧指导、课程教材建议、专业教师进修安排等形成了初步的方案。

（3）营造氛围，组建品质优越永钢冠名班

2016 年 12 月，校、企双方积极筹备，永钢集团公司人力资源科朱科长再次亲临张中专，为张家港中专校五年制机械制造与自动化专业的 200 余名学生带来了一场别开生面的永钢现代学徒制模式的讲解，现场宣传永钢集团的概况、优势及企业文化，取得了良好的宣传效果。永钢企业学院培训处王主任安排两辆大巴车接送机械制造与自动化专业的学生和家长赶赴永钢集团生产一线参观，感悟激越的永钢精神、浓郁的永联文化，切身体验高度智能化的车间生产环境，领略富有江南情调、高度现代化的永联集镇精神风貌。随后，永钢企业学院培训处与机械装备产业学院相关人员一起，通过面试等环节，挑选出 32 名品学兼优的机械制造与自动化专业学生组建首届永钢冠名班。

（4）积极互动，打造优越合作模式

学校融创中心机械装备产业学院相关同志和永钢冠名班专职管理员数次赶往永钢集团，主动与企业协商对接永钢冠名班事务和创建“苏州市融合型企业”细则，一起为永钢现代学徒制试点班出谋划策。按照“学生→学徒→准员工→员工”的人才培养思路，张中专以 0.5 年为一个阶段，与永钢集团共同实施现代学徒制试点分段培养，逐步实现通用化人才培养向定岗定量人才培养

的转变。学生在张中专机械装备产业学院学习理论基本知识和基本技能，后奔赴永钢企业学院，在企业师傅的指导下开展技能提升和岗位适应性学习，以更快地成长为永钢集团需要的企业技术工人。

（5）积极宣传，隆重推介校企合作新样板

在试运行一年后，永钢企业学院挂牌仪式在张中专圆满举行。江苏永钢集团董事局主席吴耀芳、张家港市教育局党工委书记兼局长杨志刚、张家港市教育局副局长葛敏亚出席揭牌仪式。来自永钢集团的干部与员工代表、首届永钢企业学院代表、张中专各系部师生代表共同见证了隆重的永钢企业学院挂牌仪式。

在挂牌仪式上，张中专从合作方式、合作内容等方面介绍了学校立足“三元二区”融创中心机械装备产业学院，重点合作建设永钢企业学院的心路历程，并将创新协同育人模式的实践情况进行了全面的汇报；重申学校将始终坚持校、企双主体育人，大力培养企业急需的高素质技能型人才，主动服务区域经济社会发展，不断增强学校发展的后劲和活力。

江苏永钢集团董事局吴耀芳主席指出：永钢集团高度重视人才培养，不断创新招人、育人、留人的做法，全力支持张家港中专校“三元二区”融创中心机械装备产业学院的建设，和学校共建永钢企业学院是永钢育人的新尝试、新途径。永钢企业学院的成立，标志着张中专在探索新型人才培养模式、深化产教融合、校企合作的道路上迈出了关键的一步。

3. 永钢企业学院的立体架构

永钢企业学院通过校、企之间的深度合作，学校专业教师与岗位师傅的联合传授，以践行现代学徒制形式，对学生实施以培养岗位技能为主的人才培养模式。其主要特点有：企业、学校、德国巴登钢厂设备制造与培训中心的三主体育人，学生、学徒的“双身份”，教师、师傅“双导师”制度。其培养目标是：立足融合培养，与张中专联合组建现代学徒制永钢冠名班，培养具有较强动手能力、创新能力和岗位适应性的应用型机械类技能人才。该模式有助于解决永钢紧缺型用工岗位的需求与学校通用技能型人才培养间无缝对接的难题，终极目标是更具针对性地服务江苏永钢集团的产业升级、服务企业发展。

（1）永钢企业学院三元主体构成（图 4-9）

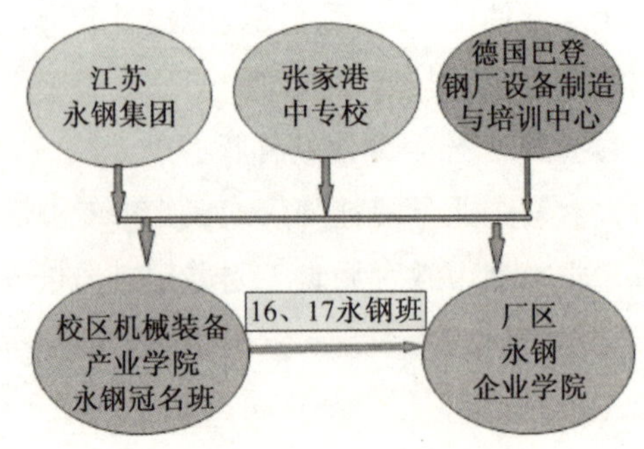

图 4-9 永钢企业学院三元主体构成

（2）永钢企业学院组织管理机构（图 4-10）

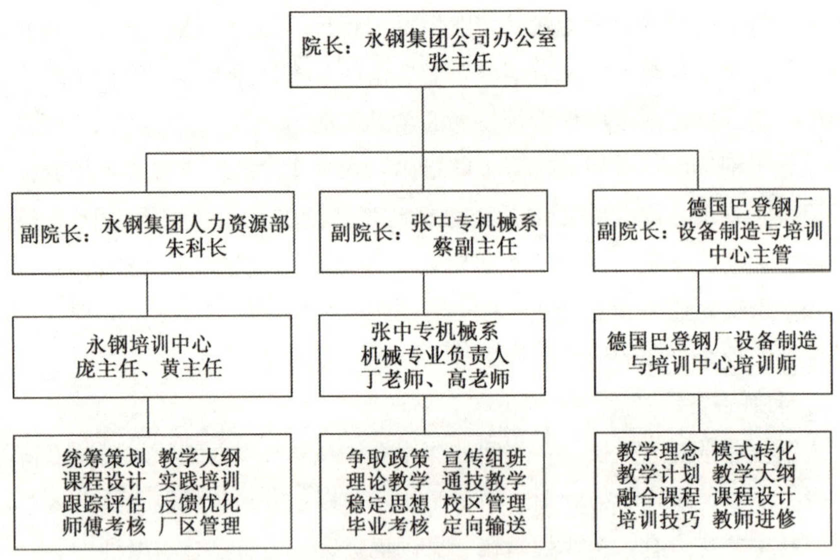

图 4-10 永钢企业学院组织管理机构

（3）永钢企业学院组织管理人员构成

① 永钢企业学院

院　长：张主任　永钢集团公司办公室

副院长：朱科长　永钢集团人力资源部部长

助　理：庞某刚　17 永钢冠名班兼班主任

干　事：黄某燕　16 永钢冠名班班主任

② 张家港中专校

副院长：蔡副主任　张家港中专校机械系

干　事：丁老师　主任兼校区班主任

干　事：高老师　张家港中专校机械系机械专业负责人

③ 德国巴登钢厂设备制造与培训中心

副院长：贝某　德国巴登培训学院

干　事：卡某鲁　德国巴登培训学院

（4）永钢企业学院三元职责分工

① 江苏永钢集团工作任务

负责职业教育校企合作的统筹策划。

负责参与学校教学大纲及课程设计。

负责学生专业实践培训。

负责合作教学情况跟踪评估、反馈优化。

② 江苏省张家港市中等专业学校工作任务

负责招生（或在现有在校生中重新组建）办班，现阶段专业以机械制造等为主。

负责学生文化课、专业理论课教育。

负责学生毕业后向企业定向输送。

负责争取政府政策支持。

③ 德国巴登钢厂设备制造与培训中心工作任务

教学理念、模式指导。

教学计划、教学大纲、课程设计及培训技巧指导，课程教材建议。

专业教师进修安排。

4. 永钢企业学院的创新举措

（1）“三元二区”永钢企业学院人才培养机制

① 永钢企业学院现代学徒制试点框架

为完善校企合作育人机制，创新制造类专业技能人才培养模式，结合《教育部关于开展现代学徒制试点工作的意见》，经与永钢集团协商、张家港

市教育局同意，张中专以永钢企业学院为蓝本，全面推广现代学徒制项目。为扎实推进永钢企业学院的试点工作，张中专与永钢集团经协商，确定了以下合作框架。

② 合作目标

批量培养能直接独立上岗的技术工人。一是经校企联合培养，完成学生到学徒、学徒到员工的角色转变；二是学生（学徒）取得永钢集团认可的技能等级证书，对企业文化认同度高、工作稳定性较高；三是学生（学徒）有较高的综合素质，在为人处世、礼仪礼节等方面明显优于企业新录用工人；四是培养模式可以复制，能运用于集团与其他职业院校的校企合作。

③ 要解决的问题

对企业，缓解招工难、技工缺、员工不稳定、新员工培训周期长、员工技能晋升培训缺经验等问题。

对学校，解决学生培养质量不高、技能培训针对性不强、学生学习动力不足、教师不了解企业生产实际、校内实训设备对接企业岗位不紧密等问题。

④ 重点工作内容

合作建班。校企联合研制方案，初步形成招生录取和企业用工一体化的招生即招工制度，要开展有针对性的联合招生宣传，以五年制机械专业为主干，三年制机械、数控、机电、汽修专业为辅助进行联合招生，在校最后一两年时段，学生提前进入永钢进行顶岗实习，提前办理永钢集团预录用手续。

师资互聘。学校聘请永钢专业技术骨干作为兼职教师，参与校企合作试点班的专业理论与技能实训教学；企业经考核合格，根据需要，聘请学校专业教师作为厂区永钢企业学院的兼职培训师，参与集团专业技能培训。

教材建设。结合现代学徒制试点和永钢集团培训基地运作要求，企业培训师和学校教师共同参与，逐步编写以企业岗位实践活动为中心的“工作页”教材，提高校企合作专业岗位技能教学和培训效率。

⑤ 项目推进

融合性课程试点。试点对象为在校五年制第四、第五学年的学生，试点期限为最后 4 个学期，每届 1 个班。建立试点的基本运行机制，启动师资的培养和专业教材的编写。

现代学徒制试点。招收五年制校企合作试点班，围绕试点目标，立足问题解决，探索新的招生招工方式、培养模式和教学方法，逐步建立和完善课程体系、教学标准、评价办法、管理制度等文件（主要内容见附件 1《学生综合素质多元评价操作说明》）。本阶段重点是试点“3.5+0.5+0.5+0.5”分段培养模式，前“3.5 年”学生在校完成文化课程、专业基础课程和基本技能学习，穿插企业文化、生产车间参观等实践活动；后“1.5 年”学徒进入企业，进行轮岗见习、定岗见习、顶岗实习，轮岗实习阶段原则上为期 2 个月/年，定岗实习原则上为期 3 个月，顶岗实习为整个学期。5 年完成从学生到学徒、从学徒到员工的角色转变和岗位工作适应。

培养模式推广。横向延伸到校内其他专业和其他学制，本阶段重点是企业要成为“双主体”中更重要的一元，承担更多的育人责任。

⑥ 政策支持

在现有的法律、政策框架内，学校积极争取张家港市政府、市教育局对试点工作的支持，重点是落实聘请兼职教师的费用、落实添置对接企业实训设备的经费、争取招生宣传和招生政策的倾斜、妥善处理教学管理制度等；永钢集团积极争取张家港市人社局、市安监局的政策支持，积极参与学校专用实训室的建设。随着国家层面更新职业教育法律法规的出台，校企共同争取法律法规的落实，努力保障企业学院项目的高效推进。

⑦ 现代学徒制试点工作制度

永钢企业学院校企合作运行机制不断完善，理顺了校企合作开展的流程及相关机制，规范了工学交替、顶岗实习等校企合作方式。永钢企业学院现代学徒制试点项目相关制度主要有《企业学院共建协议》《企业订单培养工作实施方案》《校企合作实施方案》《现代学徒制协议书》《校企融合组织架构》《学生工学结合三方协议》《永钢企业学院奖教金、奖学金发放办法》（见附件 2）等。

进一步修订完善校企融合工作的制度，推动规范化管理。落实《企业学院章程》《企业学院专业人才培养实施方案》《企业学院编写专用教材实施办法》《企业学院招生/招工方案》《企业学院师资聘用标准与考核实施办法》《企业学院教学管理制度与考评办法》等，为企业学院的正常运行提供制度

保障。

（2）永钢企业学院校企融合育人运行模式

永钢企业学院属于张中专机械装备产业学院的厂区培养模式。机械装备产业学院对接张家港市机械装备产业集群，服务学校机械制造及自动化专业群。永钢现代学徒制冠名班的学生在校区机械装备产业学院完成通识性专业理论课程和基础性技能课程。在永钢集团内部设有厂区企业学院，学员主要从张中专五年制机械制造及自动化专业四年级班级中选取。通过前期的宣传发动、学生自愿报名、企业面试等，组建定向班。学生进入永钢企业学院后，既是张家港中专校的一名学生，同时也拥有了永钢集团预备员工的身份。在永钢企业学院学习期间，学生按学期实施分段培养模式。每个阶段原则上 0.5 年，两年完成从学生到学徒、从学徒到员工的角色转变和岗位适应，毕业后经甲方考核合格，录用到永钢集团就业，成为永钢集团的正式员工。

学生进入永钢企业学院第一年，即五年制学生在校第七个学期，以在校区企业学院实训基地学习钳工、维修电工等技能为主，同时永钢集团每周派技术导师赴学校给学员上 4 节理论课程，开设的课程为“设备管理”“设备维修”等；第八个学期，学生在校区企业学院学习，同时利用人才培养方案中的技能教学时间入企进行轮岗见习，实行班组化的岗位培训。学生在校学习和赴企业学习的时间之比为 8∶2。

进入企业学院的第二年，即五年制学生在校的第九个学期，学生继续利用校内永钢实训基地完成自动化控制生产线调试、数控机床装调等技能学习，利用校内永钢实训基地完成高级工等技能等级鉴定、上岗证培训等，同时赴企业跟随永钢集团的师傅开始进行岗位见习，学生在校学习和赴企业学习的时间之比为 5∶5。在第十个学期，学生进入企业进行定岗实习，永钢集团为学生预设的岗位是设备检修、设备安装调试、设备控制等相对有技术含量的岗位。在永钢集团师傅的指导下，实行一对一的师徒结对制培养模式，深入开展点对点的岗位技能培养。学生在校学习和赴企业学习的时间之比为 2∶8。学期结束，经企业考核合格，学生与企业签订顶岗实习协议。

（3）永钢企业学院课证融通体系建设

践行与岗位需求紧密接轨的课程体系：在机械制造产业学院，前“3.5

年”学生在校完成文化课程、专业基础课程和基本技能学习，穿插企业文化、生产车间参观等实践活动；后“1.5 年”学生在永钢企业学院进行专业理论和专一性技能学习。各学段课程、师资、授课形式等如表 4-3 所示。

表 4-3 永钢企业学院现代学徒制班级学习场所及培养评价机制

学年	场所及时长占比	学生身份	师资团队	教学核心内容	形式	评价	证书
五年制前 3 年级	学校(90%)+企业(10%)	学生	教师	国规、省规课程/见习	集中学习	学校	通用证书
五年制 4 年级(机械装备产业学院永钢冠名班)	机械装备产业学院(80%)+永钢企业学院(20%)	学生 学徒	学校教师 企业师傅	专业知识 通用技能	技能训练	学校 企业	“X”证书
五年制 5 年级(机械装备产业学院永钢冠名班)	机械装备产业学院(50%)+永钢企业学院(50%)	学徒 准员工	学校教师 企业师傅	专业技能 岗位能力	专业实践	企业 学校	“X”证书
五年制 5 年级(机械装备产业学院永钢企业学院)	学校(20%)+厂区企业学院(80%)	准员工 员工	企业师傅 学校教师	岗位能力 生产技能	顶岗实习	企业	企业证书

永钢企业学院授课计划及融合性课程开发：企业学院的课程以企业岗位真实的工作过程为授课内容，以提高学生实践应用能力和创新能力为目的，在夯实学科专业知识基础上把学生实践能力和创新能力的培养作为课程体系构建的出发点，并将其转换成相应的教学内容（表 4-4）。以永钢企业学院 2019—2020 学年第一学期企业导师授课课程为例。

表 4-4 永钢企业学院课程一览

课程名称	授课部门	讲师岗位	讲师学历	课程类别
机械设备维护	炼铁事业部	设备主管	本科	设备管理
如何做好设备小改小革	特钢事业部	特钢机械设备主任工程师	本科	设备管理

续表

课程名称	授课部门	讲师岗位	讲师学历	课程类别
安全管理知识	安全环保管理部	安全环保管理部 安全管理组主管	本科	安全知识
质量管理基础理念	产品研发中心	产品研发中心 质量管理室	本科	质量知识
电气作业及电器设备知识	炼铁事业部	动力自动化主管	本科	电气管理
电气基础知识及电气安全	钢轧事业部	轧钢电气主管	本科	电气管理
企业文化	公司办公室	公司办公室秘书科科长	本科	基础素养
烧结球团生产工艺技术	炼铁事业部	生产副主任	本科	生产工艺
高炉炼铁工艺	炼铁事业部	高炉主管	大专	生产工艺
转炉炼钢基本工艺介绍	特钢事业部	炼钢主任工程师	本科	生产工艺
轧钢基本原理	特钢事业部	轧钢工艺主任工程师	本科	生产工艺
设备基础管理及标准	特钢事业部	机械设备主任工程师	本科	设备管理

企业学院的教学过程按照工作的逻辑顺序展开，学生通过典型工作过程和普适性工作过程的耦合，能够在学习过程中既培养操作技能，也培养心智技能，因而能够提升面对陌生工作情境的应变能力。在学习过程中，对学生知识的学习强调“必须”“够用”，突出学习与职业需要、工作过程相一致的知识的学习，学习与专业、职业、未来工作岗位相连附随的知识。

自从永钢冠名班建立以来，永钢企业学院培训处制订了详细的授课计划，精心挑选技术骨干来校兼课。学校机械装备产业学院高度配合，充分做好常规管理工作，做足每课前的准备工作，确保每节课都取得高质量。

(4) 创新融合型课堂教学模式和教学方法改革

第一，永钢企业学院工作领导小组加强过程管理，定期落实情况，重点监测核心目标和任务的完成情况，确保建设顺利推进。同时，加强管理保障和经费保障，强化建设过程监管、环节管理，确保试点建设项目及时推进到位。

第二，引进德国巴登钢厂的人才培养模式，校企双方精耕细作，切实提升人才培养质量的专业吻合度。

第三，瞄准行业前沿科技，组织更加务实的企业学院专业化培训，推行岗位技能订单式培养；围绕岗位培养目标，立足于培养解决问题的能力。

第四，探索完善招生招工的方式、培养模式和教学方法，逐步建立和完善课程体系、教学标准、评价办法、管理制度等文件。

第五，永钢现代学徒制班依托学校永钢冠名班专用教室、产业学院实训车间、设施设备来运行，以学校管理为主，以校内专任师资和巴登讲师为主，企业专业技术人员定时赴校区企业学院对学生进行基础知识和技能的培训。

第六，永钢企业学院是校企共建的厂区学院，它主要依托企业已有的职工培训中心、见习车间、实习设备来运行，以企业管理为主，以企业技术人员和岗位师傅的指导为主，学校派专任教师配合管理及辅助教学。

第七，通过校区机械装备产业学院，为学生提供基础理论和基本技能的学习；通过厂区永钢企业学院，为学生提供真实的、先进的工作环境和工作过程的学习。校、企双方联动，实现供需对接，互利共赢。学生完成从学生到学徒、从学徒到员工的角色转变和岗位工作适应；有效缓解企业紧缺型技能岗位的用工问题，使更多学生学员从企业学院的定岗培养中受益。

（5）永钢企业学院师资队伍建设

永钢企业学院的师资采用校企互聘、共建融合性师资队伍发展模式（表 4-5）。永钢集团公司领导高度重视永钢企业学院的建设，在聘用张中专专业师资的基础上，从各重要岗位精心挑选了一批高技能人才担任永钢企业学院的特聘专业教师，挑选了一批岗位技术能手担任现代学徒制岗位师傅，对永钢企业学院的学员进行师徒结对式的点对点重点培养。

表 4-5　永钢企业学院师资统计

融合型师资教育和管理团队					
永钢企业学院企业聘用教师一览表			永钢企业学院学校教师一览表		
姓名	部门	专业或专长	姓名	部门	专长
朱某	人力资源部科长	项目管理	胡老师	机械装备产业学院院长	钳工
黄某	公司办秘书科科长	广播电视新闻学	蔡老师	永钢企业学院副院长	CAD
王某	培训中心培训管理师	冶金工程	高老师	永钢项目负责人	数控车

续表

融合型师资教育和管理团队					
永钢企业学院企业聘用教师一览表			永钢企业学院学校教师一览表		
姓名	部门	专业或专长	姓名	部门	专长
曹某	安全环保管理部主管	安全管理	丁老师	班主任	CAD
陈某	研发中心质量管理室	冶金工程	李老师	机械系教师	车工
尚某	设备主管	机械工程及自动化	沙老师	机械系教师	车工
陈某	电仪主管	自动化	邵老师	机械系教师	CAD
徐某	动力自动化主管	机械工程及自动化			
周某	技改主管	工业电气化自动化			
丛某	动力自动化主管	电子信息技术			
陈某	生产副主任	冶金工程技术			
潘某	工艺主管	冶金工程			
郭某	二厂主任工程师	机械制造			
张某	高炉主管	钢铁冶金			

为了加强校企师资互聘与管理，永钢企业学院还制定了《永钢企业学院校企人员“互聘互用”管理办法（试行）》(详见附件3)。

(6) 机械装备产业学院“1+X”证书创新践行

① 机械装备产业学院“1+X”证书制度试点工作情况

永钢企业学院学员的“1+X”证书项目有工业机器人操作与运维职业技能等级证书（中级)、工业机器人集成应用职业技能等级证书（初级)、数控车铣加工职业技能等级证书（初级)。永钢企业学院确定“1+X”证书负责人，建立了专业化教学团队，严格按照“1+X”实训计划安排实习，并按照相关等级标准实施训练考证。

②“1+X”证书的技能标准与教育教学融合情况

结合“1+X”试点工作要求，永钢企业学院根据职业技能等级标准和专业教学标准，将相关证书培训内容有机融入岗位技能培养方案，优化融合型课程设置和教学内容。同时，更新现有训练设备和实验平台，加强兼职教师队伍培训，深化教学方式方法改革。针对数控车铣加工等级标准，经校企双方教师团

队多次讨论，制定了周密的训练计划，将标准融入每天的技能实训，从职业素养与安全、工艺编制、零件编程及加工等方面提高学生各方面岗位能力与素质。

③ 工作特色

永钢企业学院的“1+X”证书制度试点工作进展顺利。学校以此为突破口，大力推进企业学院现代学徒制班的人才培养创新机制建设、厂区实训基地建设，加强相关专业融合型教师团队建设。深化产教融合，校企联动共育人才，提高人才培养的灵活性和针对性，推进学校高水平专业建设，为社会持续输送高质量的专业人才。

（7）机械装备产业学院人才质量评价深度改革

现代学徒制尚属于摸索中前行的新事物，永钢企业学院创新对永钢冠名班学生的考核评价，着重考虑学生创新意识、创新思维、创新能力及创新品格等方面的综合发展以及与之相伴随的情感、态度、价值观形成的评价（图 4-11）。考核评价采用校内评估和企业评估相结合的方式进行，校内评估包括教师评价和学生评价，企业评价包括企业师傅评价和企业车间管理者、人力资源管理者的评价。评价不仅关注基本专业知识与技能的培养，更关注个体专业技能的进步和多方面的发展潜能，以促进其全面发展、终身发展（表 4-6）。

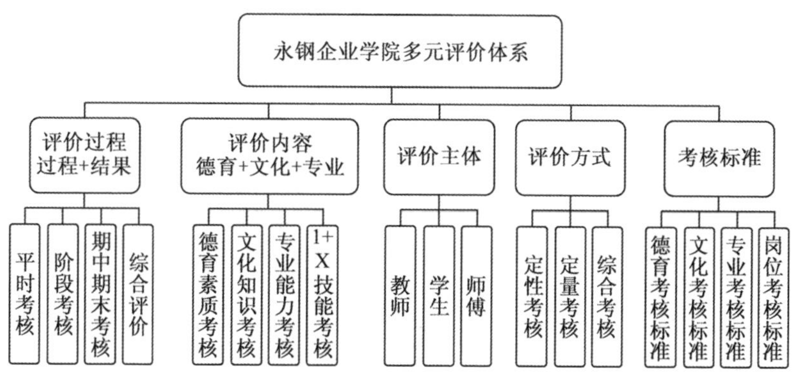

图 4-11　永钢企业学院多元评价体系

表 4-6　永钢企业学院学员岗位实习考核评价表

现代学徒制冠名班实习岗位对实习生的表现考核							
项目		要求	优秀	良好	一般	合格	较差
工作表现	工作质量	工作能及时、准确、完全和圆满地完成					
	工作效率	时间、资金和其他的资源要在恰当的时间与范围内使用					
	出勤情况	不迟到、不早退、不旷工					
	工作结果	学生工作达到何种效果，记录并定期汇报					
知识技能	解决问题能力	工作中遇到的问题最终被解决的情况					
	沟通能力	学生、同事和领导的沟通流畅，无障碍					
	客户关系	学生与客户间的协作水平达到最好限度					
	领导能力	正确领导学生的发展或发展方向					
	公共关系技巧	沟通能力、表达能力及理解力简明清楚					
	工作知识	学生应有足够的实际工作知识和技能，以适应工作的需要					
	工作主动性	学生对自己的工作应有明确的目标，并能积极主动地独立完成					

5. 永钢企业学院的实践成效

(1) 校企紧密合作，着力破解人才供给和产业需求“两张皮”问题

永钢企业学院实现了校企双方在办学模式、校企合作、专业建设、课程建设、实训基地建设、师资队伍建设以及校企文化渗透等方面的积极合作。借助永钢企业学院，把企业升级过程中的先进技术、先进工艺等融入教育教学资源与教育教学过程，使专业教学能够不断对接企业发展、服务企业发展。

依托永钢企业学院，张中专机械系认真开展产教融合协同育人的实践研究：由机械系专业老师和永钢兼职教师人员共同组成符合模块化教学需要的创新团队，校、企双方积极开发和使用新型活页式、工作手册式教材，并配套开发了信息化资源；教学过程中普及项目教学、案例教学。学生通过进入企业学

院学习，拥有学生和企业准员工双重身份，实现学校与工厂的“无缝”对接，更好地成为“零距离”上岗的产业工人。

依托永钢企业学院，企业深度进行产业技术技能人才培训，促进学校加强专业建设、深化课程改革、增加实训内容、提高师资水平，全面提升教育教学质量；同时也解决了企业的眼前利益与长远利益、个体与群体的关系，企业成为学校核心利益相关者。同时，借助企业学院，学校也提高了在职员工培训、技术服务的能力，成为企业发展的核心利益相关者。

（2）实现学生、企业、学校三方共赢

永钢企业学院的成立与运营，实现了校企深度融合，创新了人才培养的新模式，永钢企业学院的办学模式得到了学生代表、企业导师、教师代表的一致认可。

首届永钢企业学院学员周某同学自豪地感慨：作为永钢企业学院的一员，我们的自信源于永钢集团和张中专这两个坚强的集体作后盾。只要我们认真、踏实、努力，定能以自己的高素质、高技能赶赴永钢用人第一线，提前实现完美就业。

永钢集团师傅代表曹某说：通过和永钢企业学院学生的接触，我们发现现在的学生接受能力很强，对新知识的渴望也很强烈。希望学员们在今后的学习过程中进一步适应这种学习方式，注重理论联系实际，学会把所学的知识转化成能力。

张中专融创中心张主任表示：有了永钢企业学院，学校专业教师每学期都能深入接触到来自企业的技术骨干、岗位能手，有更多机会向岗位一线的师傅、技术骨干虚心学习，练就技能功底。这极大地促进了教师专业水平和技能的提升。

张家港市教育局杨局长在谈到张中专与永钢集团共推永钢企业学院时说：学校要研究和分析新时代职业教育形势，把握人才培养基本特点，抓住发展机遇，建成校企合作培养的长效机制，进一步提升服务学生和企业发展的能力，实现多方共赢。通过永钢企业学院建设，校企双方在合作机制、合作内容、建设途径、特色创新等方面加强经验的提炼总结，可以成为区域职业教育校企合作新样板。

（3）精雕细琢，擦亮永钢企业学院办学特色

学校将永钢企业学院作为校企合作的试金石，通过机械装备产业学院来参与管理，瞄准学员思想动态，呵护好学员的稳定工作。积极配合企业的培养需求，紧密跟进措施，踏实做好现代学徒制模式下对“新一代永钢人”的培养，以服务永钢、服务社会功能为宗旨，以“资源共享，信息共用、人才互通”为重点，切实做好每一个学员的思想工作，经常性摸底学生的思想动态，给学生鼓励打气，坚定永钢信念；努力培养创业、创新、创优的高素质劳动者，实现更高质量对口就业。

学校立足永钢企业学院，促进校企优势互补，共同擦亮合作办学特色。2019年，永钢学院获评“苏州市优秀企业学院”。对照标杆，学校和永钢集团积极投入到“江苏省产教融合型企业”的创建之中。

6. 反思与总结

在永钢企业学院运行的过程中，学校也发现需要改进的方面。

（1）学生的生产责任意识需要重点培养

在校内实训教学中，学生以模拟训练主。然而，在真实的生产环境中，需要严格地执行8小时工作制，很多岗位要求全程站立式，这就需要培养学生的意志力，因为操作的失误将直接造成不过估量的损失。这也提醒我们在今后的教学中，必须对学生的责任意识加以重点培养。

（2）学生需要重塑规章制度执行力

学校的规章制度，在对学生的执行上体现了教育的渐进性和人性化，对于迟到、违规使用手机等违纪学生，往往重在教育，在处理上富有人情味。但这种人情化的处理倾向，在企业生产流水线岗位上是绝对不允许的，学生对企业生产岗位纪律的严肃性认识不足，出现早上迟到现象，影响流水线的正常生产。

（3）永钢企业学院学员能较快适应技能岗位要求

现代学徒制永钢冠名班学生经历过车间生产岗位的定向实习，经历了师傅结对的专项实践，形成了扎实的专业技能，有着较快的适应性。

永钢企业学院是校企共建融合办学的高级阶段，其高效融合的人才培养方案、资源共享、过程共担、产教同频共振、零距离就业等诸多有利因素，极具

推广价值。学校拟不断总结新时代职教人才培养的经验，持续擦亮企业学院办学名片。在实践“中国制造 2025”的大背景下，做强企业学院正日益成为校企合作的重要途径，是职业教育走进深层次改革的必由之路。

（八）广大企业学院

1. 广大企业学院建立的背景探寻

（1）张家港广大特材有限公司发展概况

张家港广大特材有限公司是港城第一家科创板上市企业，经上市融资，企业快速发展壮大。目前有凤凰老厂区、如皋铸造厂区和新规划的精密加工厂区，年内将购进价值 45 亿元的德国西门子高端加工设备，企业亟需大批具有数控专业基础的技能人才。张中专作为地方主要的职业类院校，成为与之开展合作培养专业人才的首选职业院校。

① 企业在行业中地位和作用

张家港广大特材股份有限公司是地方重点扶持的高新技术企业（图 4-12），本部位于江苏省苏州张家港市凤凰镇，是一家以高品质特种合金材料为核心业务的高新技术企业，属于国家重点扶持的战略新兴产业下的“先进钢铁材料”产业，集特殊金属材料生产、快速锻造、机械加工、铸钢、热处理和产品研发为一体。

图 4-12　张家港广大特材股份有限公司

公司成立于 2006 年，本部厂区位于张家港市凤凰镇，占地面积 330 亩，如皋厂区占地 500 亩，正在凤凰扩建 600 亩；本部人员 835 人。广大厂区炼钢

能力为30万吨钢水，如皋厂区炼钢能力为25万吨钢水。2019年总钢锭产量为29万吨，总锻材产量为24万吨。

广大特材自成立以来，一直致力于成为行业领先的高端装备先进基础材料制造商，目前已形成合金材料和合金制品两大产品体系，其中合金材料包括高品质齿轮钢、品质模具钢、特种不锈钢以及高温合金超高强度钢等国家重点鼓励发展的新材料产品；合金制品主要包括以合金材料为基础制成的风电装备、轨道交通及各类精密机械部件。目前，公司产品广泛应用于新能源风电、轨道交通、机械装备、航空航天、新能源电力、燃气轮机、海洋石化、半导体芯片装备等高端装备制造业。

② 广大特材有限公司发展前景

2020年12月12日，习近平主席在气候峰会上宣布：到2030年，中国单位国内生产总值二氧化碳排放将比2005年下降65%以上，风电、太阳能发电总装机容量将达到12亿千瓦以上。这意味着我国风电和太阳能发电在过去快速发展的基础上，未来10年仍将实现持续的高速发展。公司业务所处新能源风电零部件生产方面，拥有5.5MW以上大型海上风电铸件市场，在厂房设计建造、规模化生产线、先进机加工设备、江海水路运输等方面具有后发优势，符合风机大型化的市场发展方向，且公司在铸造熔炼环节技术优势明显，在技术储备及生产规模上属于国内大型铸件的第一梯队。2020年，公司新能源风电领域实现销售收入115121.81万元，较2019年度增长84.80%，占公司主营业务收入比例为65.40%。

为了初步实现大型海上风电关键部件的全工序自主可控，公司“十四五”规划里的常规板块进行业务升级，从原先供应齿轮钢材料升级到供应风电齿轮箱核心零部件。大型海上风电核心精密部件项目总投资35亿元，将分两期投资。首期拟在2021年启动建设，二期项目将在2022年启动建设，达产后可实现年产2000台套海上风电主增速器精密齿轮及核心零部件的研发、生产，预计达产后年可实现销售逾100亿元、利税30亿元。

在机械装备行业，公司主要客户为中车戚墅堰系中国中车旗下子公司，中国中车连续多年业务销售规模位居全球前列。随着国际上“再工业化”的深入实施，全球将进入全新发展阶段，预计到2022年，全球机械装备市场规模

将增长到3000亿美元，增长空间较大，对材料的市场需求也将持续释放。

特钢材料行业方面，公司聚焦技术要求高、生产难度大、市场容量小的风电材料产品，采用模铸锻造工艺，在细分领域形成了自身竞争优势，公司将凭借在细分产品领域的专注钻研与灵活管理不断巩固市场份额。

在未来，企业将打造成为国际、国内行业一流的百亿企业，并将以张家港本部为核心，快速发展如皋、如东、凤凰二期、四川等旗下子公司，广大将实现稳定、快速的可持续发展。

（2）广大特材企业科研和人才情况

广大特材高度重视技术研发，与清华大学、东北大学、钢研总院等多所知名高校和研究院建立了合作关系。研发中心为公司专设的技术研发机构，按照公司的发展战略负责新项目开发、新产品研发，并对产品研发流程、研发成果进行严格的审核及质量把控。研发中心下设齿轮钢项目部、模具钢项目部、特殊合金项目部、特种不锈钢项目部、铸造项目部及实验检测中心。

公司各部门均可从市场需求和技术发展角度提出项目研发需求。每项新产品、新技术的研发须经过严格的调研、分析、评估审核后立项，立项后进入计划和规范、研发、测试和评估、产业化阶段。公司汇聚了大量的高端制造类人才，现有工程师及本科以上人才245人，高级职称及研究生以上学历者42人，拥有多项自主知识产权的高新技术产品认证，属于高新技术企业。

2. 广大企业学院的创建与运行

（1）合作基础

张家港广大特材有限公司是江苏扬子江职教集团的骨干成员单位，张中专是该职教集团的秘书长单位。早在2006年江苏扬子江职教集团成立之初，两家单位就建立了良好的校企共建关系，学校在企业里设立了校外实习实训基地，每年组织机械专业的高年级学生入企实训，每年暑假组织年轻的机械类专业教师进车间进行专业技能实践。校企之间通过交流、合作，密切了校企融合培养关系，加工类实训设施设备得以实现资源共享，师资共担。张中专每年都有一大批机械类毕业生加盟广大特材，部分毕业生已经进入中层管理岗位。

（2）企业学院成立

为全力支持张家港经济结构的布局调整，为新兴产业提供强有力的人才支

撑，2018 年 9 月，张中专与张家港广大特材有限公司签订联合培养协议，共同出资出力成立“广大企业学院”，组建广大特材冠名班，对加工制造类专业学生践行现代学徒制试点培养工作。

（3）组织机构

校企紧紧围绕《张中专-广大特材企业学院联合培养协议书》，合作双方各司其职，共同发力。学校由校企合作处牵头组织管理，实现了校企实习设施设备资源互补，专业师资互聘机制；形成了教学管理处、学生工作处以及实训处各司其职、齐抓共管的局面（图 4-13）。广大特材积极配合，先后安排人事部两位部长、事业部有关总工程师直接负责一线常规的教学工作管理，有效地保障了 17 级广大特材现代学徒制班培训工作的顺利进行。每学期助学金、奖学金、奖教金制度的落实，成为现代学徒制班的有效激励因素。

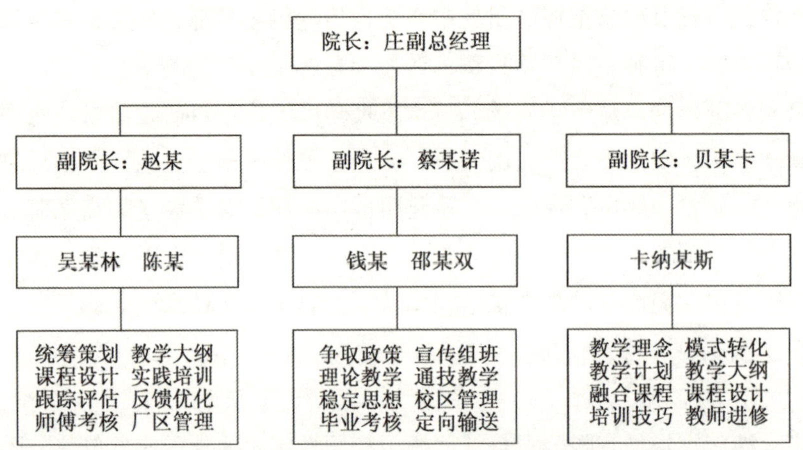

图 4-13　广大企业学院组织机构

17 级广大冠名班学生纳入学校的机械装备产业学院管理，并在厂区建立“广大企业学院”，形成了以广大特材有限公司和张中专为双主体的校企协同管理机制，建立了以广大特材副总经理为院长，企业人力资源部部长、机械系主任、巴登学院贝某为副院长，企业精加工总工程师为冠名班负责人的管理班子。校企师资全面合作，倾力打造现代学徒制培养机制。

（4）广大冠名班组建

在市政府领导的关心下，校企双方主要负责人就合作事宜进行了周密的部

署。由张家港广大特材有限公司、江苏联合职业技术学院张家港分院、德国巴登学院三元联动，共同组建新型现代学徒制试点班，经过对 70 多名学生的面试选拔，最终录用 40 名学生，广大冠名班由此应运而生。

企业通过宣传、报名、面试等环节，践行校企合作融合培养机制，确定了现代学徒制培养专项计划，有效推动了校企双方的深度对接，在落实工学结合、各项教改措施落地、融合型课程开发、人才培养机制等方面进行了有效的探索。这是张中专又一个由制造类企业加推的现代学徒制试点项目，其培养方案分别在校区机械装备产业学院和厂区广大企业学院实施。

3. 广大企业学院人才培养机制

（1）人才培养机制

广大企业学院在探索现代学徒制的实践中发挥着积极作用。校企双方依托广大企业学院现代学徒制定制班，以每年 30～40 人的班级规模，实现定岗培养（图 4-14）。

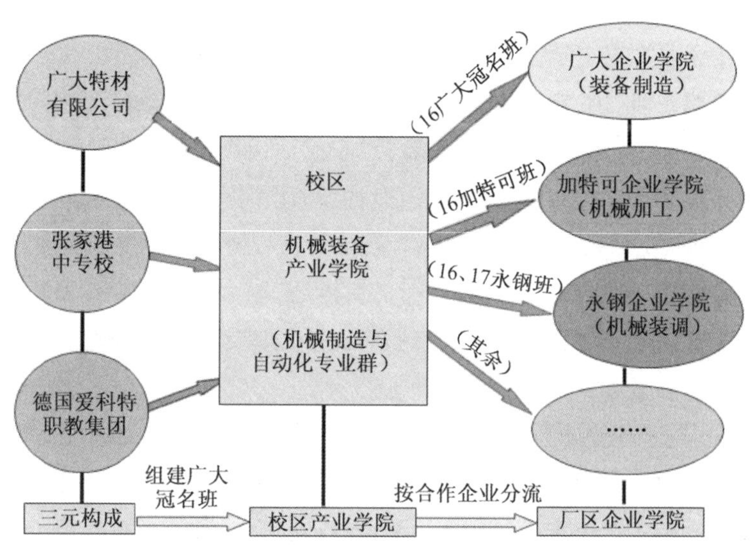

图 4-14　广大企业学院人才培养机制

（2）广大冠名班人才培养方案

广大冠名班学生前 6 个学期在机械产业学院完成国规、省规课程，主要是

组织集中学习机械类专业基础课程，如“机械制图及 CAD 技术”“机械基础知识”“钳工基础”“车工”“数控加工技术基础”“PLC 编程”等，教学评价的主体是学校，考核通用类证书。

第七、第八两学期，校区机械装备产业学院是教学活动的主场，主要是结合企业岗位的应知应会需求，开设与企业生产紧密相关的专业课程，如“风力发电技术”“鑫生精密智造”“齿轮加工与热处理技术”；以组织企业参观、岗位见习为主开展技能学习；教学评价的主体是校、企双方，学生参加专业关联性证书考核。每学期组织学生入企 1 个月接受识岗培训，开启从学生到职场的转变。其间系统学习企业文化和相关管理制度，开展班组化岗位培训、安全生产知识培训；深入了解企业的技能岗位要求，培养爱岗敬业的职业操守。

第九学期，即“0.5”习岗阶段。学生进入对应的岗位，进行分流实习。厂区企业学院是教学活动的主场，以企业的教学人员为主体，学校和外方师资协同参与指导和管理。教学的核心内容是专业技能和岗位技能，如精密测量、数控龙门铣加工、风电机械装配等。以组织岗位专业实践为主要形式，教学评价的主体是企业为主、学校为辅，学生参加专业关联性证书考核。

第十学期，即“0.5”顶岗阶段。经过考核，学生各自分流进入关联岗位，在厂区企业学院内主修机修、焊工、数控加工、叉车等岗位技能。与广大特材签订三方实习就业协议，在生产一线岗位全程参加顶岗实习。企业车间是活动的主场，岗位师傅是生产教学活动的主体。教学的核心内容是风电设备生产岗位技能，以顶岗实习为主要形式，教学评价的主体是广大特材，学生参加岗位关联性证书考核。学生在岗位上完成从学生到学徒、从学徒到员工的角色转变。

（3）广大企业学院运行机制

① 确立学期例会制度，实行规范化管理

广大企业学院确定了每学期期初召开管理班子例会制度，研讨新一轮的教育培养思路，结合岗位需求的变化，论证并适时修订人才培养方案。每学期组织召开全体师生参与的总结表彰大会，形成校企双方的良性融合机制，密切合作交流。

公司副总兼任企业学院院长一职，亲自组织召开校企合作会议，研究合作班的人才培养方案，为推进融合育人工作出谋划策。作为张中专优秀毕业生代

表，公司原人力资源部部长直接担任定制班的班主任，参与宣传发动、组织报名、面试选拔、班集体建设等常规性工作，每次都带头做好企业授课工作，通过自身的榜样作用，给企业的兼课教师确立了规范的授课标准；制作精美的PPT、翔实的教案，每次都以良好的精神风貌呈现给学生。张中专分管校企合作的副校长多次带队进入企业调研，与分厂厂长、车间主任、岗位技术能手密切接触，了解一线用工的需求和学徒制的开展情况，主动协调双方合作培养事宜，积极为校企融合工作排忧解难。

② 高规格选聘兼职教师，联系实际开设融合课程

公司高度重视现代学徒制人才培养试点工作，建立了兼职教师的选聘及考核机制。克服生产任务繁重的压力，建立了一支由精加工总工程师领衔、各分厂厂长组成的专家级兼课教师队伍（表 4-7）。从重要岗位精心挑选一批能工巧匠担任现代学徒制岗位师傅，授课教师队伍阵容强大。企业每周安排讲授融合型课程，每到授课时间，专家们都能做到风雨无阻，教学效果显著。

表 4-7 融合型课程及授课专家团队

课程名称	授课教师/师傅	岗位	课程类别
风力发电技术 & 鑫盛精密智造介绍	周某	广大鑫盛责任人（副厂级）	技术专业知识
钢材和热处理原理	任某	广大鑫盛责任人（副厂级）	技术专业知识
从 5S 到 8S	吴某林	精加工总工程师	管理知识
智能工厂规划与实施	周某江	广大鑫盛责任人（副厂级）	技术专业知识
齿轮加工和热处理技术	任某	广大鑫盛责任人（副厂级）	技术专业知识
项目管理	周某江	广大鑫盛责任人（副厂级）	技术专业知识
热处理设备和质量检测	任某	广大鑫盛责任人（副厂级）	技术专业知识
班组制度建设与执行	周某江	广大鑫盛责任人（副厂级）	技术专业知识
电工操作知识	沈某	设备部部长	设备专业知识
质量体系的建立与管控	王某	品保部部长	品保专业知识
金属切削机床及砂轮机安全技术	徐某	安环部部长	安全知识
从学生到职场人的转变	赵某	人事部部长	情商知识

在课程设置上，广大企业学院能紧密结合用人岗位的需求和定制班学生的基础，瞄准前沿科技和工艺，科学设置合适的理论和实践课程，建立了一套完整的课程体系。

4. 广大企业学院运行成效

广大企业学院拥有先进的设备条件、专家级的教师队伍、一流的生产环境、强大的培训能力，是锻炼人、培养人的极佳平台。

（1）前置了企业精神的培养

在深入践行现代学徒制的培养进程中，广大企业学院细化了过程管理，在学生中根植“广大精神”和广大文化，致力于培植“新广大人”的坚强意志和拼搏进取的实干精神，引导学生树立勤学苦练基本技能、立足岗位立志成才的志向；培育学生敬畏制度、敬重师父，严守规范、服从管理的纪律观念，培育珍惜岗位敬重集体、心无旁骛报效广大的胸怀；教育学生接受岗位磨炼、接受企业挑选，到最需要的岗位上去，争做一名自食其力、敬业争先、坦坦荡荡、踏踏实实、勤勤恳恳的新广大人，成为有企业归属感、荣誉感的优秀劳动者。

（2）实现由学生向职工角色的转变

广大企业学院既是一个梦幻般的学习平台，也是一个理想的就业平台。学院通过逐步优化广大班的课程设置，建立起与用工岗位高度吻合的人才培养方案；学生深入企业生产一线岗位实习，与师傅结对，锻炼一线岗位的实操技能，顺利实现“学生—学徒—准员工—员工”的完美转变。企业三期新厂区引进40多亿元的西门子高端智能制造设备，17级广大班学生积极参与赶赴德国的培训选拔，为新厂区储备新动能。广大企业学院使学生提前两年融入广大特材，接触生产岗位，融入成人社会。

（3）促进校、企师资互动提升

广大企业学院为校企融合型师资队伍建设创建了优越的环境。企业拥有大量大型的数控加工类设施设备，激发了学校数控技术类专业教师向岗位一线的师傅、技术骨干踏实学习的热情。张中专充分利用暑假空窗期，每年组织20多名年轻的机械专业教师深入广大特材机加工车间实践，广大企业学院成为加强双师型教师队伍建设的一个理想平台。与此同时，教师创新创业教育和课题

研究的热情得到激发。通过理论教学与生产实践接轨，现实生产中的很多鲜活的案例，激发了教师投入创新创业教育的热情，促进了专业教师对推进现代学徒制课题的研究。

（4）促进了企业职工技能培训的开展

张中专校拥有大量的职教资源，拥有丰富的社会培训经验。现代学徒制为企业输入了足够的动能，激发了职工技能提升的热情。张中专利用丰富的理论教学资源和规模化的实训资源，组织广大特材的职工进行加工制造类岗位的技能提升培训，实现校企合作共赢。

5. 广大企业学院办学经验

（1）挑选区域内合适的企业开展合作

选择合作企业时应该挑选区域内有一定影响力的规模型企业，也可以是即将有新项目上马的企业。只有这类企业才有足量的用工需求，适合校企共建现代学徒制定向班。

（2）企业提供的合作岗位应该体现高端专业技能方向

这种岗位技能具有较强的专业性，需要毕业生具有一定的专业基础理论和技能，岗位技能具有先进性，比较适合高职生执业。如智能化控制、PLC 编程、数控龙门铣等岗位，其对员工个人能力的要求非一般人所能及。只有这类具有广阔发展前景的岗位，才能对学生产生足够的吸引力。

（3）同批次的合作培养周期不宜过长

在当前智能化普及的时代，企业的技术革新日新月异，企业用工岗位对人才需求的规格也在发生剧烈的变化，企业期望的人才培养周期相对短暂。当前职业院校的五年制培养周期相对较长，在这么长的培养周期内，所授专业知识和岗位技能到毕业阶段可能已几近过时。任何一家企业都无法科学规划 5 年以后的岗位用工需求及人才培养规格，而且，五年制低年级的学生选择学徒制岗位时也必然具有很大的盲目性。当前较为合理的校企合作周期，应该选择一至两年的培养时长，现代学徒制培养应该在四五年级学段开展。在一至两年的培养周期中，企业学院既有足够的时间落实培养计划，也能赶得上技术革新的步伐，体现出所授技能的时代先进性。

(4) 应充分权衡现代学徒制班的影响因素

现代学徒制班组建时，应该充分宣传发动，帮助分析岗位现状和技术发展趋势，使学生能普遍珍惜合作企业提供的现代学徒制岗位，能接受合作企业的订单式培养。一般来说，主动加入的学生更能学得精、留得住，因此也才能让企业感受到实实在在的合作效益。

组建冠名班时，应该在企业所属周边乡镇的学生中重点发动。这些就近的学生毕业时更倾向于留在企业，这样既受到企业的欢迎，也利于今后实习期间的教学管理。

现代学徒制班应该建立一套独立的班集体管理规则，应融入校企双方确定的考核和激励机制。既有师生相互间的测评，也有融合型课程和“1+X”技能的考核，使每位参与者都有成就感，享有被评定、被认可、被奖励的机会，帮助学生实现“就业有通途”的愿望，让每一批现代学徒制定制班的学生都能提高生产能力，早日成长为行业骨干。

经过校企双方共同努力，经过定向制岗位授课，广大冠名班的学生形成了强烈的企业归属感，与精密机械加工相关的应知应会能力已经水到渠成，校企合作效果已经显现。这种基于校企合作的产业学院培养模式，极大地促进了职业院校教学体制、机制的改革创新，为提升职校的育人水平、促进人才培养质量提升做出了富有成效的尝试。现代学徒制冠名班的学生同时也是学徒，在企业专家能手、岗位师傅的指导下，他们勤练岗位技能，很快成长为岗位的主力军。企业学院精准培养了一大批企业急需的技能型人才，为地方经济的高质量发展注入了强劲的新动能。

实践证明，广大企业学院办学模式深耕校企合作培养的内涵，立足于培养专业基础扎实、实际操作能力强的应用型人才，走出了一条基于现代学徒制协同育人的融合发展道路，实现了职业院校办学水平和人才培养质量的提档升级。在企业学院的培养模式下，专业与产业相互促进、共同发展，有效地化解了人才供需矛盾，兼顾了职业教育对技能的通用性要求与用人企业的技能专一性要求。

二、智能制造产业学院

智能制造产业学院成立于2015年9月，自成立至今，提升了产教融合、校企合作水平，提高了人才培养质量和服务社会经济发展的能力；结合地方产业优势，推动建立健全多元化办学机制，培养了产业亟需的高素质应用型、创新型人才。

（一）智能制造产业学院建立的背景探寻

1. 区域产业发展基础

张家港市是长三角地区经济较为发达的县级城市之一，有着雄厚的产业发展基础。目前，智能制造产业是其继冶金、纺织、食品、化工、建材以外的又一支柱产业。随着土地资源的日益消耗，土地稀缺已经成为张家港市产业发展的重要限制性因素，同时，国家提出的节能降耗等政策以及可持续发展的理念促使张家港不能继续扩大规模发展大耗能的冶金、化工产业，地区迫切需要进行工业产业结构的调整与优化，重点发展耗能低、污染小、技术含量高的智能制造产业，提升智能制造产业在工业经济中的结构比例。因此，综合考虑资源、生态环境以及外部产业发展环境等多方面因素，智能制造产业将成为张家港市进行工业产业结构调整优化的重点所在，也是地区经济获取新一轮跨越式发展的核心。

2. 产业未来发展趋势

《张家港市智能制造产业发展规划》指出：张家港市将紧盯冶金、纺织、机电、化工等四大行业，以智能制造项目为抓手，以重点企业为示范引领，加快推进智能化改造，不断提升传统行业智能化水平；在智能制造试点示范工程方面，将围绕打造一批行业领先的标杆企业、培育一批智能制造示范车间（工厂）、建设一批智能制造示范项目，开展全市智能制造试点示范的经验交流和模式推广，营造良好的智能制造产业发展环境；在两化融合体系建设推进工程方面，将两化融合管理体系建设作为张家港市企业转型升级、技术创新的重要抓手，大力推进信息化和工业化深度融合发展，加快构建支撑融合发展的新型制造体系；在智能制造公共服务平台，为企业提供智能制造技术开发、数

据交换、智能化改造咨询及实施等服务；在智能制造协同创新工程方面，将汇聚各类创新服务资源，完善智能制造协同创新机构，实现创新互惠、知识共享、资源聚集，提升张家港市智能制造水平。

张家港市将坚持项目推进、优化服务支持、强化要素保障、加强政策引领、完善考核激励。未来三年，全市智能制造水平明显提高，智能装备应用率、全员劳动生产率、资源能源利用效率显著提高，企业安全生产、节能减排水平大幅提升。

3. 产业人才队伍现状及需求分析

(1) 智能制造企业现有企业岗位

智能制造技术技能人才主要在智能制造关键装备、智能制造系统集成和智能制造装备应用这三个产业链中的机床制造商、机器人制造商、检测检验设备生产企业、网络大数据公司、工业软件公司、物联网企业、系统集成企业、单件小批量生产企业、单件大批量生产企业、多品种小批量生产企业、多品种大批量生产企业等类型的企业工作岗位，从事智能制造工作。

(2) 智能制造企业岗位人员学历情况

从业人员各学历占比情况。根据对29家智能制造行业企业4379名从业人员进行调研，企业总体从业人员学历结构见表4-8，其中：国有大中型企业分工明确，对应学历要求清晰；民营中小型及微型企业为节约人力资源成本，岗位打通、一岗多能现象很普遍，大部分岗位对高职和中职同时开放，工作经验丰富的高职毕业生与本科生同时在岗，企业对从业人员的学历要求不明显，重在个人能力。

表4-8 智能制造企业总体从业人员学历结构

	硕士及以上	本科	高职	中职	合计
人数/人	758	1339	1730	551	4378
占比	17.31%	30.58%	39.52%	12.59%	100%

同一学历从业人员在产业链不同类型企业中的占比情况。调查显示：硕士以上毕业生在智能制造装备应用企业中的比例最高，为18.39%；其次是智能制造系统集成企业，为17.62%。本科毕业生相对比较平稳，在智能制造系统

集成企业比例最高，为 30. 86%；其次在智能制造装备应用企业，为 30. 45%。高职毕业生在智能制造系统集成企业比例最高，为 40. 15%；其次是智能制造关键装备企业，为 39. 52%。中职毕业生在智能制造关键装备企业比例最高，为 13. 98%；其次为智能制造装备应用企业，为 12. 44%（表 4-9）。

表 4-9　调查企业各产业链人员学历分布

企业类型	企业数量	硕士及以上	本科	高职	中职	合计
智能制造关键装备	5 家	239 人	453 人	588 人	208 人	1488 人
	占比	16. 06%	30. 44%	39. 52%	13. 98%	100%
智能制造系统集成	9 家	273 人	478 人	622 人	176 人	1549 人
	占比	17. 62%	30. 86%	40. 15%	11. 37%	100%
智能制造装备应用	15 家	247 人	409 人	520 人	167 人	1343 人
	占比	18. 39%	30. 45%	38. 72%	12. 44%	100%

4. 技术技能人才未来需求情况

智能制造行业范围宽、涵盖领域大，相对岗位比较多。根据调研，2018 年智能制造关键装备产业产值在 390 亿元左右，2019 年在 440 亿元左右，2020 年达到 510 亿元左右。按照此增速，到 2021 年，产值将达到 600 亿元左右，实现装备的智能化及制造过程的自动化，预测每年需要新增 5600 人左右。

（二）智能制造产业学院的历程回溯

1. 张中专校企合作模式的初步探索

2001 年，张中专就开始谋划“校企合作育人才”的人才培养模式。2003 年 9 月，张中专与江苏新美星包装机械有限公司展开洽谈，探讨校企合作的可行性和预期效果，会议初步确定了校企合作试点专业为机电一体化技术。2003 年年底，双方达成共识，成功签约，标志着张中专校企合作正式开启。在企业的参与下，学校修订了人才培养方案，制定了教学计划，双方共建实训车间，把教学与实践相结合，车间与课堂融为一体，学生边学边做、边做边学。

2. 智能制造产业学院的构建

2015年9月，学校着力打造智能制造产业学院，并和江苏新美星包装有限公司合作，成立了新美星企业学院。2015年11月6日，张中专与张家港市暖通协会、江苏多佳维空调系统有限公司举行现代学徒制校企合作签约仪式，标志着现代学徒制人才培养模式正式在学校扎根。

通过3年的苦苦探索，学校终于形成了“四位一体”现代学徒制的人才培养理念。2016年6月，时任学校副校长的朱劲松在全校教师大会上对“四位一体”现代学徒制做了详细解读，他指出：所谓现代，即美丽校园的现代化、设施设备的现代化、办学形式的现代化、建设理念的现代化。而学徒制，是一种在实际生产过程中以言传身教为主要形式的技能传授方式。徒弟在工作实践中跟随师傅经过一定年限的学习，掌握了相应的技能以后，可以出师成为正式技工。现代学徒制和传统学徒制是一致的，即都有师傅、徒弟以及师傅对徒弟的教育和指导，都强调在做中学、在学中做，但其形成基础、意义及价值与传统的学徒制有很大的不同，学徒制的主体、形式、制度以及师生关系均发生了变化，即身份的转变、培养目标的变化、学习地点的转变、学习内容的转变、学习方式的转变、学习时间的转变、考核方式的转变。他明确，“四位一体”是指政府、学校、企业、外教合成一体，政府主导，学校、企业、德国职教深度合作。在目前提倡的现代学徒制的基础上加入了“政府”和“德国职教”，原因是：必须由政府牵头，才能提供资金保障，才能协调企业参与到合作中来；引进德国职教，是引进德国先进的“双元制”培养模式，引进德国课程，引进德国职教教学模式，引进德国评价标准和德国技能证书，培养适应外资企业需求、满足外向型经济发展需要的技术技能人才。

3. 智能制造产业学院的发展与完善

由于张家港市区域经济的发展模式所限，空调制冷行业相对来说较为狭小，经过反复调研论证，2018年9月，张中专进一步和德国AHK合作，尝试将德国双元制的教学模式本土化，组织教师自编中德双元模式机电一体化的职业资格考试校本教材，积累了丰富的双元制教学实践经验，为进一步丰富现代学徒制项目奠定了良好的实践基础。新美星企业学院于2018年年底被评为苏州市优秀企业学院。而后张中专继续与云绅（张家港）精密工业

有限公司、张家港市保意电器有限公司、江苏多佳维空调系统有限公司等企业深度合作，标志着"1+N"现代学徒制项目正式开启，该项目被评为"苏州市现代学徒制试点项目"。2019 年 3 月，学校成立"双核驱动，两区融合"贝内克长顺现代学徒制项目工作组，制订了项目实施方案，明确了任务分工，学习德国双元制人才培养的教育理念和经验，进行专业吻合度调研，开展校企座谈会。2019 年 5 月，成立专家委员会，签订现代学徒制校企合作协议，定期召开专业指导委员会，在行业指导下，共同研究制定现代学徒制人才培养方案、课程体系等，并对该项目全程进行指导与监督。2019 年 8 月，校企双方进行学徒选拔，组建贝内克长顺企业学院，正常开展教学活动。至此，智能制造产业学院涵盖了两家企业学院，即新美星企业学院和贝内克长顺企业学院。

（三）智能制造产业学院的立体架构

为了确保智能制造产业学院的良好运作，加强领导，规范管理，学院各行政分工明确，职责清晰。具体架构如图 4-15：

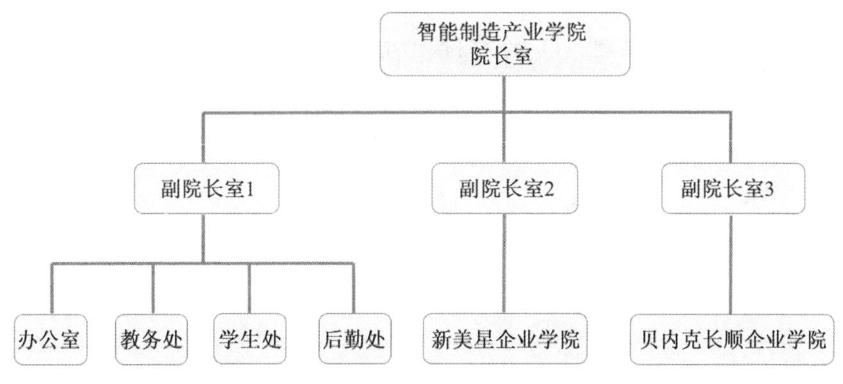

图 4-15　智能制造产业学院组织架构

院长：主持学院全面工作，负责学院的发展规划，蹲点办公室。

副院长 1：协助院长工作，分管教学管理、学生管理、后勤服务等工作，蹲点教务处、学工处和后勤处。

副院长 2：协助院长工作，分管新美星企业学院相关工作。

副院长3：协助院长工作，分管贝内克长顺学院相关工作。

办公室主任：主持办公室工作，负责人事、接待、报表等工作。

教务处主任：主持教务处工作，负责教学管理、考工定级等工作。

学工处主任：主持学工处工作，负责学生管理、班主任考核等工作。

后勤处主任：主持后勤处工作，负责后勤保障、校园安全、物品采购等工作。

（四）智能制造产业学院的创新举措

职业学校作为培养适应新时代发展的高素质技术技能型人才的主要载体，必须及时优化育人模式，经过反复调研论证，学校以机电技术应用、电气运行与控制、数控技术应用等3个专业构成机电技术应用专业群，该群于2017年5月被认定为江苏省中等职业教育现代化专业群。

1. 智能制造产业学院的人才培养模式

（1）智能制造产业学院人才培养模式概述

智能制造产业学院对接张家港市智能制造产业集群，以机电技术应用专业群为基础，与江苏新美星包装机械股份有限公司和贝内克-长顺汽车内饰材料张家港有限公司合作共建，以专业对接产业、课程对接岗位、教材对接技能为切入点，提升人才培养质量，构建“3+1+0.5+0.5”人才培养模式。

“3”年融入阶段：前三学年，学校是教学活动的主场，学校教师是教学活动的主体。

“1”年识岗阶段：第七、第八两学期，智能制造产业学院是教学活动的主场，校、企、外三方师资共同参与。每学期组织学生入企1个月接受识岗培训。

“0.5”年习岗阶段：第九学期，根据双选情况，学生分别进入新美星企业学院和贝内克长顺企业学院学习。企业学院是教学活动的主场，以企业的教学人员为主体，学校和外方师资协同参与，教学评价的主体是企业为主、学校为辅。

“0.5”年顶岗阶段：第十学期，经过考核，学生各自进入相应的企业，企业是教学活动的主场，岗位师傅是生产教学活动的主体，教学评价的主体是

企业。学生在岗位上完成从学生到学徒、从学徒到员工的角色转变。

该模式实现了学习场域的切换，让学生较早地熟悉企业的生产工艺流程、生产设备，同时缩短岗位工人的培养周期，尽快适应岗位需求。该模式按照资源共享、功能对接、责任共担、人才共用、设施共享、信息互通的产业学院合作新思路，构建"专业+产业+项目"嵌入式协同育人新机制，实现专业建设与地方产业发展对接、课程设置与企业需求对接、培养规格与行业标准对接，目标是培养出职业素养高、技术水平优、岗位适应能力强的一流机电应用型人才。

（2）智能制造产业学院人才培养模式的特点

物力资源的共享。学校、企业和德国职教集团 BBW 三方发挥各自优势，学校提供场地，企业投入设备和人力资源，在校内共建"引入式"实习实训基地。

人力资源的共享。一方面，张中专每年选送一定数量的专业教师到新美星和贝内克实习锻炼，和企业技术骨干一起研讨设备维护和检修；另一方面，企业定期指派技术专家、技术能手到产业学院为学生的技能培养提供实践指导。建立产业学院人才资源库，聚集技术研发型、技能型、教学型、管理型等不同类型的人才，按照规定的程序和条件从人才库中选聘相应的人才为其所用，实现人才资源的合理配置，服务于各自事业的持续发展。

教学资源的共享。产业学院专业教师充分发挥教学研究和教学技巧的优势，面向企业进行职业培训、继续教育等，共同研发新型的虚拟仿真教学资源，实现教学资源共享。

2. 智能制造产业学院的课程结构体系变革

（1）智能制造产业学院课程结构体系变革的背景

产业学院针对张家港区域经济发展的特点，结合张中专实际情况，对相关企业及毕业生就业的情况进行了调研，通过问卷、访谈、研讨等方式，了解相关专业所面向的岗位群及岗位能力需求。经调研得知，企业对毕业生职业道德、个人发展能力要求较高，并十分看重毕业生的动手操作能力，如机电设备的安装、调试、维护与维修能力及计算机辅助设计能力等。

学院对专业岗位群中每一个岗位的典型工作任务进行归类，确定与岗位职

业需求相对应的行动领域，再对完成典型工作任务所需的基本职业能力（包括社会能力、方法能力、专业能力）进行分析和归纳，形成职业能力，这些职业能力就是学习领域中学习目标制定的依据。

(2) 智能制造产业学院课程体系变革的内容

产业学院对课程结构体系进行了全面整合，借助德国 BBW 集团东布兰登堡职业教育培训中心这一良好平台，引进先进的教学标准，通过智能制造产业中的知名企业，实现校企课程共创，进一步优化课程体系，积极研究，并逐步开发核心课程；共同打造最能反映产业前沿、企业急需、行业紧缺的核心课程，将产业先进技术和优秀文化融入专业教学与日常生活，建立以能力培养为主线，多层次、多模块、相互衔接、逐层递进的设计实践课程体系；确定了适合的课程体系和学时安排，在保留原有的公共基础课程和必修课的同时，将相应企业的特殊技能课程和企业安全应知课程嵌入选修课程，以适应相应企业的要求。

第一到第六学期，教学的核心内容是国规、省规课程，以组织集中学习为主要形式，教学评价的主体是学校，学生参加通用类证书的考核。

第七、第八两学期，教学的核心内容是通用类技能和专业类技能，以组织技能训练为主要形式，教学评价的主体是校、企双方，学生参加专业关联性证书考核。培训内容包括企业文化和相关管理制度认识、班组化岗位培训、安全生产知识培训，深入了解企业的技能岗位要求，培养爱岗敬业的职业操守。

第九学期，企业学院是教学活动的主场，教学的核心内容是专业技能和岗位技能，学生参加专业关联性证书和 IHK 证书考核。学生在完成毕业设计等主要学习任务的基础上，进企业接受近 4 个月的岗位见习。实行“4+1”制学习模式，即前 4 天学生在岗位跟随师傅见习，最后 1 天集中进行岗位关联的专业理论学习。学生再接受企业班组化培训，1 个师傅带数个徒弟，组成学习小组，确保学生掌握对应岗位的专业技能；考核合格后，学生再进入下一个岗位的轮岗实习，以体验本岗位群不同岗位的职责能力要求。通过特定岗位技能培训，学生完成考工考级。为了充分发挥学生的自主性，鼓励学生参加有关联性的“1+X”证书考核，增强适岗能力，考核结果纳入学生学

分银行系统。

第十学期，企业学院学生与企业签订三方协议，学生在生产岗位全程参加顶岗实习。教学的核心内容是生产岗位技能，以顶岗实习为主要形式，学生参加岗位关联性证书考核。学生在实习岗位上自然过渡，向签约员工的角色转变，具体见表 4-10。

表 4-10　产业学院班级教学进度情况

学年	学习场所	师资团队	教学核心内容	学习形式	评价主体	证书
3	学校	学校	国规/省规课程	集中学习	学校	通用证书
1	校区产业学院	校+企+外	通用技能+专业技能	技能训练	学校+企业	“X”考核证书
0. 5	厂区(多家)企业学院	企+外+校	专业技能+岗位技能	专业实践	企业+学校	“X”+IHK证书
0. 5	多家企业	企业	岗位生产技能	顶岗实习	企业	企业证书

在课程实施的不同阶段，将所需要的特殊技能课程和企业安全课程穿插到工作过程中，结合企业典型案例，将抽象的知识形象化，根据行业企业的实际情况，课程体现机电专业对从业人员的综合素质要求，引入新技术、新工艺、新方法、新材料，使教材富有时代性和前瞻性。这样既满足了不同企业的各种需求，又提高了学生的认知和参与程度，强化了学生自我负责的学习态度，激发了学生的学习兴趣和参与积极性。

3. 智能制造产业学院的教学模式和方法改革

(1) 职业学校专业教学的现状

多年来，课堂教学注重理论知识的传授，忽视了职业岗位能力的培养，学生缺乏足够的时间和平台，以及必要的岗位指导，学校与社会分离，与企业脱节。学生在就业后一般不能适应企业的用人需求，很多学生要么改行，要么就是需要一段较长时间的适应期和再学习期，“学无以致用”的现象造成了资源的极大浪费。

(2) 智能制造产业学院教学模式的改革

产业学院针对这一弊病，以产业链需求为导向，追求教学的实用性，及时

调整教学计划和教学内容；将企业设计任务转化为“学习任务”，学习过程和工作流程相结合，让学生尽早了解行业标准、生产工艺、企业管理、企业文化、行业经验等。学生在1~3年级，每学期由德方外教授课8周，以提升职业素养，提高职业道德。在四年级，由企业派专门的技术人员每周到学校来上课2天。五年级，企业兼职教师的授课时间调整为每周3天。

教师在教学中将学生分成小组进行学习讨论，教师给出相同的命题或任务，让学生以小组为单位共同完成，教师根据小组表现进行考核。这种合作学习的方式使学生在融洽开放的学习氛围里进行积极主动的交流合作，从而减轻思想压力，增强自信心，增加动手实践的机会，培养学生的竞争意识、集体观念和合作精神，使每个学生都得到相应的发展。

(3) 智能制造产业学院教学方法的改革

① 以项目教学法代替传统的课堂授课法。项目活动教学法的引用可以促进素质教育和整体教学，此教学法的目的在于开发学生智力，尊重个体差异，培养学生动手能力、生存能力和学习能力。

② 应用现代信息技术手段，借助优质教学资源。虚拟仿真实验室的构建，符合现代信息化教学模式的发展方向，能较好地为学生创建“真实”的实验操作情景，帮助他们顺利解决各种专业问题。如在讲解三极管的输入、输出特性曲线和二极管的单向导电性等内容时，让学生上机模拟，在电脑上的虚拟电子实验室（EWB）看到相应的电路和曲线，再由教师辅导，学生很快就能理解“二极管单向导电性”的原理。比如，运用Protel软件进行电路的设计，它包含了电路原理图绘制、模拟电路与数字电路混合信号仿真、多层印制电路板设计（包含印制电路板自动布线）、可编程逻辑器件设计、图标生成、电子表格生成、支持宏操作等功能。

③ 加强技能训练，突出动手能力培养。在教学过程中加强技能训练，运用任务驱动教学法，让学生在真实情景中的任务驱动下，在探究完成任务或解决问题的过程中，在自主和协作的环境中，在讨论和绘画的氛围中进行学习活动。教师是学习情境的创造者、学习活动的组织者和学习资源的提供者，任务驱动教学法最显著的特点是以学生为主体，变以往的“教师讲，学生听”为以学定教，学生主动参与、自主协作、探索创新的新型学习模式。在教学过程

中采用重实践策略，有利于激发学生的学习热情，使他们在实践中掌握理论、巩固理论，从而较好地掌握知识。比如，电子产品工艺训练采取任务驱动教学法，对元器件的测量、元件的装配、元件的焊接、电路的调试、电路的维修等工艺进行反复强化训练，通过大量实践提高学生的技能水平和熟练程度，最后进行整机组装。

4. 智能制造产业学院的师资队伍建设

通过校企师资共培，打造一支优良的“双师型”教师队伍，从而实现队伍结构、教师能力和教师角色的转型。学院教师始终牢记育人使命，爱岗敬业，不断提升自身业务，爱生如子，尊重个体差异，实施因材施教。以专业带头人和企业技术骨干为龙头，以双师型教师培养为基础，以校本培训和企业培训为抓手，着力构筑点、线、面和谐发展的主体式师资培训体系，有效提升全体教师的专业化水平。

（1）促进教师专业化发展

通过务实高效、固本强基的基础性培训、基本功训练，构建以学科知识或专业知识为主要内容的条线培训体系。内容注重针对性，过程注重实践性，方法注重多元性。在各类培训中，强化科研的引领，强化骨干教师的引领，引导教师做研究型教师，有效实现教师专业化发展，提升教师的专业化水平。

（2）推进教师均衡化发展

坚持面向全体教师，创新教师培训的途径与方法，为每位教师创造学习、发展的均衡机会和条件。通过专业化发展的校本培训，探索和实施教、学、研一体化的校本培训模式，形成教研与科研并举、理念与实践结合、学校与教师同行的校本培训新格局；并健全包括督导评估、奖惩机制等内容的校本培训长效督查机制。

（3）加强专兼职教师的互动

每年选派若干名中青年教师到行业企业开展顶岗实习和挂职锻炼，通过专兼职教师的互动研讨，掌握新标准，了解新工艺，开发新技术，参与产品研发和项目推广。

经过产业学院的培育，教学团队一直保持着良好的发展态势，成员结构科学合理，成绩斐然，培育的教学成果获江苏省一等奖，辅导的学生在全国职业

院校技能大赛中获得 23 金、10 银、1 铜的优异成绩，团队成员中有 3 人先后被评为苏州市优秀教育工作者，1 人被评为张家港市教育系统“杏坛公仆”。老师们具备高尚的职业道德，热爱教育事业，关心爱护学生，尊重学生人格，严谨治学，始终注重教育、教学和科研水平的提高，秉承终身学习的理念，坚持科学的态度和求实的精神，兢兢业业地做好教育工作。

5. 智能制造产业学院的人才质量评价深度改革

人才培养质量的评价体系应该具有一定的客观性和公正性。职业学校人才培养质量评价体系应该具有一定的创新性，对智能制造相关专业学生的培养，不仅要重视对学生专业知识掌握程度的评价，还要重视对学生职业素养的评价。学校只有重视了对学生这两方面的评价，才能提高人才培养质量。通过不断摸索，学院构建了多元化评价体系，具体评价体系如图 4-16，学生综合素质多元评价具体操作说明见附件 1。

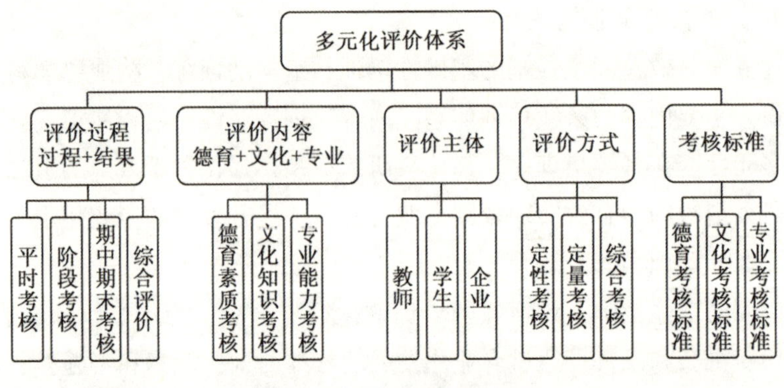

图 4-16 多元化评价体系

（五）智能制造产业学院的实践成效

1. 依托产业学院，加强“三创”教育，提升师生综合素质

智能制造产业学院自成立以来，注重创新、创业项目的发展，致力于创新、创业教育与研究，针对智能制造类专业人才奇缺的现状，根据专业优势，深入企业一线，帮助企业解决难题，参与企业技改项目达 10 余个。其中，由学院教师辅导的“油保障”项目与港城汽运等 20 余家企业合作，共销售 2000 余套，产生利润高达 81 万元，该项目于 2020 年 11 月参加全国大学生创新创

业大赛获金奖。2016 年以来，学院培养的学生在全国职业院校技能大赛中共获得 23 金、7 银、1 铜的佳绩。开发的"一种护顶密封装置""更换上料小车钢丝绳专用滑车""一种高炉炉前绕铁口氧枪装置""热风炉定压换炉控制方法"等成功申请专利，并为江苏典创科技有限公司、江苏新美星包装机械股份有限公司等企业研制开发了大型挖掘机模拟训练装置、天然气加气枪结构优化等项目，取得了良好的经济效益和社会声誉。有 5 位教师参与创业孵化项目 3 个，其中，"墨匠机器人"创新创业工作室开发的餐厅机器人受到了企业的一致欢迎。学院与江苏典创科技有限公司合作，在张中专开设工作室，由张中专师生和企业专家共同研发了机电专业全息 3D 教学软件。"STC 家电维修社团"近年来先后成功举办了 20 余场便民服务活动，取得了较好的社会效益，2016 年 11 月，该社团被评为江苏省优秀社团。学院涌现出了一批创业明星，如季某贤、闵某宇、秦某、施某东、王某亮等（图 4-17）。值得一提的是，由季某贤和闵某宇两位同学成立的张家港墨匠科技机器人工作室所研发的送餐机器人于 2018 年 12 月在张家港国贸维克自助餐厅投入运行，引起了极大的社会反响（图 4-18）。

图 4-17　秦某同学获评为"苏州最美职教毕业生"

图 4-18　张家港墨匠科技机器人工作室产品

2. 依托产业学院，共享优质资源，服务港城经济发展

为积极发挥学院在人才培养、服务地方经济发展方面的支撑作用，张中专与杨舍镇经开区、张家港市人力资源和社会保障局职业技能鉴定中心、张家港市民政局等开展合作，面向社会，常年为企业职工、退伍军人、社会转岗人员提供技能培训服务，年平均服务人数超 1200 人。学院积极向兄弟学校师生开放，共享学院机电实训优质资源，近 3 年来，共举行了 6 次机电专业教师业务培训，12 次学生技能研讨、比武活动，取得了显著的成效（图 4-19—图 4-21）。近 3 年来，为江苏典创科技有限公司、江苏新美星包装机械股份有限公司、江苏中饮机械有限公司、张家港市格雷斯机械有限公司等企业研制开发了大型挖掘机模拟训练装置、天然气加气枪结构优化等项目，取了良好的经济效益和社会声誉。

图 4-19　承担退役士兵的培训

图 4-20　承担苏州市技能研讨活动

图 4-21　与华瑞科技联合开发的燃气加气枪

3. 依托产业学院，开展国际合作，实施现代学徒制

学院不断探索“四位一体”现代学徒制人才培养模式，与德方签订了《中德合作协议书》，成功开展了与德国职教集团 BBW 的合作。学校从基地选派优秀的专业教师出国培训，引进国外先进的教学理念和教学模式，结合学院实际，制定了成熟适用的人才培养标准。在引进德方的专业教材后，张中专专业教师和德语教师一道加以整合，修订出了符合张中专实际的专业教材。学生通过技能考核后，通过 AHK 认证，获得国际上通用的职业资格证书。张中专为张家港企业尤其是德资企业输送了一大批优秀的技术工人。同时，相关教师依托学院开展教科研活动，积极主持、参与课题研究，撰写相关论文，开展课堂教学展示活动，专业教师素养得到了较大的提升（图 4-22—图 4-26）。

图 4-22　中德合作签约仪式现场

图 4-23　中德合作技能教学实践基地揭牌仪式

Wählen Sie den kleinstmöglichen Pneumatikzylinder für die Druckkraft (Kraft im Vorhub) aus dem Datenblatt für einen Betriebsdruck von p_e = 6 bar aus. Begründen Sie Ihre Entscheidung durch Rechnung.

Pneumatikzylinder

Abmessungen und Kolbenkräfte

Kolbendurchmesser		12	16	20	25	32	40	50	63	80	100	125	160	200
Kolbenstangendurchmesser (mm)		6	8	8	10	12	16	20	20	25	25	32	40	40
Anschlussgewinde		M5	M5	$G^{1}/_{8}$	$G^{1}/_{8}$	$G^{1}/_{8}$	$G^{1}/_{8}$	$G^{1}/_{4}$	$G^{3}/_{8}$	$G^{3}/_{8}$	$G^{1}/_{2}$	$G^{1}/_{2}$	$G^{3}/_{4}$	$G^{3}/_{4}$
Druckkraft[1] bei p_e = 6 bar in N	einfachwirk. Zyl.[2]	50	96	151	241	375	644	968	1560	2530	4010	-	-	-
	doppeltwirk. Zyl.	58	106	164	259	422	665	1040	1650	2660	4150	6480	10600	16600
Zugkraft[1] bei p_e = 6 bar in N	doppeltwirk. Zyl.	54	79	137	216	364	560	870	1480	2400	3890	6060	9960	15900
Hublängen in mm	einfachwirk. Zyl.	10, 25, 50					25, 50, 80.100					-		
	doppeltwirk. Zyl.	bis 160	bis 200	bis 320	10, 25, 50, 80, 100, 160, 200, 250, 320, 400, 500									

[1] Bei einem Zylinderwirkungsgrad η = 0,88 [2] Dabei ist die Rückzugskraft der Feder berücksichtigt.

Technologieschema

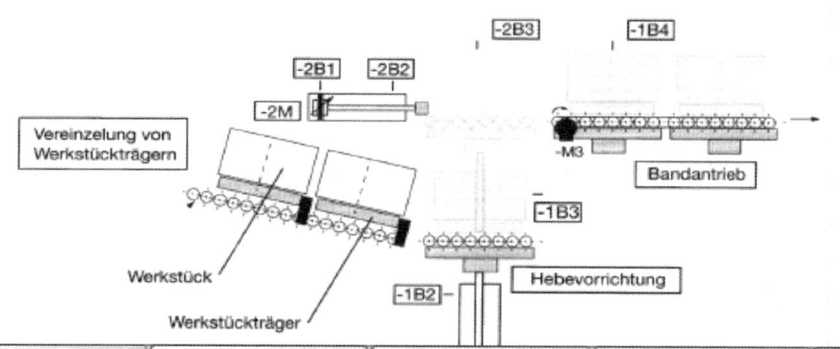

图 4-24 德方教材（局部）

图 4-25 德方教师授课现场

图 4-26　学院举行中德职业教育论坛

（六）经验与特色

智能制造产业学院自运行以来，探索出了一整套高质量管理、教学及评价的育人机制，为张中专融创中心的运行和发展提供了目标上的指导、标准上的参照和质量上的保证。

1. 智能制造产业学院的深度合作机制解决了职业教育主体单一、活力缺乏的问题

在政府、学校、企业、国外职教集团的共同努力下，智能制造产业学院以学校和新美星、贝内克长顺为运行主体，形成了校、企双主体联合培养技术技能型人才的校企深度合作运行机制，规范了校、企双方的责任和义务，通过人才培养共享项目开展教学工作。

2. 智能制造产业学院的人才培养模式解决了职业教育人才培养模式脱离社会需求的问题

学院和企业联合组建团队，联合开发教学资源，联合组织教学实施，联合开展教学评价，真正实现了校企共育的人才培养模式，从而将人才培养标准对接行业企业岗位需求，教师团队的建设和培养更新了教师固有的教育理念和人才理念，改变了教师原有的教学模式和评价模式，提升了教师的教学组织能力和资源开发能力。

3. 智能制造产业学院的教育教学模式，解决了教师对企业缺乏了解、学生知识脱离企业实际的问题

学院设立“学校导师”和“企业导师”，由学校专职教师和企业技术骨干承担教育教学，共同完成学徒课程的授课。在培养学生的过程中，在教学任务的分工上，由学校教师完成文化基础课、专业理论课、专业技能课的教学，企业技术人员完成安全生产、精益生产等企业综合课程以及跟岗培训期间岗位技能课的教学。

4. 智能制造产业学院的多元化评价体系，解决了评价主体单一、评价缺乏过程性的难题

校企双方共同开发多元化评价体系，实行教评分离，合力共评。在评价主体上，实行学生自评、教师评价、评估员评价、内审员评价和外审员评价，实现了评价主体的多元化。在评价形式上，通过课堂评价、考试评价、考核评价、访谈评价等手段实现了评价形式的多样化。

（七）反思与总结

1. 加强企业导师和学校专任教师、学校班主任之间的沟通

学院要将企业导师彻底融入班级管理和班级教学过程，让企业导师了解学校的规章制度，让班主任了解企业的管理制度，这样相互渗透，更有利于校企双方的管理，同时也让企业导师和班主任对学校与企业有了更深层的了解，这样也便于职业教育影响力的扩大，有利于企业文化的宣传。

2. 进一步完善教学计划，寻找校企共同培育的契合度

现代学徒制倡导的是校企共育人才，目前仍然存在“企业导师实战经验丰富，接触经典案例较多，但缺乏学校教学经历，其教学水平和语言表达能力有待进一步加强，学校专任教师理论知识丰富，教学水平较高，但是没有实战经验”的现象，所以双方在修订教学计划的时候，会出现偏重哪一方的情况。接下来，校方将加大校企融合的力度，尤其是要提高青年教师下企业顶岗实习的有效性，不能流于形式，而应该真正地做到跟岗，跟着企业师傅去学习他们的动手操作，以及分析和解决实际问题的能力。只有这样，双方在完善教学计划的时候才能达到平衡，从而达到共同培育的契合度。

（八）新美星企业学院

1. 新美星企业学院建立的背景探寻

（1）区域产业发展基础

调研组实地走访了张家港市区域内那智不二越（江苏）精密机械有限公司、江苏新美星包装机械股份有限公司、苏州金鸿顺汽车部件股份有限公司、沙钢集团、永钢集团、鹿港科技、华昌化工、澳洋集团、银河电子等近30家企业。根据调研情况，张家港市整体的产业结构偏重，全市以冶金、纺织、机电、化工等四大行业为主，劳动生产率偏低，生产成本较高。纵观全市制造产业的发展情况，张家港市智能制造企业应用智能制造的程度在不断提高，各生产企业对自动化生产、智能制造改造都很重视，对生产线操作和维护人才的需求量增大，未来的智能制造业发展有无限的潜力。张家港市位于长江三角洲的要塞之地，是中国发展的核心所在，有独特的地理优势，对人才的吸引力大，对此，张家港市委、市政府领导高度重视，将推进智能制造作为全市的重点工作。因此，加快推进张家港市制造业转型升级，推进智能制造势在必行。

2018年4月，张家港市召开智能制造推进大会，进一步吹响港城智能制造的集结号，推动张家港市制造业加速转型升级，践行“四大路径”、建设“四个港城”持续培育新动能、打造新引擎。市领导非常重视，指出要充分认识推进智能制造的重要性和紧迫感。当前，张家港市产业结构偏重、全员劳动生产率偏低，从面临激烈区域竞争、抢占发展制高点的角度来看，需要政府部门、企业和智能制造服务商齐心协力、同频共振加快推进智能制造的步伐，扎实推动张家港市制造业向产业链高端攀升。当前张家港市要精准把握推进智能制造的关键点和突破口，要突出企业主体地位。企业要从市场需求出发，找准发展定位，制定智能制造战略，努力迈向行业高端。政府部门要支持和帮助企业减少相关成本和风险，整合优化各类资源，提供更加优质的服务。要坚持系统化思维，聚焦冶金、纺织、化工、机电等主导产业，把推进智能制造作为推动产业转型升级的主攻方向，着力打造一批行业领先的标杆企业，培育一批智能制造示范车间（工厂），建设一批智能制造示范项目。要强化公共服务平台支撑，有机整合政策举措、服务平台和第三方服务商等各类要素，构建以人才

为核心的智能制造生态环境，为企业智能化改造升级提供更精准的服务。要加快构建协同作战、提速奋进的工作格局。全市上下要共同参与、群策群力，把推进智能制造工作作为当前和今后一个时期的重中之重，全力下好智能制造的“先手棋”，推动“港城制造”向“港城智造”转型。张家港市荣获国家级智能制造项目、省级示范智能车间的企业获集中授牌。市经信委与工信部电子五所华东分所、慧德咨询、赛迪灵犀、南理工张家港研究院分别签署智能制造战略合作协议；工信部电子五所华东分所与天鹏电源、慧德咨询与华芳集团、赛迪灵犀与中集圣达因分别签署智能制造服务协议。区域产业经济不断升级，企业更智能化。

（2）产业发展现状及趋势

① 张家港市及区域智能制造产业的发展现状

一，智能装备水平逐步提高。以智能化、信息化引领工业转型升级，增长稳健、结构逐步优化，全市新增使用工业机器人 5000 台，重点企业机器人密度达到 300 台（每万名员工使用机器人台数）。规模以上企业制造装备智能化水平大幅提升，关键工序核心装备数控化率超过 80%，广泛建立面向生产全流程、管理全方位、产品全生命周期的智能制造新模式。智能制造“赋能”实体经济，有效破解了张家港市制造业企业的发展痛点，有力推动由“制造”向“智造”的转型。

二，量化融合水平不断增强。持续开展量化融合评估诊断和对标引导，完成 300 家企业量化融合自评估，150 家企业诊断和对标。加快量化融合管理体系标准的普及与推广，开展培训超过 1000 次，超过 50 家企业开展量化融合管理体系贯标，完成 15 家企业量化融合管理体系贯标认定。

三，试点示范效应更加凸显。培育 40 家苏州市级示范智能车间，培育 30 家省级示范智能车间，争创 3~5 个国家级智能制造试点示范项目。探索推进智能工厂建设，分行业建立示范推广机制，将行业内先进企业的经验做法复制到全行业。

四，经济质量效益明显提升。规模以上工业企业全员劳动生产率达到 40 万元/人，万元 GDP 能耗比“十二五”时期下降 20%。企业运营成本明显降低，产品开发、生产周期明显缩短，不良品率大幅度降低。

② 张家港市及区域智能制造产业的发展趋势

张家港市全面深入贯彻党的十九届五中全会精神，发展先进制造业，推动云计划、大数据、物联网、人工智能和区块链等新技术与实体经济深度融合，加快张家港市工业企业智能化改造和数字化转型步伐，提升核心竞争力，实现制造业高质量发展，规划围绕打造一批行业领先的标杆企业、培育一批智能制造示范车间、建设一批智能制造示范项目，开展全市智能制造试点示范的经验交流和模式推广，营造良好的智能制造产业发展环境，构建智能化改造和数字化转型创新体系。

一，推动智能车间（工厂）建设。聘请专业咨询机构，开展智能车间（工厂）诊断工作，选择具有智能制造基础和带动作用的企业，在智能制造单元、智能生产线、智能车间、智能工厂建设方面，提供系统解决方案咨询和推广普及。开展智能车间梯队培育工程，遴选华芳金田、华灿光电、爱康等一批示范典型，重点支持，择优推荐申报示范智能车间，以行业龙头企业为重点，探索建设智能工厂并给予被诊断企业诊断服务费补助和奖励。

二，推进智能制造示范项目建设。紧紧围绕张家港市先进制造产业领跑计划，支持重点骨干企业结合自身实际和行业特点，紧扣关键工序自动化、关键岗位工业机器人替代、传统设备数字化改造、生产过程智能优化控制、供应链管理智能化，开展以智能制造为核心的项目建设。围绕保税区（金港镇）光学膜、碳纤维航空复合材料和精细化工，经开区（杨舍镇）高端装备制造和光伏锂电，冶金工业园（锦丰镇）和南丰镇钢铁等优势产业，大力实施智能制造试点示范项目，政府给予补贴。

三，开展智能制造示范试点模式推广。积极发挥智能制造试点示范和专项的示范带动作用，鼓励在智能制造领域的领先企业创新服务，将自用解决方案提供给具有共性需求的同行业其他用户，或者将内部技术部门转型为向外提供专业化智能制造系统方案的提供商，以点带面，在行业内加以推广，并给予补贴。

四，打造智能制造协同创新工程。汇集各类创新服务资源，完善智能制造协同创新机制，实现创新互惠、知识共享、资源集聚，提升张家港市智能制造水平，打造智能制造协同创新工程。

五，打造智能制造集聚区。积极融入苏州市创建"中国制造 2015"国家级

示范区建设，依托张家港高新区、国家级机器人产业园、国家级制造产业示范基地，加大招商选资力度，突出技术高端优势，强化科技创新引领，着力发展具有自主知识产权的智能制造装备产业，依托沙洲湖科创园、华夏科技园等载体，引进一批智能制造高层人才和项目，孵化培育一批智能制造科技型企业。依托行业龙头企业，加强产业联动，形成集聚效应，打造智能制造制高点。对集聚区内的示范项目予以重点支持，在财政资金申报、资源要素保障上优先支持。

六，打造智能制造协同创新中心。依托张家港市企业智能化改造的巨大市场需求，引导科研院所、高校等在张家港市设立技术研究和应用机构，引进国内外知名智能制造商、系统集成服务商和量化融合咨询机构在张家港市设立分公司或办事处。依托沙洲湖科创园，设立智能制造展示区，展示集成制造单元系统解决方案与模拟生产线，以成功案例展现智能制造先进技术在不同领域中的应用。

七，打造智能制造张家港品牌。依托张家港市优势特色产业，鼓励引进和组织举办国内外智能制造行业年会、技术研讨会、高端论坛等活动，通过智能制造政策解读、行业趋势热点解析、市场研判、业务经验与实践分享、供需方对接、合作模式与机遇探讨，投资机会展示等专题，吸引国内外智能制造领域企业和专业人才聚焦港城，聚力张家港智造，打造智能制造张家港名片。

（3）产业人才需求现状

智能制造人才需求增多：在新经济形势下，企业转型升级周期较短，企业依托社会招聘和自身培养的智能制造人才数量不多，中高职毕业生是目前智能制造企业人才的主力军，并且企业对高职学生的需求量高于中职学生，因此，中高职衔接的问题将是智能制造类专业必须考虑的关键问题之一。另一方面，目前只有34.5%的企业觉得现有的人才能胜任岗位工作，而其余企业对员工的职业定位、知识、能力、经验等均不满意，认为他们不能完全满足智能制造企业的发展策略和业务需求。这表明，职业学校培养的人才在知识结构、职业定位、能力水平等方面与企业要求还有一定距离，进一步深化专业和课程改革已迫在眉睫。

智能制造人才要求逐渐提高：企业对智能制造人才的学历、知识、能力等的要求逐渐提高，从企业的调研情况看，33.3%的企业需要高中（中专）学

历，44. 4%的企业需要专科（高职）学历，只有22. 2%的企业需要本科及以上学历；企业对人才的知识结构要求偏现场操作的占比最大，达到44. 4%，其次是偏控制设计，占33. 3%，而偏检修和偏产品设计的均只占11. 1%；企业对人才的能力素质要求是，员工的动手能力要强，56. 7%的企业要求员工具有机器人操作能力，56. 7%的企业要求员工具有智能生产线检测维修能力。此外，35. 2%的企业对员工的管理能力、相关工作经验、适应能力、知识面、团队精神等也有要求（图 4-27—图 4-29）。

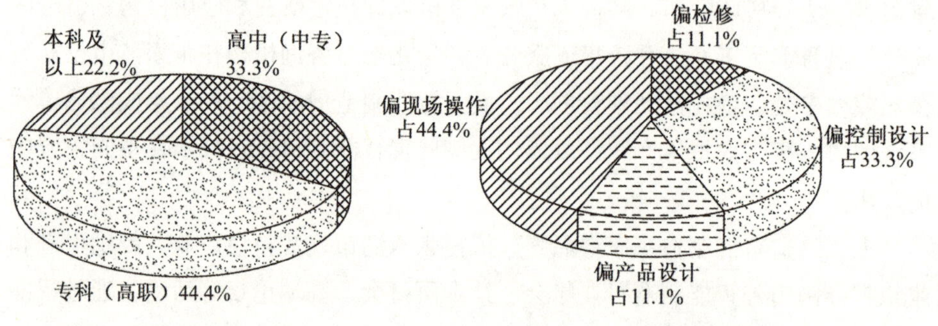

图 4-27　学历层次要求调研　　图 4-28　知识结构要求调研

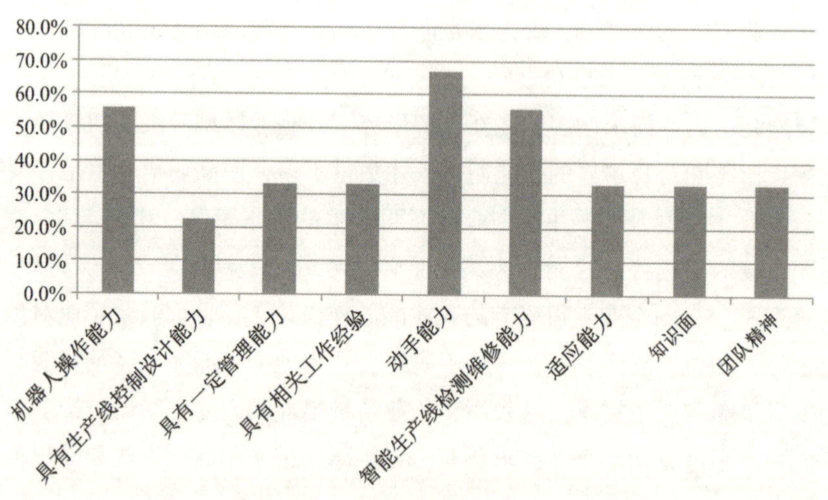

图 4-29　能力素质要求

企业对智能制造人才的学历要求主要集中在中高职学历，比例高达77.7%，对智能制造人才的知识要求主要集中在偏现场操作和偏控制设计，对智能制造人才的能力要求主要集中在机器人操作能力、动手能力和智能生产线检测维修能力。这表明，目前智能制造企业更多的是需要一线的操作、控制、检测等工作人员，他们必须具备相应的知识技能，实践能力必须突出。

智能制造产业对员工的能力需求趋向多元化：企业对员工的各项能力要求除三项能力占比较高之外，其他相对比较均衡，这表明企业对员工的能力要求具有多元性，也就是大多数企业需要的是复合型人才，这与我们调查得到的大多数企业认为智能制造人才的培养目标是复合型人才的结果是一致的。而职业类学校是培养一线高技术技能人才的摇篮，因此，大多数企业认为职业学校培养的学生符合企业招工要求，具备智能制造岗位所需要的能力，对这类人才的需求比例较高，而高学历人才尽管重要，但企业对这类人才的需求量不大。大多数企业对部分智能制造岗位的人才需求急迫，55.6%企业急需生产线操作人才，44.4%企业急需生产线维护人才，而对机器人维修人才和数据分析人才的需求均只占11.1%，甚至所调研企业不急需软件应用人才。而企业对中职生的岗位安排显示，部分岗位安排较多，66.7%安排在生产线维护岗位，55.6%安排在生产线操作监控岗位，44.4%安排在PLC编程岗位，其余岗位则安排得较少。

企业智能化的发展，对未来的就业提出了新的希望和要求，职业学校的发展和企业的发展息息相关，张中专一直注重与企业紧密合作，智能型企业的飞速发展，对学校未来的专业设置及发展也带来了新的契机和方向，对智能化控制方向人才的培养需求被提上了日程。

2. 新美星企业学院的历程回溯

(1) 孵化阶段

从2003年11月起，学校和江苏新美星包装机械股份有限公司一直有着良好的校企合作关系，校企共建实训车间，进行教学模式的改革，在2002级机电一体化技术班级中开展现代学徒制试点，进行探索。在现代学徒制试点中，学生既是学生同时又是新美星的员工，校、企双方共同派老师和师傅对学生进行管理。在随后的10年间，经过不断的探索和实践，终于摸索出了一条校企

紧密合作之路。

（2）破壳阶段

2015年9月，新美星企业学院揭牌，该企业学院由江苏张家港中等专业学校和江苏新美星包装机械股份有限公司合作建设，是校企深度合作的产物。学院的成立，全面落实了苏州市人民政府《关于加快发展全市现代职业教育的实施意见》《苏州市职业教育校企合作促进办法》等文件精神。学院的成立，旨在充分发挥校企双方优势和潜能，创新合作机制，形成校企分工合作、协同育人、共同发展的长效机制，提高人才培养的质量和针对性，促进职业教育主动服务当前经济社会进步，推动职业教育体系和劳动就业体系互动发展。校企双方优势互补，良性发展，进一步提升了内涵，2018年张中专创建为江苏省现代化示范性职业学校。江苏新美星包装机械股份有限公司发展成为亚洲规模最大的液体（饮料）包装机械研发与制造基地之一，始终坚持"创新驱动发展、品质赢得市场"的理念，在饮料、乳品、酒类、调味品和日化品等五大领域，为全球用户提供水处理、前调配、吹瓶、灌装、二次包装、搬运机器人、智能立体仓储等成套智能装备及全面解决方案，实现着"中国装备、装备世界"的梦想，至今已成功为可口可乐、达能、雀巢、娃哈哈、康师傅、达利等国内外液体（饮料）工厂提供了优质的设备和完善的服务，产品覆盖全国并销往全球70多个国家和地区。新美星始终坚持以技术创新驱动公司发展，涵盖机械、工艺、自控等三大领域，拥有中国液体（饮料）包装机械行业最强大的技术队伍。

（3）展翅阶段

2018年10月，新美星企业学院被评为首批苏州市职业院校优秀企业学院。新美星企业学院依托学校智能制造产业学院，为学校机电技术应用专业群服务。该专业群是学校创建的首个江苏省现代化专业群，同时也是苏州经济主导产业培养人才的专业群，在学校专业群建设中发挥着重要的作用。

3. 新美星企业学院的立体架构

新美星企业学院隶属于张家港中专校智能制造产业学院。该产业学院对接智能制造产业集群，服务学校机电技术应用专业群。新美星企业学院建立了完善的组织机构，设立院长、副院长，下设教务处、学员管理处、课程开发处、

政策研究室等几个办事机构，学院组织机构健全，运行正常（图 4-30）。

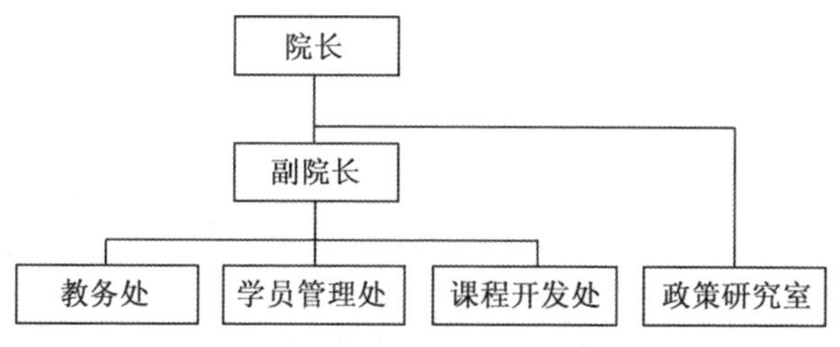

图 4-30　新美星企业学院组织机构

新美星企业学院制定了详尽的《新美星企业学院合作共建协议书》，保障学院的合作办学、合作育人、合作就业、合作发展，推动学校体制机制创新，培养高素质技能型人才，提升学校办学水平，加快企业科技创新的步伐，促进学校人才培养质量和企业经济效益的双提高。学院建立了有效的工作例会制度，定期召开学院例会，制定年度工作计划，进行年度工作总结。

新美星企业学院的角色扮演（图 4-31）。为加快学校人才的培养，承接公司的整体战略规划，推进人才体系、文化体系和管理体系建设，转变思维意识，提升管理技能，实现校企双赢。

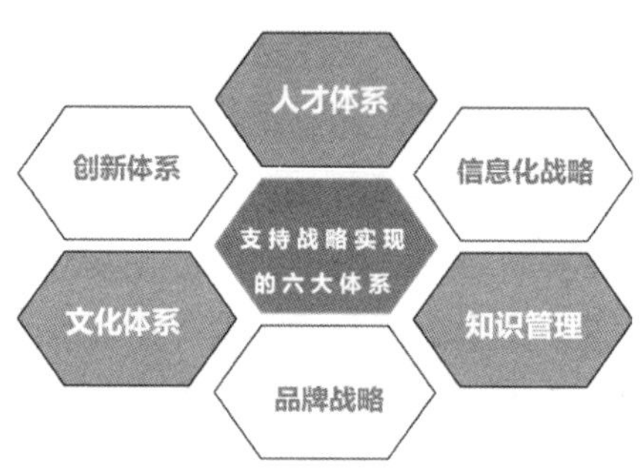

图 4-31　新美星企业学院角色扮演

新美星企业学院从一开始建立就提出了自己的理念和口号（图 4-32）。使命为“融汇内外智慧和实践，提升个人和组织能力，助推企业实现精明增长”。愿景为“精兵强将的摇篮”。方针为“学以致用，学用相长”。校训是“为完善自己走进来，为中国制造走出去”。

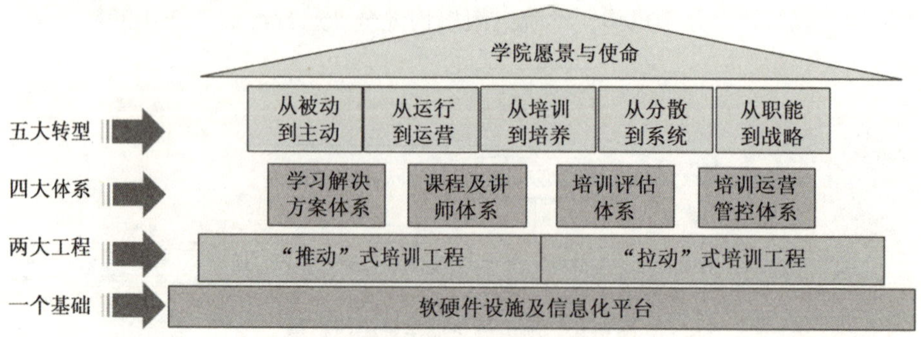

图 4-32　新美星企业学院体系建设思路

4. 新美星企业学院的创新举措

(1) 新美星企业学院的人才培养模式与机制

① 新美星企业学院人才培养模式的内涵

新美星企业学院为学校和企业共建的首家企业学院，经过了一系列的探索和实践，在人才培养上收获满满，学院安排专任教师，聘请企业资深技术工程师、管理干部、专业巧匠、学校骨干教师等担任学院讲师，共同参与规划人才培养目标、专业建设方案、课程设置，学院管理人员、专业技术人员参与专业建设、教学计划、课程标准制定等方面的指导工作，企业工程师兼课、举办专业技术讲座、指导学生毕业设计或毕业实践，并协助完成各级各类质量工程项目，为企业员工专业技能培训、学历进修等提供场地和师资的支持，送教进企。

新美星企业学院的建立，推动了校企深度合作，始终坚持以指导、帮助学校推进专业现代化建设，沟通学校与企业之间的关系，促进职业教育健康、持续发展为宗旨，对学校的专业建设、课程改革、队伍建设、人才培养、实训实验基地建设等方面，以及企业的发展起到了共赢的作用。

实施智能制造专业人才"四位一体"协同培养人才培养模式。"四位一体"中的"四位"是指政府、学校、企业和国外职教机构，它们是不同的社会组织，彼此有不同的利益诉求，它们依托企业学院，本着平等、互惠和互信的原则，运用"利益相关者"理论，按照"职责驱动、体系同构、立体培养"的机制架构设计原则，成立了集团联合体及其理事会，明确了资金及权力来

源、参与者及流通网络、相互影响及作用规则、监督和仲裁办法等协同要素及其运行方式，即政府主要出政策提供保障，行业企业负责出岗位承担实习、安排就业，国外机构出专家及培养标准、教学软资源，学校出师资、场地、基础设备并主导实施，四方共同发力、职责同担、利益共享，共同聚焦于培养适应产业经济和学生发展需求的现代制造业人才这一着力点。该模式的推行，极大地促进了专业人才培养质量的提升。学院将德国元素本土化，学习先进理念，开展中德合作技能教学，培养学生使之成为受企业青睐的员工。近 3 年来，专业群毕业生高级工技能等级证书获证率达 90%以上。

② 新美星企业学院人才培养模式的特点

企业学院教师参与规划相关专业的办学定位、人才培养目标、专业建设方案、课程设置等。培养满足企业需求的高素质技能型人才，优先提供满足合作企业岗位需求的实习生、毕业生，尽可能满足企业高素质技能型人才的用工人数和时间要求，并根据企业需要提前进行专项教学和训练。安排工程技术人员与专业老师共同组成团队，一起开展课程置换、实习项目、毕业设计等教学工作，共同实施人才培养。学院作为“实习就业基地”“教师实践培养基地”，尽可能满足甲方学生“三岗”实习实践和教师企业实践等要求。学院依托自身的师资优势，在产品设计、设备改造、技术研发等方面为企业提供支持，参与或承接技术项目。双方共同申报和承接有关横向或纵向课题研究，共同推进成果转化。

学院出台《新美星学院校企人员“互聘互用”管理办法》，明确了校企人员互聘互用的程序，互聘互用人员的工作职责，以及兼职人员的待遇，形成“双师”素质培养和“双师结构”专业教学团队建设的长效机制，保障了企业学院的高效运行。

③ 新美星企业学院的功能

在学生素质培养上，把立德树人放在首位，公司的大型活动如文化体育活动、质量竞赛活动、争先创优活动等，学生可以像公司员工一样参加，使学生的成长过程与公司发展过程同频共振。从毕业生的就业质量来看，企业学院具有受企业认可度高、就业层次高、岗位上手快、适应能力强、提升速度快的特点。

新美星企业学院加强校企合作，由企业工程师、行业专家、学校骨干教师组成机电一体化技术专业指导委员会，共同修订人才培养方案及课程开发计

划，积极推行现代学徒制，将工学结合等融入人才培养的过程，和企业零距离接触，培养的学生更受企业欢迎。

（2）新美星企业学院的课程结构体系变革

张中专依托新美星企业学院，将校企合作向纵深推进，加强内涵建设，进一步完善课程体系。课程是实现工学交替、岗位成才的根本，新美星企业学院从课程理念、课程内容与结构、课程开发等方面入手，进行一系列的课程结构体系变革。遵循市场经济规律和职业教育规律，按照“贴近市场设置专业，贴近岗位设置课程，贴近学生进行教学内容和教学方法改革”的原则，坚持教学中心地位和质量第一的方针，与时俱进，不断创新现代职教的思想和理念；不断调整和优化专业结构；不断推进课程体系的改革；应对智能制造产业发展，适时加大专业核心课程建设，努力形成具有地区特色的精品课程。为适应地区发展对智能型制造类人才素养的要求，增设如“机械工程基础”“控制工程基础”“人工智能技术及应用”“计算机智能控制系统”“工业机器人技术与应用”“数控机床与编程”“电气控制与 PLC 应用”“智能装备故障诊断与维修”“智能仪器技术”“数字化制造技术”“智能生产计划管理（MES/ERP）”“智能工厂集成技术”“智能生产系统与 CPS 建模”等课程，在专业理论课程的基础上，加大实践操作训练，锻炼学生的动手能力、操作能力、团队协作能力，提高综合素质。在新美星企业学院班级中还进行教材体系改革，将适合企业人才需求的教材添加进去，构成独特的教材体系。以新美星企业学院“331”班教材体系为例（表 4-11）。

表 4-11　新美星企业学院“331”班教材体系

序号	类别	课程名称	讲师	初级班	中级班	高级班
1	工具类	Visio2010	*	必修	选修	选修
2		Mind Master 思维导图	*	选修	选修	选修
3		PPT 初级培训	*	必修	必修	选修
4		精益管理	*	必修	必修	必修
5		PPT 中级培训	*	选修	选修	选修
6		Excel 初级培训	*	必修	必修	选修

续表

序号	类别	课程名称	讲师	初级班	中级班	高级班
7	工具类	Excel 中级培训	*	选修	选修	选修
8		Word 培训	*	必修	必修	选修
9	方法类	行动学习法	*	选修	选修	选修
10		工作手册编制	*	必修	必修	必修
11		工作梳理方法	*	必修	必修	必修
12		精益生产十大工具	*	选修	选修	选修
13		工作五要	*	必修	必修	必修
14		三个必须坚持	*	必修	必修	必修
15		团队共创法	*	选修	选修	选修
16	思维创新类	MECE 结构化思维	*	选修	选修	选修
17		打破惯性思维	*	选修	选修	选修
18	管理思想类	公司领导年终讲话精神学习	*	必修	必修	必修
19		产值、战略、目标管理	*	必修	必修	必修
20		卓越绩效管理	*	必修	必修	必修
21		放大你的格局	*	选修	选修	选修
22		高效行动	*	选修	选修	选修
23		管理的价值	*	必修	必修	选修
24		数字管理、数字分析	*	必修	必修	必修
25		团队协同	*	必修	选修	选修
26		瞎忙和高效的区别	*	选修	选修	选修
27		项目管理	*	选修	必修	必修
28		改革、蜕变	*	选修	选修	选修
29		领导与领导力	*	选修	选修	必修
30		明职责、勤对标、找差距、抓落实	*	选修	必修	必修
31		与“低靡”相伴，靠“双精”取胜	*	选修	必修	必修
32		企业战略管理	*	选修	选修	必修

续表

序号	类别	课程名称	讲师	初级班	中级班	高级班
33	管理思想类	认知与执行	*	选修	选修	选修
34		不忘初心 砥砺前行——做新美星合格干部	*	必修	必修	选修
35		"四个提升"解读	*	必修	必修	必修
36		泰罗科学管理理论	*	选修	选修	选修
37		新美星优秀管理者印记	*	选修	选修	选修
38		选择的智慧(一)	*	选修	选修	选修
39		选择的智慧(二)	*	选修	选修	选修
40		知识管理	*	必修	必修	必修
41		执行从制度建设开始	*	必修	必修	必修
42	视频类	向经营核算要利润	*	选修	选修	必修
43		了解人性管理	*	必修	选修	选修
44		卓有成效的管理	*	必修	必修	必修
45		常见管理理论	*	选修	选修	选修
46		余世维——新经理成长	*	选修	必修	选修

在课程建设上，校企共同探索，共同合作，与时俱进，建立多元整合的课程观、多元化的课程评价体系，并积极开发课程。

第一，建立多元整合的课程观，坚持能力与素质并重。多元整合与个性发展相结合，促进职业教育发展，校企共赢，学生学有所成。新美星企业学院的课程设置不再局限于学校和课堂，而是延伸到企业和社会，具有多元性和开放性，因此对课程实施提出了更高的要求。

第二，构建多元化的课程评价体系。根据实际情况，按照可行的方法和手段，改变原有的评价标准，制定出企业岗位用人标准、行业技术标准、学校毕业标准相结合的专业课程评价标准。在评价方式上，不再局限于以学校为主体的学业评价，而是采取多样化的评价方式，并在探索中开展学分银行建设，可以进行学分互换。在评价实施上，根据不同的课程内容和实施主体，采用不同方式和标准进行评价。

第三，建立课程开发团队，实现课程资源共享。努力提高课程开发与实施水平，借助校泛雅网络教学平台，以“三元二区”融创中心为新载体，依托新美星企业学院，校企共同开发加工制造类精品课程，并配套开发信息化教学资源，以机电技术应用、机械制造与自动化江苏省现代化专业群为依托，加大专业群建设，促进资源共享，推进产教融合，加快特色课程开发，建立动态化、立体化教材和教学资源体系，积累教学资源，形成开放型、共享型资源。

2020年，张中专被评为“课程建设先进学校”（图4-33）。学校将继续努力为学生发展搭建优质课程平台，为学校发展构建核心支撑，不断提升办学质量。

图4-33 “课程建设先进学校”认定会

（3）新美星企业学院教学模式和方法改革

① 提出“三性五化七合一”教学模式。新美星企业学院率先秉承学校提出的“车间和教室合一”“学生与学徒合一”“教师与师傅合一”“理论与实践合一”“教学与科研合一”“作品与产品合一”“育人与创收合一”的“七合一”教学模式（图4-34）。学校积极扩大实训室建设规模，加大投入，更新设备设施。在现有实训室的基础上，江苏新美星从实验室规划设计、实验室建设资金、实验室管理制度建设等方面资助学校机电一体化实训基地建设。校内开设新美星冠名班，企业建立专业校外实训基地，学校以企业为中心安排顶岗实习活动。企业按照学校教学计划，结合单位实际情况，安排学生实习内容，指导实习过程，培养学生实际操作能力和职业素质。

图 4-34　新美星企业学院的部分教学形式

② 创新人才培养模式。学校和新美星包装股份有限公司合作多年，坚持产教融合，为新美星企业学院奠定了良好的基础。依托新美星企业学院，学校创新人才培养模式，推行工学结合、知行合一的现代学徒制育人模式，在校企合作、产教融合发挥办学的主体作用中先行了一步，促进了学校的专业发展，提升了教学质量。与此同时，学校教师团队的实践技能水平也得到了提高。除了公司的技术人员和有特长的师傅融入教师团队外，公司还为学校师资队伍的培养提供实践场所，通过“帮、传、带”，提升教师教学技术水平。新美星企业学院定期开展专业人才培养讨论会，校企双方共同参与学校人才培养方案的制定与修订以及课程标准的制定，教学内容融入了公司职业岗位必需的工作内容（图 4-35）。新美星企业学院为学生提供真实的实习环境，实习性质包括认识实习、轮岗实习、定向实习和顶岗实习。实训内容上融入了公司车间班组的生产任务。在教学中，结合生产任务校企双方共同开发实践课程，进行理、实一体化的课程开发，与时俱进，开发新型活页式、工作手册式教材 3 种以上，并配套开发加工制造类专业教材的信息化资源。

图 4-35　校企双方共同制（修）订人才培养方案

③ 建立多元评价机制。新美星企业学院进一步优化“三性五化七合一”教学模式，构建多元化的评价机制，制定课程评价方案。统筹安排教学环节，实践与理论教学有机结合，有效利用实训资源，开足实训项目，加工制造类专业率先推行“1+X”证书制度。依托企业学院，积极推行现代学徒制项目，校企融合，聘请企业师傅到校上课，骨干专业教师进入企业上课。推行校内课堂、网上课堂和企业课堂“三课堂”教学体系。积极面向社会提供文化、技能培训，还建立苏州高技能人才自动化控制技术公共实训基地，提高社会服务能力。

④ 以赛促建，培养创新能力。借助张中专校现有的智能制造领域多项国赛大奖的训练平台优势，新美星企业学院以赛促教、以赛促学、以赛促改，不断创新“一体化”教学模式，鼓励学生积极参加各级各类竞赛，向更高级别的大赛迈进，发挥市赛、状元赛、省赛、国赛对教学工作的引领和示范作用，提高技术技能人才的培养质量。同时以大赛促进教师教学水平的提高，对接智能制造行业先进标准，提高学校的人才培养质量。利用寒暑假组建学生假期社会实践团，开展一系列社会实践活动，深入各产业领域，尤其是智能制造产业，感受产业变化，在实践中成长锻炼，同时培养学生的创新能力，为张家港智能制造产业的发展做出贡献。

（4）新美星企业学院双师型师资队伍建设

① 建立“融合型”双师型师资队伍（图 4-36）。新美星企业学院注重建立“融合型”双师型师资队伍，校企互通，互聘师傅，推进人才“融合”，并建立新美星企业学院教学团队的长效机制。企业学院中的教师团队由公司的技

术工程师和有特长的师傅及学校的双师型骨干教师担任，推进了人才的融合，在企业学院任职的教师也可逐级晋升。企业学院设立专业教师实践基地，为学校师资队伍的培养提供实践场所，每年专业教师可深入企业进行实践，了解新工艺、新技术和新方法。

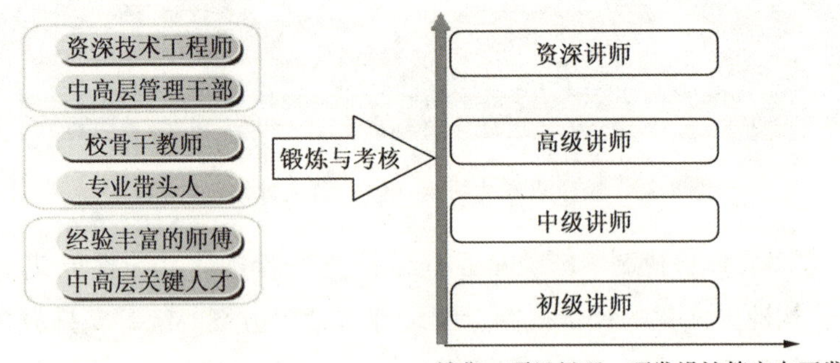

图 4-36　新美星企业学院师资团队架构

② 创业孵化基地注入持续生产力。企业学院还设立创业孵化基地，学生可以进入创业孵化基地开展创新创业实践，为将来的就业打下坚实的基础(图 4-37)。企业学院还可以为新美星公司定期开展公司员工培训等，实现校企共赢。

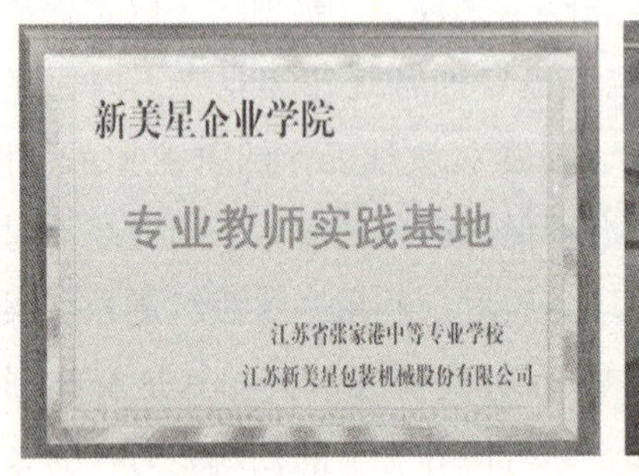

图 4-37　新美星企业学院专业教师实践基地和创业孵化基地

③ 广泛推行“双导师制度”。学校教师和企业师傅共同参与教学、实训、实习等教学环节，学校教师对学生实习情况进行跟踪指导与考核评价，企业派出的技术骨干师傅也参与到教学实践中，配合指导教师做好学生技术传授、学生管理、学生考核、学生评优等工作，以准员工的要求，加强学生职业素养的培养。

(5) 新美星企业学院人才质量评价深度改革

为了使职业教育培养的人才最大限度地实现与社会需求间的“吻合度”，新美星企业学院培育的人才质量评价进行了深度改革。学校、教育管理机构、用人单位等三方面合力，建立学校、行业、企业、学生、家长及研究机构等多方共同参与的第三方人才培养质量评价机制，将毕业生就业率、就业质量、企业满意度、创业成效、社会评价等作为衡量专业人才培养质量的重要指标，不断完善人才培养质量监测体系，对教学质量进行过程性监控，强化第三方评价，使得人才质量获得一个更加完整的评价模型，切实提高人才培养质量。

通过制订一些调研表格，如“用人单位人才需求调查表”“行业、企业专家对课程的评价”“学生家长对学校评价表”“毕业生情况调查表”“毕业生调查表”等，对社会、企业、家长及学生进行问卷调查，统计分析后对人才培养质量进行评价。并通过组织同学会、实地走访、优秀毕业生事迹汇编等形式构建学生和学校之间的纽带，对学生进行长期的跟踪调研。由此得出各量化数据与质化分析的结论报告，为职业学校的专业建设状况、新专业申报与审批、招生计划编制、人才培养模式改革等提供有力的依据。

5. 新美星企业学院的实践成效

经过多年的实践，新美星企业学院被评为苏州市首批优秀企业学院。新美星企业学院依托自身的师资优势，在产品设计、设备改造、技术研发等方面为企业提供支持，参与或承接技术项目。双方共同申报和承接有关横向或纵向课题研究，共同推进成果转化。学院在运作模式、人才培养、科技服务、创新创业、高质量就业等方面有一定的特色创新。

(1) 培养高素质人才，服务区域、行业经济发展

新美星企业学院在校企合作人才培养方面取得了明显的成效，实现了校企双赢。新美星企业学院培养的人才适应企业、行业、社会的需要，缩短了员工和企业的磨合期，降低了企业的培训成本和劳动成本。新美星企业学院的毕业生熟知企业文化，懂得生产技术，具有良好的文化、思想素养，具有较强的岗位适应能力。

新美星企业学院为区域经济服务，着力提升毕业学生就业当地、服务本地企业的意识，通过“厂中校”“开展订单班”等合作模式，共同培养机电一体

化专业人才。学校的毕业生主要就职于长三角地区，是适应区域经济发展的高素质技术技能人才，每年都有数十名毕业生进入新美星公司就业，成为业务骨干，受到广泛好评。

（2）课程建设上新台阶

依托新美星企业学院，校企共同合作开发课程，根据专业技术领域和岗位（群）的任职要求，参照相关职业资格标准，改革课程体系和教学内容，建立突出能力培养的课程标准。先后开发机电专业课程标准5门，校本课程3门；开发电气运行与自动化专业课程标准4门，校本课程3门；还在泛雅网络平台上开发网络在线精品课程，并积极开发新型活页式教材。学校在课程标准制定、教材开发方面积累了较为丰富的经验，教师参与省级教学资源库的开发，2020年，张中专被评为张家港市加工制造类专业课程建设先进学校。

（3）厚实的“三创”教育

近年来，学院非常注重创新、创业项目的发展，致力于创新、创业教育与研究，先后有两个项目获得省创新大赛二等奖以上奖项，有两名教师参与技术研发获得国家专利。学院涌现出了一批创业明星，2016年12月，新美星企业学院培育的两名同学成立的张家港墨匠科技机器人工作室所研发的送餐机器人在张家港国贸维克自助餐厅投入运行，引起了极大的社会反响。

（4）加强职工培训，为企业人才升级

依托新美星企业学院，校企联手，充分利用资源优势，开展兄弟学校及其他企事业单位的师资培训、员工培训、教师下企锻炼等项目，增强了企业社会贡献度，提升了自己的品牌附加值。先后有30多家企业学校参与培训，培训总人数有563人。

新美星企业学院不断优化人才培养模式，深化教育教学改革，走出了一条特色之路，学院的办学质量明显提升，学院先后接待100多批次代表团来学习交流。浙江富阳职教代表团、上海奉贤职教代表团、山东日照代表团、临沂代表团、湖北秭归代表团、江西景德镇代表团等周边省、市兄弟学校来校学习合作办学经验。学校成为广西壮族自治区教育厅指定的广西壮族自治区职业学校管理人员和骨干教师定点跟岗研修学校，先后接待35批次232名职业学校校长、中层管理人员及骨干教师跟岗研修。“四位一体 ”协同培养模式被省内外

多所兄弟学校成功借鉴、运用，并取得了良好成效。2018 年 6 月 4 日，《张家港日报》第四版"教育之窗"对这一合作模式做了全版报道，学校领导就新美星企业学院的办学经验和成果做了交流，得到了社会的一致好评，产生了良好的声誉和积极的影响。

6. 经验

新美星企业学院自 2015 年成立至今，所合作的新美星包装股份有限公司发展迅猛，在行业内有较高的知名度和社会影响力，张家港中专校成为省领航建设单位，培育了一大批优秀毕业生，有效促进了区域经济发展。合作企业所对接的机电一体化技术专业是江苏省品牌专业，对接的机电技术应用专业群创建为江苏省现代化专业群。

多年来，新美星企业学院持续保持正常的运营状态，有健全的组织和管理机构，企业学院发展有规划、有计划、有总结，并定期召开工作例会，形成长效机制。新美星企业学院有着创新的人才培养模式，推行"三性五化七合一"教学模式，开展"四位一体"融合育人模式探究，推行"融合型"双导师制，开展现代学徒制，企业专家进课堂，合作企业派骨干成员参与学生的创新创业、毕业设计、实训实践等活动。企业学院建有科技创新或"四技"服务（技术开发、技术转让、技术咨询、技术服务）基地，为企业开展科技创新等服务。新美星企业学院还建有生产性实训基地，缩短了学生就业的适应期，实现了校企双赢。同时，学院还将新美星企业的真实生产案例引入课堂，加以总结和提炼，开发校企合作双元教材，并多次开设苏州市级以上的展示课和讲座活动，受到了一致好评。

7. 反思与总结

从新美星企业学院的建设和发展来看，经过多年的探索，学院走出了一条自己的特色之路，但依然存在着一些不足，如校企合作机制要进一步完善，今后要进一步加强保障机制，再加大师资队伍建设上的投入，多创造培训机会，提升教师队伍能力水平，企业学院的内涵建设有待于进一步加强，同时在多元化办学中，要进一步加强企业的主导性。

在未来的发展中，学校将进一步统筹布局专业群，加强调研，在人的质量上下功夫，夯实企业学院内涵，注重内涵发展，校企共同探索融合发展的新路径。

（九）贝内克长顺企业学院

1. 贝内克长顺企业学院建立的背景

（1）贝内克-长顺汽车内饰材料（张家港）有限公司概况

贝内克-长顺汽车内饰材料（张家港）有限公司成立于2005年，总投资2.6亿元人民币，占地面积60亩，由卡里科（德国）和江苏长顺集团共同出资建厂，是一家专注于设计、生产适用于汽车内饰行业的高品质表皮材料生产商，主要从事高性能复合装饰性表面材料PVC和TPO的研发、生产和销售，产品广泛应用于国内外各大汽车品牌的座椅、门板、仪表盘、扶手等部位，主要配套奔驰、宝马、奥迪、长城、吉利、蔚来等品牌旗下的几十种高档车型。公司致力于为客户创造一个和谐、环保的汽车内饰环境，其高性能环保车内饰材料车间被评为2018年“江苏省示范智能车间”。2019年，公司被评为“江苏省专精特新小巨人企业”。2016年，贝内克-长顺生态汽车内饰材料有限公司在常州成立建厂，总投资金额达3.2亿元人民币，占地25000平方米，主要生产Aclla环保PVC表皮材料。

作为德国投资方，贝内克-卡里科股份有限公司成立于1718年，隶属于世界顶级制造商大陆集团，在美国、巴西、葡萄牙和中国均设有工厂。公司凭借强大的技术革新能力及高质量的产品，在全球汽车内饰材料市场占有较大的份额。公司注重技术研发，与苏州大学张家港工业技术研究院于2018年5月6日举行合作签约仪式。此次项目的签约不仅对贝内克-长顺公司，而且对贝内克集团也是一个重要的里程碑。

（2）张中专机电一体化技术专业介绍

① 机电一体化技术专业的培养目标及要求

江苏省张中专机电一体化技术专业面向初中起点的学生进行五年一贯制教学，目标是培养以机械学和电子学为基础，熟悉现代机械制造的基本理论、技术和装备，具有机电一体化产品和技术运用及开发能力的技术应用性专门人才；培养德、智、体、美全面发展，具有创业、创新精神和良好职业道德的专门人才；培养掌握机械电气技术的基础理论和专业知识，具备相应实践技能以及较强的实际工作能力，熟练进行机电一体化产品和设备的应用、维护、安

装、调试、销售及管理的技术性应用人才。

② 机电一体化技术专业的课程设置

主要开设“电机与电气控制技术”“单片机控制技术应用”“传感器技术应用”“电子与电机调速技术应用”“数控加工技术”“公差配合与技术测量”“机械制图”等核心课程，以及电工电子技能训练、电气控制实训、可编程逻辑控制器应用技能实训、电气设备运行与维护实训等实践环节。学生通过相关考试可取得劳动和社会保障部门颁发的电工职业资格证书。

③ 学校机电一体化技术专业的现状

张中专机电一体化技术专业是江苏省品牌专业，在省内外颇有影响力，是学校的龙头专业，实力强劲，每年的招生生源好，深受家长和学生欢迎。

学校电工、电子研究基地为省级技能教学研究基地，光电仪器制造与维修实训基地为省级实训基地，机电一体化技术实训基地为省级现代化实训基地，自动化控制技术公共实训基地为苏州市公共实训基地。专业师资团队成员中，有高级及以上职称教师 10 人，双师型教师 15 人，张家港市级以上骨干教师 12 人，国赛金牌教练 8 人，有 12 名教师在省级及以上教师技能竞赛、教学大赛中获奖。近年来，学校机电一体化技术专业学生在全国职业院校技能大赛中共获得 39 金、16 银、2 铜的成绩，尤其是在 2018 年、2019 年全国技能大赛中，18 名学生参加机电一体化设备组装与调试、电子电路装调与应用、制冷与空调设备组装与调试、工业产品设计、光伏电子工程设计与实施以及通信与控制（高铁）等 6 个项目的角逐，共获得 15 金、3 银的佳绩。

学校机电一体化技术专业与北京新奥时代科技、北京华航唯实机器人科技、浙江瑞亚能源科技有限公司合作开展“1+X”职业考核制度，建设学分互换的认证体系。

该专业应用领域广泛，就业岗位群大，学生毕业后可在相应的企事业单位从事机电设备的运行、维修、安装、调试、设计、改造以及生产管理与技术管理等工作。

2. 贝内克长顺企业学院的历程回溯

贝内克长顺企业学院是智能制造产业学院中继新美星企业学院之后的又一家企业学院。2019 年 3 月，学校成立“双核驱动，两区融合”贝内克长顺现

代学徒制项目工作组，制定了项目实施方案，明确了任务分工，学习德国双元制人才培养的教育理念和经验，进行专业吻合度调研，开展校企座谈会。

2019 年 5 月，贝内克长顺汽车内饰材料（张家港）有限公司滕大勇博士等相关领导来到学校，就密切校企合作进行了沟通交流。校企双方就联合建办贝内克长顺企业学院、建设贝内克专用教室、组建冠名班、互聘师资、开发校企合作课程、开展职工技能提升培训等多领域合作的可行性进行了深入探讨。会议取得了预期的效果，基本形成了全面的合作意向，拓展了校企间合作育人、合作就业、创新发展的广阔空间。双方成立专家委员会，签订现代学徒制校企合作协议，定期召开专业指导委员会，在专业指导下，共同研究制定现代学徒制人才培养方案、课程体系等，并对该项目进行全程指导与监督。2019 年 8 月，校企双方进行学徒选拔，组建贝内克长顺企业学院，正常开展教学活动。

为了全面了解张家港市职业教育专业布局、规模、质量等结构性发展要素与张家港市主导产业、支柱产业、现代服务业等重点战略性产业的吻合度情况，了解贝内克长顺企业学院的筹建情况，学校派出专业教师到贝内克长顺企业学院进行走访调研。

3. 贝内克长顺企业学院的立体架构

为了优化学院管理模式，加大学生管理和教学管理力度，贝内克长顺企业学院组织架构如图 4-38 所示：

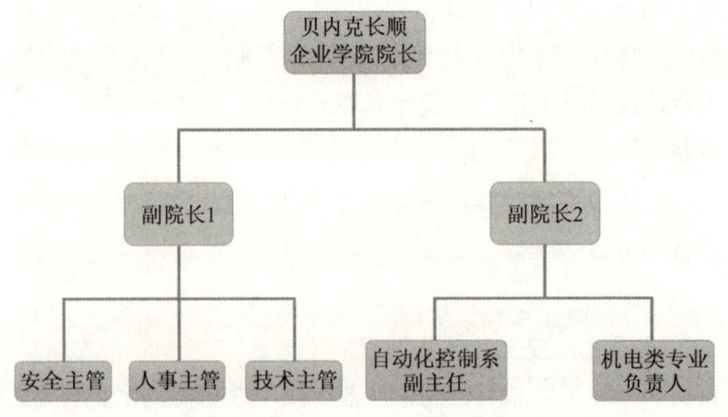

图 4-38　贝内克长顺企业学院组织架构

院长职责是主持贝内克长顺企业学院全面工作，兼管人事、财务、发展规划等。

副院长职责是协助院长工作，负责企业学院的教学运行、安全教育、技术研发等工作；协助院长工作，负责企业学院人才培养方案的制定、专业发展等工作。

安全主管主要负责企业学院学生安全教育、学生常规管理等工作。

人事主管主要负责企业学院人力资源、学生信息统计等工作。

技术主管主要负责企业学院技术研发、专业教学的开展等工作。

自动化控制系副主任分管自动化控制系教学、技能大赛，企业学院人才培养方案的制定，教材的征订等工作。

机电类专业负责人负责企业学院的教学安排、教学进度的规划等工作。

4. 贝内克长顺企业学院的创新举措

(1) 贝内克长顺企业学院的人才培养模式

① 贝内克长顺企业学院人才培养模式的内涵

培养贝内克长顺企业需要的适合型人才。学校针对用人单位需求，以就业为导向，充分利用企业和学校的教育资源与教育环境，发挥校、企两方面的人才培养优势，共同作用于学生，实现人才培养目标。企业学院主要体现在教学资源校企共享（包括人力、师资、实训条件、设备、品牌资源等），共同制定或修订人才培养方案，签订学生就业订单，并在师资、技术、设备等办学条件方面相互合作，利用校企的资源优势，采用多种形式组织教学，学生毕业后直接到贝内克-长顺就业。

② 贝内克长顺企业学院人才培养模式的特点

与传统的人才培养模式相比，贝内克长顺企业学院人才培养模式的关键在于学生在企业顶岗实习的时间较长，且循序渐进。该学院的学员是五年一贯制学生，主要是从四年级学生中选取。学员在掌握了必备的机电专业基本功的基础上，在第七、第八两学期分别进入贝内克长顺企业学院接受 1 个月的识岗培训；在第九学期，学生进入企业学习 10 周时间，教学时间占比 50%，校企双方协同参与教学；在第十学期，学生 100%的时间在企业顶岗实习，教学主体是企业。

贝内克长顺企业学院人才培养模式的运行机制：

在五年制机电一体化技术、工业过程自动化专业的四年级班级中，通过宣传发动、岗位观摩、学生报名、组织面试等一系列环节，每届组建贝内克冠名班 1 个，班级规模为 25 人左右。

学生前 6 个学期在学校产业学院的学习过程中，已经全面掌握了专业基础知识和专业操作技能。从第七学期起，学生逐步进入到贝内克长顺企业学院学习。具体模式如下。

第七学期：学校组建“贝内克冠名班”，学生主要在学校完成《江苏联合职业技术学院人才培养方案》规定的课程。在此基础上，由贝内克-长顺安排管理人员及技术骨干来校完成企业指定的课程教学，其间组织学生入企参观见习，熟悉企业文化和相关管理制度。

第八学期：利用人才培养方案中的技能教学时间，学生进入企业专业实习，参加班组化的岗位培训，熟悉与本专业相关联的技术岗位，深入了解企业的技能岗位要求，培养爱岗敬业的职业操守。

第九学期：在学生完成校内高级工考核及毕业相关课程基础上，组织学生进入企业实习，实行师徒结对制培养模式，深入开展点对点岗位的技能培养。

第十学期：学生进入企业参加岗位实习。经企业考核，学生与企业签订岗位实习协议。

从第七学期开始，每个阶段原则上历时 0.5 年，两年完成从学生到学徒、从学徒到员工的角色转变和岗位适应，毕业后经企业考核合格，被录用为正式员工。

(2) 贝内克长顺企业学院的课程结构体系变革

贝内克长顺企业学院课程体系改革的主要目的是克服传统的以“学科本位”课程论为主导的课程体系的弊端，建立以培养实用型、技能型人才为出发点，瞄准职业岗位实际需求，以职业能力为基础，理论和实践紧密结合，既有较强针对性又有一定适应性的课程体系。

③ 课程体系变革的目标：

突出专业课程的职业定向性，以职业能力培养作为课程体系重构的基础，使学生掌握的知识和习得的技能真正满足职业岗位的实际需要。

强化基本职业能力训练，综合开发学生的职业能力；强化学生创新意识、创新精神和创新能力的培训，提高学生对就业上岗和职业变化的适应力。

解决职业教育课程中长期存在的理论脱离实际的问题，切实增强学生理论联系实际的能力，特别是综合运用所学知识和技能的能力。

增加课程的灵活性，形成模块化、项目化的课程体系，在整体上适应企业对人才规格多变的需求。

④ 课程体系变革的内容

贝内克长顺企业学院专兼职教师共同打造最能满足贝内克长顺企业学院急需、行业紧缺的核心课程，将先进技术和优秀文化融入专业教学和日常生活，建立以能力培养为主线，多层次、多模块、相互衔接、逐层递进的设计实践课程体系；确定适合的课程体系和学时安排，在保留原有公共基础课程和必修课的同时，将相应企业的特殊技能课程和企业安全应知课程嵌入选修课程，以适应相应企业的要求。

对照校企共同制定的人才培养方案，贝内克长顺企业学院开发了“电力拖动控制线路”“电机与电气控制”“传感器和 PLC 技术”等 6 门苏州市精品课程。专业教师自主开发了 12 门校本专业课程教材，主编或参编教材 14 本，与贝内克长顺企业学院专家联合开发数字化教学资源 3 门，利用学习通网络平台开发网络课程 4 门。开发了 6 门课程的课程标准，教学资源丰富，资源库课程占全部平台课程的比例约为 58%，共享网络课程 4 门。

（3）贝内克长顺企业学院双师型师资队伍建设

师资队伍建设是企业学院长效推进的根本，它决定了新课程体系的有效实施。贝内克长顺企业学院师资队伍建设的途径主要如下：

① 政策支持和经济扶持。为更有效地推进贝内克长顺企业学院的建设，提高教学效益，学院先后投入 50 余万元用于师资力量培养，每年组织机电一体化技术专业教师下企业锻炼 1~2 个月，有效地提高教师的专业实践能力。

② 专兼职教师共同研讨教学改革，参与企业项目的研讨。贝内克长顺企业学院定期组织专业教师和技术骨干开展研讨活动，有 15 名机电一体化技术专业教师先后参与企业技改项目 8 项，拥有发明专利 2 项。

③ 派专业教师到职业教育发达国家进修。截止到目前，有 5 名教师先后

到德国、美国、英国、日本学习国外先进职业教育理念，引领了教师教育教学理念的革新。学院还将继续给专业教师发展提供广阔的舞台。

通过以上途径，进一步规范了专兼职教师的教学能力，提升了教学方法，优化了教学理念，提高了科研能力。

(4) 贝内克长顺企业学院人才质量评价深度改革

学院坚持以学生的创新意识、创新思维、创新能力、创新品格等方面的综合发展以及与之相伴随的情感、态度、价值观形成为评价考核目标。研究企业人才评价标准，结合学校实际，完善“职业道德”“职业素养”“专业水平”三位一体的人才评价指标体系架设。完善人才培养质量监督机制，引入第三方监管机制，促进人才培养质量的有效提升。完善毕业生跟踪制度建设，利用数字化校园网络建立毕业生互动平台。同时完善了教学评价信息平台建设，并在课程教学过程中实施。

首先，在考核评价时，不仅关注基本知识与技能的培养，更关注个体的进步和个体多方面的发展潜能，以促进其全面发展、终身发展。其次，教学团队还积极引进行业、企业用工标准和岗位能力标准，建立了由企业、学校、学生、家长等多方参与的多元化评价模式。指标体系涵盖了学生的职业道德、职业素养、文化基础、专业能力、终身学习能力等综合性指标。再次，充分利用数字化校园平台，对学生的学习过程与结果进行诊断和指导，为科学评价教师的教学工作提供了依据。

5. 贝内克长顺企业学院的实践成效

(1) 依托企业学院，学生素养有提升

第七学期，在学生进入贝内克长顺企业学院学习的过程中，企业派技术骨干到学校来授课，将岗位工作要求、员工素质要求、企业文化、企业理念教授给学生，实现了学生与企业、学生与就业岗位的“零距离”对接。机电164班学生程某峰说：“在企业学院中，我们学习了企业的一些知识，更早地接触到了企业，了解了岗位需求、职业素养、安全知识等，我们到企业之后就可以直接上岗啦!”

由于学生在企业学院对企业有了足够的认同，人才的流失率大大减少，较大程度上降低了企业人才培养的成本，毕业生在企业的成长也有了足够的空

间。机电 153 的赵某岚是贝内克长顺企业学院的学员，在贝内克-长顺企业工作了才两年时间，就已经担任了班组长，年薪 12 万元。

同时，企业学院学员的动手操作能力也有了较大提高，创新思维也较为开阔。近 3 年来，他们累计在全国职业院校技能大赛或创新创业大赛中获得了 17 金、3 银的佳绩。

（2）依托企业学院，教师能力有跨越

每年暑期，许多专业教师自发进入企业学院参与企业实践，提高自己的动手实践能力，从而更好地为教学服务。同时，企业学院的企业兼职教师给学校专业教师讲授最前沿的专业发展现状，学校专业教师则给企业兼职教师加强理论知识的灌输，真正意义上形成了专兼结合的“双师型”素质的优秀教学团队。

青年教师的技能水平有了较大提升。青年教师范某斌和鲍某凡均是工作第三年的年轻教师，他们平时和企业师傅一起承担了企业学院的教学工作，通过和企业师傅的交流，他们的专业知识有了较大的飞跃，作为指导教师，分别指导学生在全国职业院校技能大赛中获得金牌。

专业教师综合能力有了一定的增强。有 5 位教师通过企业学院的平台成长为张家港市乃至苏州市的骨干教师，多名教师参与企业的员工培训，6 名教师作为专家受聘参与“1+X”技能等级证书的认定工作。

6. 反思与总结

贝内克长顺企业学院的实践证明，校企合作的良性发展应力争政府、行业企业、国外机构的全力支持和配合，需要注重探寻学校与企业互动的利益平衡点和持续合作的激励点，始终抱着校企共同发展的思想，始终抱着服务的态度，提高人才培养质量，提升学校内涵的诚信态度，从而最终在贝内克长顺企业学院的研究和探索等方面取得一定成效。未来，我们仍需在以下几个方面做出努力。

① 建立健全相应的制度。依据职业教育相关的法律法规，明确校企双方的权利、义务和法律责任。建立和完善激励机制，形成良性互动，以激发和调动各方面积极性，使之发挥最大的潜能和作用。

② 校企协同完善培养计划，继续优化创新合作模式。学校要努力提高人

才培养质量，必须使培养目标面向市场，课程设置符合岗位要求，使学生的素质与企业的需求相适应。只有这样，才能赢得社会、企业的信任与支持，校企合作才能取得丰硕的成果。

③ 进一步完善考核制度。校、企对待学生的方式和要求不一样。企业把学生当作员工进行管理和考核，而学校是教育部门，按照学校的规定进行管理和考核。校、企双方需要将现有的考核评价方式进一步优化，深度融合，要探究校企协同考核的机制，形成更加饱满的多元评价体系。

④ 确保校企双方的利益。如何确保企业效益和学生培养双丰收，这需要在实践层面上进一步探索，并最终达到学校和企业的双赢，提高双方合作的积极性。

⑤ 加大双师型教师的培养，继续加大专职、兼职教师相互交流的力度。依托企业学院，积极与企业合作开展“产学研”项目，切实解决企业的技术瓶颈，实现校企利益一体化，并通过企业学院培养教师队伍，促进专业发展。

贝内克长顺企业学院自组建以来，虽然取得了一些成绩，但仍远远不够，只有采取更积极的态度，以更开放的思想、更完善的制度，进一步拓展空间，加强联系与沟通，才能优化专业人才培养机制和培养模式，才能使专业取得长远发展，培养出真正符合市场需要、企业需求的技能型人才。

三、能源化工产业学院

（一）能源化工产业学院概述

1. 能源化工产业学院建立的背景探寻

（1）区域产业发展基础及未来发展方向

目前，张家港市已建成了产业特征鲜明、集聚度高、关联度大、成长性好的精细化工、锂电、节能环保装备、精密机械及零部件等四大国家火炬计划特色产业基地。张家港市在积极培育地方区域经济增长点的同时，持续地将精细化工产业作为全市高新技术产业发展的重点领域和特色支柱产业来抓，明确将其作为优化产业结构、提升产业水平和提高综合竞争力的重要手段。张家港市现有的两个化工生产基地分别为扬子江国际化学工业园和飞翔化工集中区，其

化工行业产值约占全市规模以上工业总量的 12.9%，主要规模企业有陶氏、瓦克、华昌、飞翔、道康宁等。

《张家港市国民经济和社会发展第十四个五年规划和二〇三五年远景目标纲要》指出：高端纺织、新能源、化工新材料、智能装备、冶金新材料、先进特色半导体、数字经济、生物医疗高端医疗器械等将成为张家港市八大重点产业链。而“重点产业链条培育”也将作为“创新张家港”的八大创新工程之一，张家港市继续以冶金新材料、智能装备、化工新材料、高端纺织等 4 条特色优势产业链为基底，分行业围绕促进转型升级，系统谋划强链、延链、补链，全力构筑先进制造业扩大圈。到 2025 年，冶金新材料实现主营业务收入 3500 亿元，智能装备、化工新材料均突破 1000 亿元，高端纺织产业达到 800 亿元。在推动化工新材料产业巩固提升的过程中，顺应化工产业发展趋势和规律，以安全为前提、以绿色为底色，致力于工艺的全流程改造，推动化工产业向绿色化、精细化、循环化、高端化方向加快转型。依托扬子江国际化工园，加快有机硅一体化基地建设，积极推进现有优势产业群补链、延链，大力推动以有机硅、丙烯深加工、半导体材料等为代表的高性能、高分子、精细化工新材料规模化发展，并延伸实现化工新材料与生物医药健康产业链的有效耦合。加快建设张家港环保新材料产业园、材料科学姑苏实验室张家港创新中心等平台载体，培育壮大以高端工程塑料、功能性膜材料等为代表的绿色环保新材料产业。

（2）江苏扬子江国际化学工业园

江苏扬子江国际化学工业园于 2001 年 5 月经江苏省人民政府批准设立，是以精细化工为主要特色的化工园。与化工园相配套的两大载体——保税区化工品交易市场和保税物流园区已成为江苏扬子江国际化学工业园提速发展的“助推器”。尤其是张家港保税区化工品交易市场，现已成为华东地区乃至全国最大的液体化工品交易市场，甚至在世界化工期货市场也占有一席之地。张家港保税区 2008 年 11 月经国务院批准，升格转型为保税港区，成为中国目前政策最优、功能最齐全的特殊经济区域。江苏扬子江国际化学工业园作为张家港保税区的工业配套区，享受保税区的有关优惠政策，其规划管理和开发建设均由江苏省张家港保税区管委会负责。为适应不断进区项目的发展需要，根据

国家的产业政策和土地政策，园区通过调整扩大区域规划，拓展新的发展空间，并加快基础配套建设，以良好的投资环境吸引更多的化工客商入驻化工园。

江苏扬子江国际化学工业园自成立以来，区内签约项目不断，开工项目不断，开发成效显著。美国陶氏、杜邦、优尼科与日本旭化成、三井等一批世界500强和知名大型化工企业相继落户化工园。以化工园为载体，通过内引外联，一批化工项目陆续落户后，这些项目彼此关联，形成了一定的产业集聚效应，较好地体现了基地性和配套性。比如，总投资146亿元的苏州精细化工项目破土动工后，紧跟该公司氯气项目进来的“下游”企业有6家，总投资超过2亿美元。总投资4300万美元的日触化工、总投资2910万美元的日本迪爱生化工及总投资5000万美元的马来西亚泰柯棕化等项目的加盟，带动了一批上下游配套企业的入驻，吸引了一批周边产品、相关产品的配套企业，完善了原辅料配套、产品中间体配套、添加剂配套，从而拉长了产业链。现区内外资企业有430家，包括道康宁、陶氏、瓦克、雪佛龙等22家世界500强企业和11家全球化工50强企业。江苏扬子江国际化学工业园已成为长江流域最大、集聚效应最明显、开发成效最显著的精细化工园。2010年，江苏扬子江国际化学工业园获批江苏省循环经济试点园区和国家生态工业示范园区。

江苏扬子江国际化学工业园为张家港精细化工特色产业基地之一，总规划面积24平方千米。2005年基地成立之初，拥有骨干企业30家，其中，高新技术企业10家，国家火炬计划重点高新技术企业2家，实现销售收入仅21.44亿元，利税2.68亿元。近年来，有越来越多的全球知名化工企业在江苏扬子江国际化学工业园落户，世界500强企业霍尼韦尔在园区设立总投资10亿美元的霍尼韦尔张家港一体化生产基地。为了加强霍尼韦尔业务本土化，进一步扩展UOP公司在中国的业务，霍尼韦尔在张家港市又设立霍尼韦尔UOP中国研发及工程技术中心。该中心为霍尼韦尔旗下特性材料和技术集团设立的又一个重量级项目，中心一期工程于2020年建成，团队规模约150人，具备霍尼韦尔UOP公司产品及设备研发、工艺技术与项目管理服务、产品销售及售后技术支持等功能，为客户提供从解决方案的设计到供应、调试，以及启用后的持续改进等全过程技术支持。霍尼韦尔UOP总裁兼首席执行官李蓓凯表示：

“该中心的建立彰显了霍尼韦尔长期以来支持中国经济快速增长的决心。这同时也是霍尼韦尔 UOP 扩大全球业务布局的又一个重要里程碑，让我们能够更好地贴近和服务客户。”

在江苏扬子江国际化学工业园落户的美国陶氏公司是全球最大的化工企业，是有机硅、硅基技术和创新领域的全球领导者。陶氏公司意欲在未来 5 年中对张家港基地加大投资 3 亿美元，旨在通过实施扩产项目深化与张家港市的长期合作关系，大幅提升陶氏公司有机硅中间体和产品的产能，以创新解决方案来满足全球相关行业和市场不断攀升的需求。

（3）产业人才需求现状

面对复杂严峻的宏观经济形势和行业发展中错综交织的深层次矛盾，石油化工行业按照党中央、国务院决策部署，积极落实“五位一体”总体战略，坚持稳中求进的总基调，大力推进产业结构调整、创新驱动和化解产能过剩，行业经济运行总体平稳，稳中有进、稳中向好。“十三五”期间，我国化工业的多个下游产业复苏势头日益明显，国内汽车销量大增带动了对轮胎、改性塑料等化工子行业需求的回暖；房地产市场景气回升、投资增加改善了有机硅和 PVC 等产品的需求。总体来看，宏观经济的逐步转好，带动化工业的人才需求量不断攀升。目前，排名世界 500 强的化工企业绝大多数都在中国设立了公司，国内民营化工企业也迅速崛起，由此迅速拉动了对化工专业类人才的需求。

根据《江苏省沿江开发总体规划》，沿江化工带的化工企业对生产一线员工需求量比较大的主要是化工工艺、石油化工、精细化工、化工机械、化工仪表、塑料成型加工工艺等化工类专业的技术人员和操作熟练工。对苏州市近百家大、中、小型化工企业的调查发现，生产技术类人才的需求量最大（图 4-39）。调查数据还显示，化工企业一线生产操作工中，高级技师需求占 5%，技师需求占 15%，高级工需求占 30%，中级工需求占 35%，初级工及其他等需求占 15%。

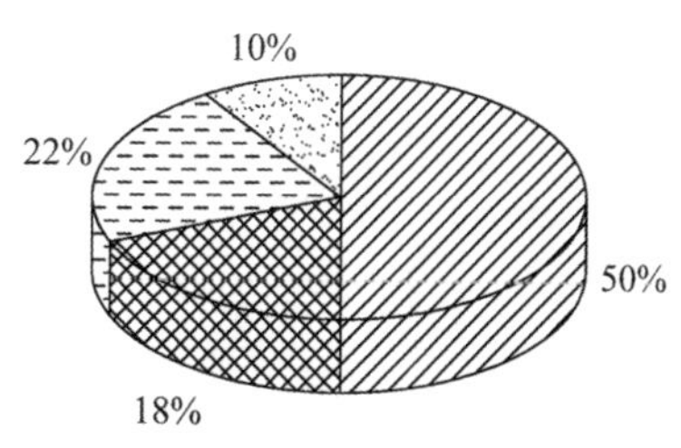

图 4-39　苏州地区化工产业人才结构需求

因此，从技术工人等级来看，需求量最多的是化工生产一线熟练操作中级工，其次是高级工和技师。苏州工业园区、扬子江国际化学工业园每年都需要大量的技术性人才，特别是高级技术人员。

建在张家港保税区内的江苏扬子江国际化学工业园，是长江流域最大的精细化工园，享受保税区的优惠政策，投资环境好、管理科学规范。自成立以来，一大批知名大型化工企业相继落户化工园。“十三五”期间，化工作为张家港的支柱产业，随着江苏扬子江国际化学工业园的发展，对化工高技能人才的需求大幅度增加，对人才的要求逐步提高。考虑到人才培养不仅要满足学生职业生涯的第一份工作需要，更要为他们今后职业生涯的可持续发展提供必要的支撑，张中专应用化工技术专业群的骨干教师围绕“化工人才本土化培养”这一主题，赴瓦克、陶氏、长华科技、孚宝等江苏扬子江国际化学工业园重点企业进行了走访调研。通过实地参观、座谈交流、问卷调查等方式，调研组一行了解了企业的基本情况、企业文化、企业用工需求、毕业生与实习生情况、企业在职员工培训等信息。专题分析发现：化工生产企业第一线的技术人员相当缺乏，企业也因产业转型升级，对员工专业知识和技能提升的需求越来越大，因此在职职工的培训市场也较大。根据江苏扬子江国际化学工业园相关企业调研情况统计表可知，化工企业对人才学历的需求中，一线操作岗位对大专学历人才的需求量较大，并注重职业技能，而对高中及以下学历者需求量较少（表 4-12）。

表 4-12　江苏扬子江国际化学工业园相关企业调研情况统计表

<table>
<tr><th colspan="2">企业
内容</th><th>陶氏化学</th><th>瓦克化学</th><th>长华科技</th><th>孚宝</th></tr>
<tr><td colspan="2">企业规模</td><td>510 人</td><td>490 人</td><td>260 人</td><td>130 人</td></tr>
<tr><td colspan="2">岗位设置</td><td>QC 分析员
化工生产技术员</td><td>分析检测员
化工生产技术员</td><td>分析检测员
化工生产技术员</td><td>电仪技术员
化工技术员</td></tr>
<tr><td rowspan="2">人才要求</td><td>最注重</td><td>职业技能
专业理论水平</td><td>职业技能
专业理论水平</td><td>职业道德
职业技能</td><td>职业道德
职业技能</td></tr>
<tr><td>其他</td><td>团队精神</td><td>团队精神</td><td>—</td><td>—</td></tr>
<tr><td colspan="2">学历要求</td><td>大专及以上</td><td>大专及以上</td><td>中专及以上</td><td>大专及以上</td></tr>
</table>

2. 能源化工产业学院成立的历程回溯

为加快国际合作办学步伐，更好地服务张家港经济产业转型升级及江苏扬子江国际化学工业园区对化工高技能人才的需求，2014 年，由张家港保税区管委会牵头，德国博格豪森职业培训中心（简称“BBIW”）、园区化工企业与江苏省张家港中等专业学校进行洽谈，商讨化工技术专业人才培训和教育的合作，为江苏扬子江国际化学工业园区输送更多的化工高级技术人才。同年 11 月，张家港保税区管委会、德国 BBIW、瓦克化学股份有限公司与张中专签署合作合同，开展“四位一体”现代学徒制的化工专业人才培养项目。张家港保税区管委会提供项目建设资金和校企协调，德国 BBIW 提供专业课程和实训基地建设方案，并委派德国专业培训师现场指导教学过程，张家港中等专业学校和江苏扬子江国际化学工业园区 8 家企业负责现场教学和企业实践教学，四元合一来共同培养化工专业高技能人才。

2015 年项目正式启动，将张中专中德实训基地佳能楼三楼、四楼改造建设成为中德化工实训基地——中德合作化工实训中心。中德合作化工实训中心分二期建设，第一期建设 2 个能容纳 50 人的标准化工实验室、2 个教学演示区、1 个实验准备间、1 个实验试剂储存间、1 个数据分析室、1 个 IT 机房、2 个标准教室、2 个办公室及其他配套设施；第二期建设教学用工艺装置间（含防爆区）、教学用模拟装置室、DCS 和 IT 室、电仪操作间、仿真培训室、安全实验室和设备间等。项目在建设阶段获得了瓦克的项目工程技术支持。

2015 年 7 月，为了确保项目的顺利实施，学校选派 4 名专业教师赴德国 BBIW 学习了解德国化工专业的教学标准，学习现代化的教学模式。同年 9 月，45 名学生开始参与中德 BBIW 项目。2016 年 9 月，中德合作化工实训中心一期投入使用，化工 132 班正式成为首届中德化工试点班。张中专根据人才培养要求，由赴德学习的教师带领的化工专业骨干教师、德国 BBIW 的外教、瓦克化学（张家港）有限公司的技术人员等“三元”共同组成授课团队，将德国 BBIW 化工专业项目课程作为教程，按德国职教模式的要求进行授课。学生通过培训学习，增强了运用专业技术技能解决生产一线工程技术问题的能力。目前，为了适应不同化工企业的需求，江苏扬子江国际化学工业园区陶

氏、华昌、霍尼韦尔等多家化工企业分别来校设立冠名班，“三元”能源化工产业学院由此形成。

3. 能源化工产业学院的立体架构

张中专能源化工产业学院主要对接江苏扬子江国际化学工业园中的化工产业集群，服务学校应用化工技术专业群。由江苏省张家港中等专业学校、德国BBIW、江苏扬子江国际化工园内相关企业等形成人才培养的三大主体，各自发挥优势，整合资源，将实际生产过程、教学实践活动过程紧密结合起来，采用德国职教先进的教学模式，打造一支专、兼结合的化工专业教师团队，共同制定人才培养方案，构建一套完整适用于应用化工技术专业群的课程体系，开发相关的项目化校本教材（图 4-40）。

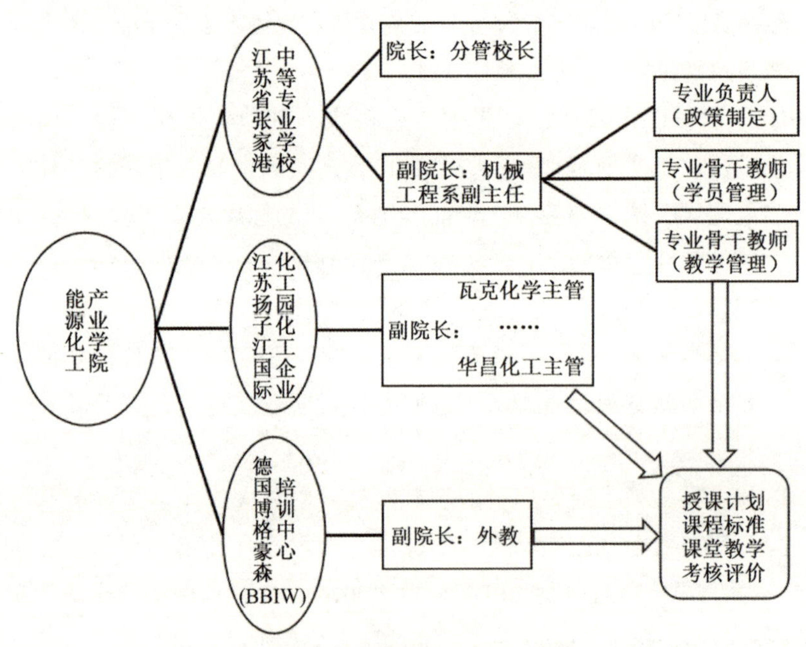

图 4-40 能源化工产业学院架构

凭借能源化工产业学院拥有的先进化工实训设施设备及教学环境等优质资源，江苏扬子江国际化学工业园的多家企业分别在这里设立冠名班，如瓦克冠名班、华昌冠名班、陶氏冠名班、霍尼韦尔冠名班等。每年 5 月份职教活动周期间，冠名班企业针对化工专业三年级的学生开展校内宣讲活动，学生和企业

进行双向选择，学生升入四年级后便可进入能源化工产业学院内对应的冠名班学习相关专业课程。由张中专教师、冠名班企业技术人员、德国 BBIW 外教组成教学团队为冠名班制定授课计划、企业课程、考评机制等，采取工学结合的教学模式，为冠名班企业培养适应现代化需求的优秀人才（图 4-41）。学生经过一年的冠名班专业学习后，五年级即可入企参加冠名班对应企业学院的实践学习。

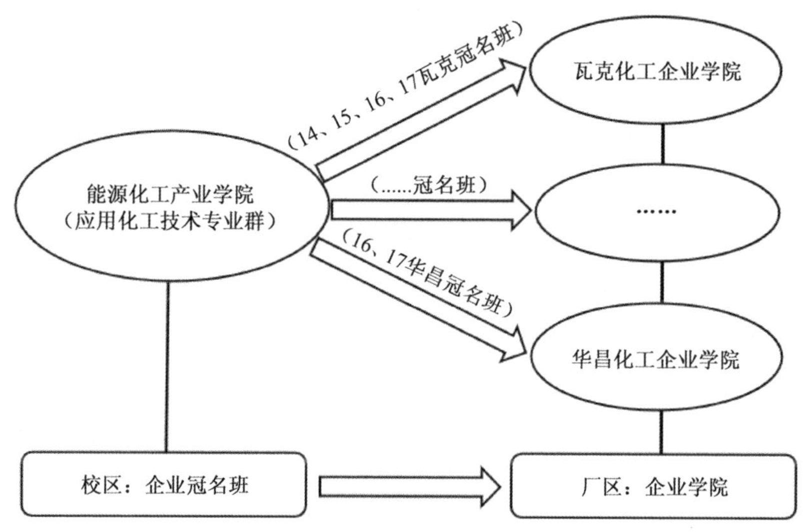

图 4-41　能源化工产业学院与企业学院关系图

4. 能源化工产业学院的创新举措

（1）能源化工产业学院的人才培养模式/机制

在张中专能源化工产业学院内，德国 BBIW 提供专业课程和实训基地建设方案，并委派专业导师现场指导教学过程；张中专中德化工骨干教师团队与瓦克化学等多家企业负责现场教学和企业实践教学。同时，能源化工产业学院与德国 BBIW 外教、江苏扬子江国际化学工业园行业企业人员组成的化工专业指导委员会定期召开人才培养专题研讨会（图 4-42），分析用人单位对职校化工专业学生在知识结构、能力素养等方面的要求，滚动修订化工专业人才培养方案和教学进程表。

图 4-42 化工项目（政企校外）合作教学研讨会

经过反复论证修订，确定本专业培养方向为化工操作员，学制为 5 年。每届 40 名学生采用混合培养模式，主要有课堂理论教育、模拟工厂实训教育、实验室上岗培训、公司上岗训练等，毕业生的专长侧重在生产线运行。学生通过学习培训，掌握本专业必备的基础理论知识和专业技能，具有较强的实践能力，德、智、体、美、劳全面发展，具有继续学习能力和适应社会能力，具有团队协作精神、实践能力、创造能力、就业能力和创业能力，具有健康的心理素质和身体素质，最终能顺利成长为从事化工生产操作、化工产品分析及产品质量控制、化工设备检修和维护、化工仪表操作、化工企业管理等工作的高技术应用型人才和技能型劳动者。

能源化工产业学院引进德国先进的职业教育理念和德国化工人才培养标准，采用德国化工专业课程和项目化教学方法，实行“工学结合”的教学模式。参与培训的学员为江苏联合职业技术学院五年制化工专业的学生，学生前 3 年接受中德合作培训，80%的时间在学校学习，20%的时间在冠名班对应企业设立的企业学院参加岗位见习；学生在四年级、五年级时，60%的时间在学校能源化工产业学院冠名班学习，40%的时间在企业学院进行岗位实践，真正做到专业理论教学、实验室操作训练、模拟工厂实训、企业岗位训练、企业顶岗实习等有机结合（表 4-13）。学生培训合格可获得江苏联合职业技术学院大专文凭、德国 BBIW 培训合格证书、化工行业的技能等级证书。所有学生实行冠名班订单式培养，毕业后由保税区管委会推荐进入江苏扬子江国际化学工业园区的优秀企业就业，成为具有国际视野的高素质技术技能型人才。

表 4-13 能源化工产业学院学生分段培养方案示例

内容 学年	学习场所及 学习时长占比	学生 身份	师资 团队	教学 核心内容	学习 形式	评价 主体	证书
五年制前 三年级学生	学校（80%）+ 企业（20%）	学生	学校+ 德方外教	国规、省规课程/ 中德实训项目/ 企业见习	集中 学习	学校	通用 证书
五年制 四年级学生	校区能源化工产业 学院冠名班（60%）+ 厂区企业学院（40%）	学生 学徒	学校教师+ 企业师傅	专业知识 专业技能	技能 实践	学校 企业	"X" 证书
五年制 五年级学生	校区能源化工产业 学院冠名班（60%）+ 厂区企业学院（40%）	准员工 员工	学校教师+ 企业师傅	岗位能力 生产技能	顶岗 实习	学校 企业	企业 证书

（2）能源化工产业学院的课程结构体系变革

根据校、企、外三方共同修订的化工专业实施性人才培养方案及人才培养模式改革要求，在前期本专业培养的化工操作员方向基础上，面向江苏扬子江国际化学工业园新的企业和企业中新的技术，按照"企业用人需求与岗位资格标准"来设置课程，通过专业工作任务分析，重新梳理人才培养方案中知识、能力和素质要求，适当调整课程构成，建成了以"公共基础课程+专业基础课程+专业方向课程+岗位技能课程"为主要特征的适合现代学徒制试点的化工专业课程体系，配套制定了中德化工试点班级的教学进程表和相关课程。这样，改变了原先在课程设置上存在的课程结构不当、教学内容陈旧、实践环节薄弱、职业针对性不强等一系列弊端［见附件4：能源化工产业学院（中德合作）课程表］。

在学习过程中，学生对知识的学习强调"必须""够用"，突出学习与职业需要、工作过程相一致的知识的学习，学习与专业、职业、未来工作岗位相匹配的知识。因此，能源化工产业学院的课程结构体系以提高学生的基本素质为目的，设计了公共基础课程，如"思政""高职语文""高职数学""高职英语"和"信息技术（人工智能）"等；以培养"理论够用为度，重在实践"为原则设计了专业基础课，如"无机化学"与"有机化学"等基础化学、化工分析课程；以培养学生的职业能力为核心，设计了能源化工产业学院的相关核心专

业方向课程，如“工艺仪表控制”“工艺操作”等；同时与德国 BBIW、瓦克化学（张家港）有限公司合作，共同制定完成人才培养方案中 3 门专业课程的课程标准，这 3 门课程分别为“工艺操作”“化工工艺学”“工艺仪表控制”。根据应用化工专业人才培养目标和课程体系开设了相关匹配的实验、实训科目和相关的理实一体化等岗位技能课，其中开设的中德实训课程有“中德化工实验”“电气控制实训”“模拟工厂实训”“迷你工厂实训”等。

鉴于能源化工产业学院中各个企业冠名班培训的灵活性，在课程开发方面突出模块化和可复制性。每个课程模块对应企业岗位的技能模块，以标准为指导，每个模块结合职业标准和岗位标准，制定包括应知应会和职业素养在内的全面的模块标准，而模块化的教学内容则由专业教师和企业师傅在教学与实际生产中灵活掌握。

在优先选用近几年来能够体现高职教育改革最新成果的优秀统编教材的基础上，以最新的国家及行业标准、规范、规程为依据，结合高职人才培养规格，选用合规的教材；与德国 BBIW、瓦克化学（张家港）有限公司合作共同编写理实一体化教学讲义 1 本，即《中德化工实验校本教材》。

（3）能源化工产业学院教学模式和方法改革

本着化工生产过程与专业课程体系对接、化工企业岗位能力与专业课程内容对接、化学检验工职业资格与专业课程标准对接的设计理念，学院在专业核心课程中进行了项目导向、任务驱动的教学改革与实践。

德国 BBIW 学院定期派两名专业培训师来张中专能源化工产业学院进行教学示范和质量督学。江苏扬子江国际化学工业园 8 家化工企业派技术人员每周两次来校进行督查反馈，有效地保证学生前 3 学年在学校完成中德合作化工专业通用平台课程的学习任务，掌握专业基本技能。学生后两年主要由张中专中德化工专业骨干教师团队和园区化工企业专家负责现场教学与企业实践教学。

能源化工产业学院中的企业冠名班以适应职业岗位需求为导向，逐步尝试“岗位任务对接式”。它以德国“双元制”课程模式和行动导向教学理论为基础，在教学过程中以企业各个岗位实际的工作过程为主线，学校教师和企业师傅共同参与。按照未来目标岗位（群）典型工作任务的实际工作过程设置学习情境（章节），各情境以具体的项目或任务作为学习内容，在完成项目或任

务的过程中，教学主体将所需的知识和技能传授给学生，帮助学生从专业理论学习向实践岗位技能操作运用转变，增强学生学习的目的性、针对性和兴趣，使学生在相应的岗位工作中完成教学目标，有效促进知识传授与生产实践的紧密衔接，进一步增强理论教学与技能传授的无缝对接。这样可为专业教学提供真实的教学案例，实现以项目/任务为载体的学生主体、教师主导的融教、学、做于一体的课堂教学改革探索。

（4）能源化工产业学院双师型师资队伍建设

能源化工产业学院教学团队由学校化工专业教师、德国 BBIW 外教、化工企业导师共同组成。园区化工企业着重挑选出一批优秀的实验室负责人、车间经理担任企业导师，经过学校的专题培训后，对学员进行点对点重点培养。为促进学校专职教师的专业化成长，强化技能教学、技术研发、岗位生产操作能力，学校设立专项经费，对能源化工产业学院双师型师资队伍进行了一系列的培训。

① 选派优秀化工专业教师赴德进修学习

2015 年 7 月，张中专选派 4 名优秀专业教师代表前往德国 BBIW 参加培训，学习德国先进的职业教育理念、德国化工人才培养标准、德国化工专业课程和项目化教学方法等，为“三元”能源化工产业学院的成立奠定了基础（图 4-43）。德国 BBIW 是一家现代化的职业培训、专业培训和专业进修中心，在职业培训和再培训领域拥有 40 多年的丰富经验，1969 年由瓦克化学股份有限公司创建的公共基金会，如今拥有占地 1.1 万多平方米的车间、实验室、实验工厂和其他设施，配备有最为先进的技术装置和设备。在德培训期间，专业教师代表就德国的教育体制和现状、职业教育的结构和特点、化工专业课程设置和化工实验室、中

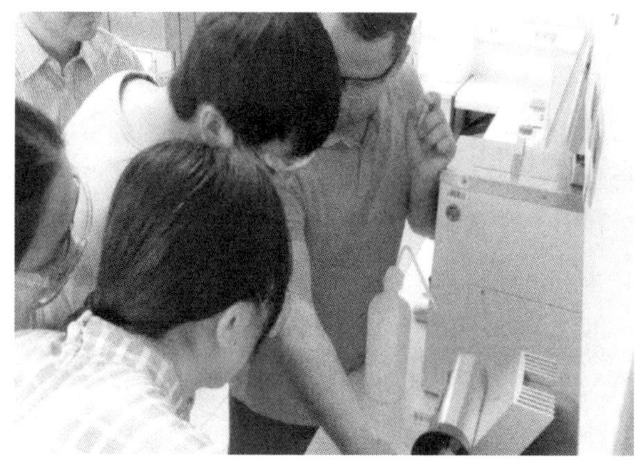

图 4-43　教师赴德培训

试、迷你工厂教学的实施情况等进行了重点学习。德方专家对张中专的教师进行了化工相关技能的培训，使他们对化学化工和电气安装专业方面有了一定程度的认识，初步领悟了德国职业教育的特点和模式。经过认真学习，专业教师代表获得了 BBIW 颁发的培训证书。回国后，在他们的带领下，学校组建了一支中德化工教学团队。

② 德方专家、企业导师深入教学课堂

德国 BBIW 校方定期委派两名实训教学经验丰富的德方专家来张中专进行理论课程与实验课程的示范教学，并对学校中德化工教学团队的教师进行教学指导，共同完成中德化工基础实验教学项目（图 4-44）。同时，瓦克化学（张家港）有限公司牵头联合多家保税区化工企业，委派这些企业的实验室负责人、车间经理进入课堂，督导学生实验室操作，并完成相应的教学任务。

图 4-44　外教、企业导师进课堂示范和督导

③ 组织教师深入企业锻炼，提升工程实践能力

为进一步提高中德化工教学团队的师资队伍建设水平，学校利用假期组织专业教师进入园区化工企业顶岗实践，促进教师熟悉企业一线生产信息和技术，为授课积累更多的工业案例。在实践过程中，由企业技术人员对教师进行培训、考核，最后由企业颁发培训证书。

④ 重点培养教学骨干，提高教师专业水平

为了更好地适应专业建设的需求，在现有的专职教师中选拔两名教师作为骨干教师进行重点培养，选送骨干教师到优质院校进行考察，学习新的职教理念、教学方法等，提高教师的课程开发能力（图 4-45）。根据企业生产周期和

骨干教师所承担课程的内容，适时地、有针对性地安排骨干教师到合作企业锻炼，进而提升骨干教师的课堂教学能力及对教学目标的把握能力。同时，在职业技能大赛引领下，通过骨干教师参加技能竞赛或指导学生参加竞赛，提高教师的实践动手能力，使骨干教师掌握更娴熟的技术能力。

图 4-45　教师在瓦克化学公司参加实践培训

（5）能源化工产业学院人才质量评价深度改革

能源化工产业学院学员的评价体系突出“考核过程化、评价指标多元化、评价方式多样化、评价主体多元化”(图 4-46)。课程考核主要分为过程性考核和终结性考核，具体分配比例由任课教师根据课程特点而定。课程过程考核除了考核学生作业、练习等之外，还可考核学生的沟通汇报能力、分析问题解决问题的能力，或考核学生实训和仿真操作技能及过程中的安全、环保、团队合作意识等，兼顾认知、技能、情感等方面。评价主体有任课教师、学生、企业导师等。

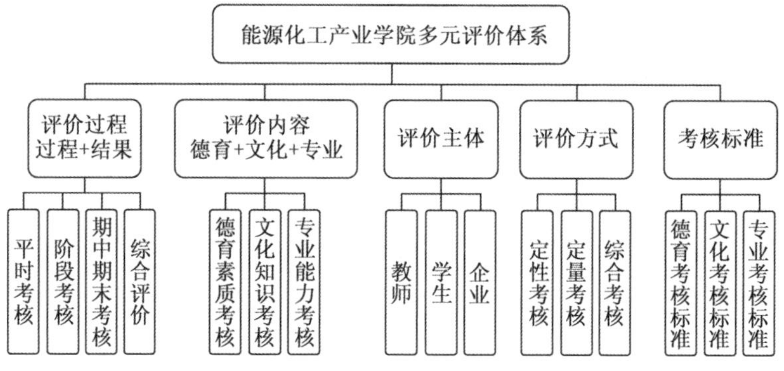

图 4-46　能源化工产业学院多元评价体系

专业理论考核主要是在能源化工产业学院中企业冠名班学习阶段完成，由德国BBIW外教、校内教师和企业导师按照专业课程教学标准规定的各项教学内容进行考核评价，包括平时考核、期中考核、期末考核等三个方面，重点考查学员在每个岗位实习时理论知识的掌握程度。学生进入四年级后，在经过前期的学习与实践后参加考工实训、中德化工实训课程的考核，并由园区化工企业来校进行督查、考核及反馈。

5. 能源化工产业学院的实践成效

张中专能源化工产业学院建在中德合作化工实训中心内，此中心由张家港保税区提供资金，德方、学校、政府、企业四方参与建设，参照德国化工人才培养标准，复制德国BBIW实训设备，由德、企、校专业人员组成教学团队，采取工学结合教学模式，培养化工专业人才，目前已取得了丰硕的阶段性成果。

（1）建设现代化实训基地，服务地方产业，助力经济发展

在张家港保税区管委会、张中专、德国BBIW、江苏扬子江国际化学工业园内相关企业的共同合作下，在将张家港中专校沿街教学楼三楼、四楼约2000平方米的区域进行建设改造后，一期工程“中德合作化工实训中心”已投入使用。二期工程已利用新校区约500平方米进行建设，有模拟工厂实验室、教学工艺室、教学模拟装置室、防爆区、DCS和IT室、电仪操作间、仿真培训室、安全实验室等。每个教室都配有现代化的投影设施、摄录仪、实物投影展台、无线扩音器和监控仪等，保障实训指导教师能充分利用数字化实训教学资源，真正有效地提升学生实训质量。在一期项目完成的中德合作化工实训基地中，有企业赞助冠名的先进设备，整个实训基地处处体现了德国企业的先进性和规范性。

这样一个具备浓厚企业氛围的现代化实训基地目前已成为能源化工产业学院学生和企业员工技能训练、比赛的重要场所。每年可完成职教类化工专业在校生6个班300人的实训；可满足农村劳动力转移、下岗失业人员再就业培训，区域内职业类学校学生资源共享，以及引进外来人员400人规模的技术培训要求。每年还可为500余名企业在职职工进行技术培训，同时发挥职业技能鉴定所功能，为社会人员和企业职工进行职业技能等级资格鉴定，是地方化工企事业单位技能人才需求的支撑和储备中心。实训基地还结合实际情况承办各

种技能比赛的任务，为企业专业人才技能的进一步提升提供巨大帮助。2017年、2018年连续两年承办了苏州市技能大赛石油化工类工业分析检验项目比赛。2019年，承办了张家港市职业院校师生技能竞赛工业分析检验项目。张家港市“行行出状元”大赛工业分析检验项目竞赛也在此实训基地举行，并专门邀请企业专家作为赛项的专家和裁判，企业也给予大力支持并赞助(图4-47)。

图4-47　承办技能比赛

（2）完善合作模式，组建“双导”团队，培养全方位化工专业人才

能源化工产业学院参照德国化工人才培养标准，复制德国BBIW实训设备，由德、企、校专业人员组成教学团队，采取工、学结合教学模式，培养符合现代企业要求的化工专业人才。学校有4位专业教师前往德国BBIW参加培训，成为学校教学团队的骨干，带领化工专业其他教师不断探索中德课程。德方外教、园区企业专业人员来校进行现场示范教学，引导师生体验德国先进的教学模式，大大提高了课堂效率，受到了学生的欢迎。

园区化工企业除了在能源化工产业学院开设冠名班外，还定期开展企业开放日和主题宣讲等各类丰富多彩的活动，使学生前3学年在学校完成专业通用平台课程学习任务、掌握专业基本技能的同时，提前了解企业，进一步体验、模仿、尝试、感悟企业文化。来自陶氏化学、瓦克化学、华昌化工等8家企业实验室及各生产项目的高级工程师、分析技术专家如方某仕、张某、蔡某明、周某、王某飞、艾某、王某漪、杨某颙等担任企业“导师”，完成冠名班的课程教学。中德化工教学团队的全体专任教师单某华、秦某、王某元、蔡某诺等

担任校内“导师”，完成应用化工技术专业群相关专业的课程教学。校企双方在共同培养学生的过程中，分别在理论课程、专业技能、企业岗位实践等方面起到了双元育人的作用。尤其在学生的后两个学年中，学生进入冠名班企业进行跟岗实习，开始践行6个对接（学校与企业对接、基地与工场对接、专业与产业对接、教师与师傅对接、学生与员工对接、培养培训与教育对接）。在第五学年的第二个学期，安排学生直接在冠名班企业参加顶岗实习，确保学生切实掌握实习岗位所需的技能。

这种新的培养模式将原来的“批量式”转变成“订单式”，采取的是定岗培训，不仅学生学得更透彻，还能最大限度地保障学员学成后直接进入企业工作，所以这种模式对学生本人、对企业、对学校来讲是一种共赢，从而实现学校与企业“零”差别，学生就业上岗“零”距离。自能源化工产业学院成立以来，学生的中级工、高级工考工通过率达100%，毕业生均能获得中级工、高级工等职业资格证书（图4-48）。学生在全国、江苏省、苏州市的知识竞赛以及技能、创新、创业等各级各类比赛中均取得了好成绩。学生受到了社会及用人单位的好评和肯定，不管是瓦克化学、索尔维等外资企业还是长华科技这种大型民营企业，多年来它们都成批量地录用张中专化工专业毕业生上岗工作。化工专业毕业生就业率达100%，对口企业对学校培养的学生满意度在98%以上，毕业生的优质就业率明显提升，人才培养的质量稳步提高。

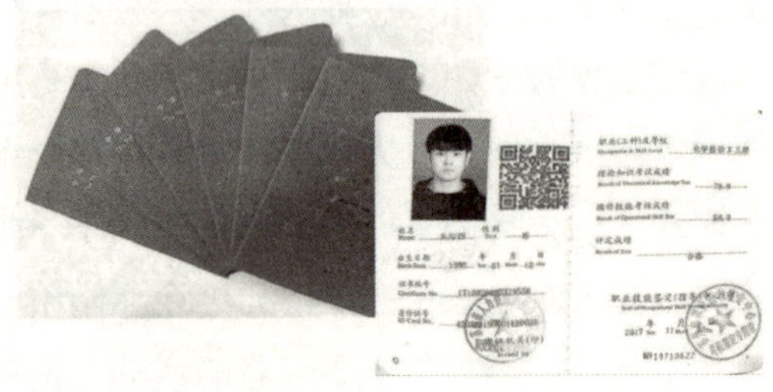

图4-48　学生获奖证书及考工证书

（3）创新教学模式，开发中德课程，促进专业教师成长

能源化工产业学院所对接的应用化工技术专业群，课程设置按照“企业用人需求与岗位资格标准”来制定，形成了以“公共基础课程+专业基础课程+专业方向课程+岗位技能课程”为主要特征的专业课程体系，引进德国双

元制职业教育理念，结合德方、企业和学校实际制定教学计划、安排教学内容。由校、企、外三方根据人才培养方案共同开发基于岗位工作内容、融入职业资格标准的课程教材及其标准，目前已开发了《中德化工实验校本教材》及配套的精品网络课程，制订了专业核心课程标准。学院采用“任务驱动、项目引领”的教学方式，把化工企业中生产一线的先进技术贯穿在课程教学中，构建“做中学、学中做、做中教、学中教”的学习情境，依托相应的实训装置，实现情境化教学。

目前中德化工教学团队有专任专业教师 12 人，其中：高级讲师 5 人，高级职称占比 41.7%；研究生 4 人，占比 33.3%；专业双师型教师 10 人，占比 83.3%。除了鼓励和支持专任专业教师在能源化工产业学院与德国 BBIW 外教、企业技术人员进行交流学习外，学校每年还选派化工专业教师深入行业企业一线学习实践，提高教师的实践操作能力和产品研发能力。同时，还定期聘请行业企业专家来校做讲座及开展各类研讨活动。近年来，中德化工教学团队中的青年专业教师成长迅速，不少人成为教学业务骨干。秦某飞、李某玲等老师在省信息化大赛中获一等奖和二等奖，单某华、王某唯、王某元等老师在省教学大赛中获三等奖；秦某、王某元等老师指导学生在江苏省、苏州市技能大赛中获得二等奖和三等奖。2019 年，秦某、王某元、蔡某诺等老师分别被评为张家港市教学能手、教坛新秀。

6. 反思与总结

为更好地促进张家港化工产业发展，满足化工企业对化工专业一线技术工人的需求，2014 年张家港中专校与张家港保税区化学工业园、德国博格豪森职业培训中心（简称“BBIW”）深度合作办学，引进国外先进的管理模式、教育方法，形成双语教学的办班特色，于 2016 年创建了中德合作化工实训中心，同时成立了能源化工产业学院，分别在师资队伍等方面加强内涵建设，在课程设置、培养模式等方面推进改革创新，全力做大做强化工专业。

能源化工产业学院以“现代学徒制”为特征，对德国“双元制”的本土化进行了大胆的创新和实践，校、企、外三方以适应职业岗位需求为导向，创新教学方法，加强实践教学，着力促进知识传授与生产实践的紧密衔接，倾力提升人才培养质量，大力推动专业设置与产业需求、课程内容与职业标准、教

学过程与生产过程“三对接”，将国外先进的化工专业人才培养理念和方法引进学校，对应用化工技术专业群人才培养模式进行改革探索。

学院注重学校教师与行业专家、企业技术骨干及工程技术人员的互动与交流，打造优质的师资队伍。专业教师前往德国 BBIW 参加培训，江苏扬子江国际化学工业园内的企业定期选派技术骨干来学院担任教学指导教师，并将德国企业技术工人培养方案等融入学院的教学过程。学院每年选派化工专业教师深入园区化工企业一线学习实践，提高教师的实践操作能力和产品研发能力。定期邀请德国 BBIW 学院外教、聘请行业企业专家来学院开展各类研讨活动，共同编制中德实验项目和教材，有效提高了教学质量。近年来，多名教师在教学大赛、技能大赛、创新比赛中获得好成绩。

学院主要由张中专中德化工教学团队和园区化工企业共同负责现场教学与企业实践教学。目前已完成了校企共同修订的化工专业人才培养方案、德国项目化课程的汉化、质量监控与诊断的实施方案等。瓦克化学大中华营运副总裁胡默先生对学院化工项目教学所取得的成绩给予了充分肯定，并呼吁各家企业积极为学生提供实习岗位及企业化培训。在校企双方的共同努力下，学生的专业技能水平大大提高，在近几年的考工、技能大赛、创新大赛中取得了显著成绩。技能考工通过率达 100%，毕业生均获得了中级工、高级工等职业资格证书，受到企业的欢迎。

（二）瓦克化工企业学院概述

1. 瓦克化工企业学院建立的背景探寻

（1）瓦克化学有限公司简介

瓦克化学（张家港）有限公司坐落于江苏省苏州市张家港保税区。张家港保税区于 1992 年 10 月经国务院批准设立，下设的江苏扬子江国际化学工业园是以精细化工为主要特色的化工园，为张家港保税区的工业配套区，瓦克化学、美国陶氏等一批世界 500 强和知名大型化工企业相继落户化工园。

瓦克化学是一家全球性的化学品公司，总部位于德国慕尼黑。其主要业务是研发生产销售有机硅、聚合物、精细化学品、多晶硅和超纯硅片。瓦克化学的这四大业务遍布全球，目前在欧洲、美洲和亚洲等地拥有 20 多个生产基地，

在美洲、亚洲、大洋洲和欧洲的 31 个国家设有子公司和销售办事处。2017 年，瓦克全球销售额约达 49.24 亿欧元（2016 年为 46.34 亿欧元），其中德国占 14%、欧洲（不包括德国）约为 24%、南北美洲近 17%、亚太地区占 41%、其他国家占 4%。瓦克化学拥有 17200 名员工，集团董事会成员有总裁兼首席执行官鲁道夫·施陶迪格博士（Dr. Rudolf Staudigl）、托比亚斯·奥勒博士（Dr. Tobias Ohler）、约阿希姆·劳胡特博士（Dr. Joachim Rauhut）和奥古斯特·威廉姆斯［Auguste（Guido）Willems］。

2. 瓦克化工企业学院

目前，瓦克化学上海实验室扩建项目已如期完工。作为项目之一的上海食品应用实验室于 2019 年 3 月 20 日正式启用。4 月 9 日，瓦克上海水泥与混凝土技术能力中心也正式投入使用。此外，瓦克还在上海启用全新的电动汽车技术能力中心。这些新设施的建立，进一步彰显了中国在瓦克全球技术网络中正承担着越来越重要的职责。在生产扩能方面，瓦克化学在南京生产基地完成了 VAE 乳液去瓶颈扩产项目，使其每年可增加 3 万吨的产能。另一项可增加数千吨有机硅弹性体产能的项目也于 2019 年年中在张家港生产基地完成。此外，瓦克化学还在对一系列新的产能扩建项目进行评估。

瓦克拥有庞大的全球性生产网络，覆盖世界各主要地区。其在亚洲的制造工厂位于日本、新加坡、印度和中国。瓦克化学（张家港）有限公司是瓦克在亚洲的重要基地，主要为亚洲化学品市场提供瓦克的有机硅产品，包括有机硅密封胶、有机硅弹性体、有机硅乳液、有机硅中间体以及硅油等。

（1）瓦克化学产业未来发展趋势

瓦克化学大中华区总裁林博（Paul Lindblad）表示：“凭借创新的产品和稳定可靠的供应，瓦克的化学业务有望在今后实现进一步增长。”他还补充道：“就多晶硅业务而言，我们相信未来几年内光伏市场还将继续发展扩大。这是因为整个光伏价值链上日益激烈的产品价格竞争将加强光伏作为替代能源的吸引力。中国是全球最大的光伏市场，也是全球最大的光伏组件生产国。尽管目前光伏产业还存在着一些不确定性，但我们坚信瓦克多晶硅业务将在中国实现长期的发展与增长。”

随着中国政府决心继续扩大对外开放，瓦克化学大中华区所处的投资环境

日益改善。瓦克化学对中国的经济增长充满信心，瓦克期待在中国实现长期发展与增长，并将继续提升本土研发能力，稳步扩大下游化学产品的产能。在瓦克化学的四大业务部门中，有机硅业务部门借助中国产业升级、人民生活水平提升等大趋势，实现了销售业绩的增长。特种产品保持了强劲的增长势头，特别是在建筑应用、电动汽车和日用消费品等领域。

张家港有机硅综合生产基地建成后有助于瓦克进一步巩固其市场地位、发展前景和竞争优势，尤其是在中国和亚洲市场。与瓦克所有其他生产基地一样，张家港工厂严格遵守全球化学工业责任关怀（Responsible Care ©）倡议的有关规定。公司以客户利益最大化为目标，与客户紧密合作，为其提供本地化的创新解决方案并努力实现协同增效。为此，公司根据 ISO、GMP 和可持续发展的有关要求，建立和完善一体化管理体系，并积极参加全球责任关怀倡议。在瓦克所有生产基地，质量、健康、安全及环境意识是公司一切创业理念与实践之基石。

除了专门生产有机硅最终产品的全资生产厂外，瓦克还与陶氏公司成立了两家合资企业，专门生产有机硅下游产品的重要原材料——硅氧烷和气相二氧化硅。这两家上游工厂的总投资达 18 亿美元，合计产能约为 210000 吨，是中国最大的同类产品生产厂。

（2）瓦克化学产业人才需求现状

根据对瓦克化学（张家港）有限公司的走访及瓦克化学在其他城市建立的生产基地信息网络调研，该公司主要研究、开发、生产有机硅胶粘剂（有机硅环体、聚硅氧烷、含氢硅油、高/中/低黏度硅油、功能性硅油、高温硫化硅橡胶、室温硫化有机硅密封胶）、有机硅助剂和添加剂（有机硅乳液、有机硅纺织助剂、有机硅烷、有机硅添加剂）、有机硅表面活性剂及可再分散胶粉、硫酸铵（以上不含危险化学品）。随着瓦克化学在中国江苏及周边城市的投产，其对分析检测员、化工生产技术员等生产一线操作人员的需求越来越大。

以瓦克化学（张家港）有限公司为调研对象，从表 4-14 数据可知，当前该企业从业人员的学历结构呈现出两头小、中间大态势。瓦克化学（张家港）有限公司人力资源部经理告诉我们，除个别研发类岗位外，化工人才学历要求

不需太高，一般大专和本科学历者就可胜任。目前企业对本科学历人才的需求占总体需求的30%；对大专学历人才的需求占38%，位居第一；对高中学历人才也有19%的需求量。相比之下，高学历人才明显"滞销"，硕士、博士的需求量仅为2%，高中学历以下的需求量为11%。

表4-14 瓦克化学从业人员学历结构（共490人）

学历 人数及比例	研究生	本科	大专	中专	技工
人数（人）	50	122	160	98	60
比例（%）	10%	25%	33%	20%	12%

由表4-15可知，瓦克化学企业从业人员趋于年轻化，其职位多处于初中级阶段。而随着企业的转型升级，诸如配方设计师、品质保证与ISO专员、ERP主管等集心智劳动与高新技术于一体的职业岗位的需求在逐步增加，这样就对人才的技术技能水平、岗位迁移与创新发展能力提出了更高的要求，在这样的情况下，瓦克化学对员工培训的需求也日益迫切。

表4-15 瓦克化学从业人员技术等级结构（共490人）

技术等级 人数及比例	实习生	新员工	初级工	中级工	高级工
人数（人）	25	25	122	245	73
比例（%）	5%	5%	25%	50%	15%

3. 瓦克化工企业学院成立的历程回溯

为加快国际合作办学步伐，更好地服务张家港市经济产业转型升级及江苏扬子江国际化学工业园企业对化工高技能人才的需求，2014年，张中专与张家港保税区管委会、德国博格豪森职业培训中心（简称"BBIW"）、瓦克化学（张家港）有限公司进行洽谈并签署合作合同，开展"四位一体"现代学徒制的化工专业人才培养项目——中德合作化工实训中心。2015年7月，为了确保项目的顺利实施，学校选派4名教师赴德国BBIW学习了解国际化教学标准，学习先进教学模式。2015年9月，共有45名学生开始参与中德化工

BBIW项目。2016年9月，中德合作化工实训中心一期投入使用，化工132班正式成为首届中德化工试点班。

该项目运行一年多后，各方面条件逐步成熟。2017年9月，在瓦克化学（张家港）有限公司正式成立了瓦克化工企业学院。该企业学院由德国BBIW、瓦克化学（张家港）有限公司、江苏省张家港中等专业学校等三方在江苏扬子江国际化学工业园瓦克化学公司内部共同建立，由BBIW学院执行董事、瓦克化学（张家港）有限公司总经理Michel Houmard担任院长，主持学院全面工作，主抓学生岗位分配和实践事项；瓦克化学（张家港）有限公司办公室主任担任副院长，协助院长，负责企业学院学生在企业的安全和企业导师配置；张中专分管校长担任副院长，协助院长，负责学生管理和班主任、化工专业教师的调配。

在上述实践基础上，2019年张中专“‘四位一体’现代学徒制化工专业人才培养项目”成功申报为苏州市首批职业教育现代学徒制试点项目。

4. 瓦克化工企业学院组织立体架构

瓦克化工企业学院对接张中专能源化工产业学院的瓦克冠名班，服务学校五年制应用化工技术专业。张中专应用化工技术专业主要培养与我国化工现代化建设要求相适应的德、智、体、美、劳等全面发展，具有良好的职业道德、具备化工方面系统知识，能熟练掌握化工生产过程、化工产品质量检测和化工管理的高素质、高技能、创新型化工专业人才。主要就业岗位有产品检验、材料分析、仪器检验、车间质量管理、环境检测、废物处理、化工企业实验室的实验操作等。

瓦克化工企业学院以校企双方为主来共同组织学生在瓦克化学企业的岗位实践学习，瓦克化工企业学院的安全主管、人事主管具体负责学生在企业的岗位安全教育、岗位设置等工作；工场总监具体负责学生在企业的实践岗位安排，其中学生的具体岗位由各个厂区、实验室负责人落实；化工专业负责人与应用化工技术专业班主任、专任专业教师对学生在企业的实践活动进行跟岗管理（图4-49）。

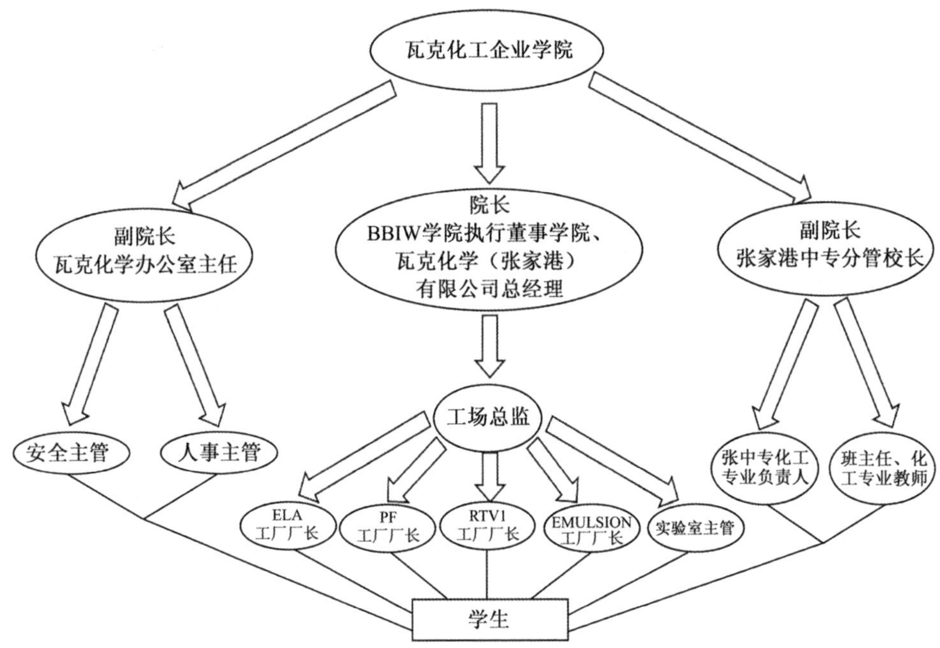

图 4-49　瓦克化工企业学院组织立体架构

5. 瓦克化工企业学院的创新举措

(1) 瓦克化工企业学院的人才培养模式

在瓦克化学（张家港）有限公司内部设立的瓦克化工企业学院，其学员主要是张中专五年制高职应用化工技术专业的五年级学生。应用化工技术专业按照中德化工专业人才培养总体思路，以适应职业岗位需求为导向，创新教学方法，加强实践教学，着力促进知识传授与生产实践的紧密衔接，倾力提升人才培养质量，大力推动专业设置与产业需求、课程内容与职业标准、教学过程与生产过程“三对接”，通过推行现代学徒制，促进校企合作办学。

通过能源化工产业学院的前期学习，进入瓦克化工企业学院的学生已经具备企业生产所需的分析检测员、化工生产技术员等岗位的基本专业技能，学生进入瓦克化工企业学院由企业师傅直接带领上岗，真正实现了学校与企业无缝对接的“零”差别，学生就业上岗“零”距离。瓦克化工企业学院主要依托瓦克化学企业已有的 PF 聚合物和硅油工厂、ELA 硅橡胶弹性体工厂、EMULSION 乳液工厂、RTV1 密封胶工厂和实验室等现有的设施设备来运行，

以企业管理为主，师资以企业师傅为主，学校专任教师和班主任配合辅助教学与管理。

这种引进国外先进的化工专业人才培养理念和方法并进行本土化改革的做法，进一步推进了张中专“四位一体”现代学徒制化工专业人才培养项目。学校通过能源化工产业学院，为学生提供基础理论和基本技能的学习，通过瓦克化工企业学院，为学生提供真实的、先进的工作环境和工作过程的学习，从而实现了人才培养的系统性、校企对接的紧密性、学生就业的适应性、职业生涯的发展性，使学生一年以上的留职率达到80%，两年以上的留职率达到60%，远超企业社招的留职率，达到校企双方联动，实现供需对接、互利共赢。

（2）瓦克化工企业学院的课程结构体系变革

由张中专联合德国BBIW、瓦克化学企业专家组成的专业委员会，经过多次调研讨论，重点围绕“专业平台课程”“瓦克化工企业学院专业核心课程”“专业方向课程”“毕业顶岗实训课程和毕业论文课程”等4个层次，完成瓦克化工企业学院课程体系中的教学计划和培养方案。从理论到实践，从校园到企业，以推进生产性知识与学科性知识融合为目的，以人才培养供给侧与产业需求侧的无缝对接为导向，前3年按80%的时间在校学习实训、20%的时间在瓦克化工企业生产实践来安排教学过程，后两年按60%的时间在能源化工产业学院学习实训、40%的时间在瓦克化工企业学院生产实践来安排教学过程（见附件5：瓦克化工企业学院应用化工技术专业教学进程安排表）。

在瓦克化工企业学院课程体系中，通过对相关职业岗位能力的分析，依据典型化工生产岗位的职业要求，参照相关职业资格标准，将专业的能力分为单项能力、综合能力、岗位能力和职业能力。在专业核心课程中，以典型化工生产过程的生产技术为主线培养学生的单元操作等单项能力；在专业方向模块课程中，依据化工的发展，选择若干个重点产品共建模块课程，以项目为载体培养、提高学生的综合能力和岗位能力；在综合课程、实践性环节，以产品生产流程为平台培养、提高学生的职业能力，将各级能力的培养通过一个个项目来层层推进，并通过化工虚拟信息化、数字化手段与真实环境实际操作来培养、提升学生的专业能力。这种体现“岗位”“课程”“职业资格证”三融通的课程设计理念，实现了学习内容与工作任务的高度一致，最大限度地缩短了学生在

校所学知识和技术与企业对职业岗位技能要求的差距。这样，学生进入瓦克化工企业学院前已经熟练掌握相关核心技能课程知识，他们在中德化工实验、生产仿真、迷你工厂、模拟工厂等实训基础上，可由企业导师带领顺利进入瓦克化工企业学院进行识岗、轮岗、顶岗等实践。

（3）瓦克化工企业学院教学模式和方法改革

瓦克作为 AICM（目前 AICM 代表了近 70 家在中国有重大投资的跨国化工企业，会员业务涵盖化学制造、运输、分销、处理等各环节）的会员单位，定期开展责任关怀开放日活动，旨在向更广泛的公众传达全球化工行业所倡导的安全、环保和健康的“责任关怀”理念，推动中国化工行业建立新形象。每学年秋季开学初，瓦克化学（张家港）有限公司都会邀请张中专五年制应用化工技术专业的一年级新生、老师参加瓦克公众开放日活动。师生在负责人的带领下到瓦克化工企业学院的生产基地参观，从产品的生产、检测到包装，整个流程都充分体现安全生产、责任关怀的理念。瓦克化工企业学院的各个厂区、实验室负责人为师生介绍瓦克的产品及应用，瓦克化工企业学院的工场总监介绍瓦克的发展史、践行理念、社会关怀。瓦克安全主管围绕“化工工艺安全宣传”进行讲解，让师生对瓦克的企业文化与概况有一定的认识和了解。

学生进入四年级后，学习场所主要在能源化工产业学院，授课教师以学校教师为主，以企业导师为辅。学生在五年级进入瓦克化工企业学院后，授课教师以企业导师为主，以学校教师为辅。这种集课堂理论教育、模拟工厂实训教育、实验室上岗培训、公司上岗训练为一体的混合教学模式，为学生提供了真实、先进的工作环境和工作过程的学习。

（4）瓦克化工企业学院双师型师资队伍建设

张中专应用化工技术专业之前开设的课程内容相互交叉，但又都相对分割成自成体系的各门课程，从事这些课程教学任务的教师，基本上都是单兵作战，各讲各的专业课程。开设的实训课程还停留在课本最传统的实验内容上，实训教师大多缺乏化工生产实践经验。针对这一情况，2015 年暑期通过校企合作，张中专秦某飞等老师被派遣到德国 BBIW 参加了近一个月的培训。经过培训，老师们迅速熟悉了德国“双元制”的教学模式，化工专业的教学目标及其教学内容、技能操作要求。老师们回国后，由秦老师带领挑选学校的化工

专业骨干教师组成了瓦克化工企业学院中德化工团队。团队教师在德方 BBIW 外教和瓦克化学企业专家的定期示范、督导下，每年定期入企参加实践，学习企业的新工艺、新技术，大大提升自己的专业技能和操作水平。

瓦克化工企业学院坚持校企分工合作、双主体协同育人、职责共担、共同发展基本原则，建立互聘共用、双向挂职、横向联合的双导师机制。明确企业导师和学校导师职责，确定选拔与聘任条件，加强双导师培养与管理，对导师进行合理考核与评价。目前，本专业已初步建立了双导师团队，瓦克化学的方某仕、张某等 8 位来自企业实验室及各生产项目的高级工程师、分析技术专家担任企业“导师”，专任教师陆某芳、秦某等 5 位中德化工团队教师担任校内“导师”。

（5）瓦克化工企业学院人才质量评价深度改革

围绕瓦克化学企业用人标准，针对企业学院中不同类型的课程建立不同的评价标准，自我评价、学生互评、企业评价和教师评价相结合，建立以能力为核心，校、企共同参与的“双主体、多维度”的质量监控和评价体系，引导学生全面发展。

第一，构建以职业岗位能力为核心的知识和技能考核标准体系。为了满足瓦克化学对人才的实际需求，更好地解决学生岗位适应性问题，对学生的考核评价指标从职业标准出发，构建以岗位能力为核心的知识和技能考核评价体系，综合评价学生的学习态度、学习能力和学生业绩等情况。学习态度主要考核学生平时的学习与工作态度；学习能力主要考核学生的基本业务能力、技术能力与创新能力等；学生业绩由学生的学业成绩和工作业绩组成，主要包括可以量化的刚性成果和不易量化的可评估成果。如优秀学生评价须包括：学业成绩合格；工作尽职尽责，踏踏实实，自觉履行本岗位职责，积极完成工作任务；技术熟练，操作规范，得到一致好评；等等。

第二，构建双师评价体系，提高培养质量。应用化工技术专业五年级学生进入瓦克化工企业学院的岗位实践后，由瓦克化工企业学院的企业导师、专任专业教师及班主任共同组成的考核组联合对学员的学习情况进行考核，考核内容主要包括专业理论知识、岗位实际操作、学员自我评价和企业导师对学员的日常评价等方面内容。考核评价结合企业生产实际，主要采用的是教学、生

产、鉴定相结合的过程性考核方式。其中，生产评价是在企业生产阶段，让学员在实际工作环境中现场操作，由企业导师针对学员的岗位工作任务完成情况进行生产方面的评价，包括职业素养、工作态度、实习表现和解决实际问题能力等，重点考查学员在每个岗位实习时专业技能掌握的程度。学校导师主要考查学生在企业岗位实践时的适应性、协调性、组织纪律性等综合素养。当学员完成最后一个学期的顶岗实习后，瓦克化工企业学院对学员进行选拔，与学员进行双向选择，优先录用学院的学生并签订入企上岗协议。

6. 瓦克化工企业学院的实践成效

江苏省张家港中等专业学校作为首批国家中等职业教育改革发展示范校，一直以来高度重视校企合作，坚持以培养技术技能型人才为根本，以共建共享、合作共赢为原则，追求学校和企业共同发展，实现学生质量与生产质量共同提高。张中专抓住机遇，积极与德国 BBIW、瓦克化学（张家港）有限公司共同合作成立了"三元二区"瓦克化工企业学院。作为中德校企合作的一种新形式，瓦克化工企业学院是以"现代学徒制"为特征，对德国"双元制"本土化进行的一次大胆创新和实践，增进了中德校企合作的广度与深度，且已取得了丰硕的阶段性成果。

（1）促进了中德化工实训基地的软硬件建设

为了使学生能顺利进入瓦克化工企业学院学习，由张家港保税区管委会牵头，德国 BBIW、张中专、瓦克化学（张家港）有限公司共同参与，就中德合作化工实训基地建设方案达成共识，充分发挥各自职能，完善了该基地的软硬件建设。中德合作化工实训中心分二期建设，目前第一期建设已经完成，保税区管委会出资 900 多万元，张中专出资 100 多万元进行配套辅助设施建设，成功建成了 2 个能容纳 100 人的标准化工实验室、2 个教学演示区、1 个实验准备间、1 个实验试剂储存间、1 个计算机实验室、1 个 IT 机房、2 个标准教室、2 个办公室及其他配套设施。德国 BBIW 则将国外先进的实训基地建设理念和方法引进学校。通过大家的共同努力，张中专的中德合作化工实训基地建设实现了质的飞跃，为学生进入瓦克化工企业学院实践奠定了扎实的基础。

（2）提升了化工专业教师的师资水平

瓦克化工企业学院的成立和运行，促进了学校教师与行业专家、企业技术

骨干及工程技术人员的互动和交流，打造了优质的师资队伍。通过前往德国BBIW参加培训，老师们拓宽了视野，学习了德国“双元制”人才培养理念。瓦克化学企业定期选派技术骨干来校担任教学指导教师，并将德国企业技术工人培养方案等融入中德化工班的教学过程。学校每年选派应用化工技术专业教师深入瓦克化工企业学院一线学习实践，提高教师的实践操作能力和产品研发能力。同时，德国BBIW、瓦克化学的专家定期来校做讲座及开展各类研讨活动，共同编制中德实验项目和教材，有效提高了教学质量。近年来，秦某、王某元等老师成长迅速，现已成为张家港市教学能手，在教学大赛、技能大赛、论文评比、创新创业大赛中获得了好成绩。

（3）提高了化工专业人才培养质量

瓦克化工企业学院的成立和运行，进一步明确了：张家港保税区管委会提供项目建设资金和校企协调；德国BBIW提供专业课程和实训基地建设方案，并委派专业导师现场指导教学过程；张中专和瓦克化学等负责现场教学和企业实践教学。目前已完成了校企共同修订的化工专业人才培养方案、德国项目化课程的汉化、专业师资的培训、教学团队的组建、质量监控与诊断的实施方案等。在校企双方的共同努力下，学生的专业技能水平大大提高，在近几年的考工、技能大赛、创新大赛中取得了显著成绩。技能考工通过率达100%，毕业生均获得了中级工、高级工等职业资格证书，受到很多企业的欢迎。

（4）扩大了学校的知名度

“三元二区”瓦克化工企业学院的实践，取得了较为丰硕的育人成果，受到了企业、社会的一致欢迎，也受到了教育主管部门的高度肯定，更为张中专的课程建设、实训基地建设、师资建设、校园文化企业化等方面积累了较为丰富的经验。由张中专负责的《“四位一体”多元合作办学的实践与研究》荣获苏州市教育教学成果一等奖。在项目实践过程中，多个省市级的“校企合作”类研究课题也已顺利结题。中德合作教学研讨会的召开，使张中专成为苏州市、杨舍镇经开区等举办技能大赛的主要赛点，进一步扩大了张中专在社会上的影响力。中德化工班的家长开放日等活动，让家长了解到孩子在学校得到了最好的培养，在庆幸自己的孩子选择了张中专化工专业的同时，他们对孩子的未来也充满了希望！

7. 反思与总结

瓦克化工企业学院按照“三元二区”的人才培养总体思路，大力推动专业设置与产业需求、课程内容与职业标准、教学过程与生产过程“三对接”，通过推行现代学徒制，促进校企合作办学、工学结合育人办学模式再优化、再提升、再增效。

在借鉴国内外成功经验后，按照“双主体育人、双导师教学、双基地培养、双身份管理”基本要求，中德化工实训基地按照德国 BBIW 提供的标准配置，系统设计应用化工技术专业理论与实训体系，满足共性需求、适应专门化的教学与实践训练需求，促进优质资源的充分利用与高效共享。通过双导师制，明确双导师职责，合作企业瓦克化学选拔优秀高技能人才担任师傅，师傅承担相关的教学任务并对学生进行考核评价。

随着瓦克化工企业学院工作的推进，企业积极参与张中专应用化工技术专业建设、课程设置、人才培养方案调整等教学、教改工作，着力促进知识传授与生产实践的紧密衔接。定期召开企业学院例会，及时沟通信息，反馈学生在企业中的表现，并安排人力资源部门的专人负责联系和沟通工作，保证企业的需求和学校的教育不脱节。人才培养方案采用典型工作任务的方式进行教学，使人才培养目标符合不断变化和发展的企业的要求。与此同时，张中专应用化工技术专业教师定期到瓦克化学（张家港）有限公司及德国 BBIW 参加实践培训，不断提升自身的实践能力，这对教师在教学中能够理论联系实际有很大的益处。通过校企合作，真正做到专业理论教学、实验室操作训练、模拟工厂实训、企业岗位训练、企业顶岗实习等有机结合。学生培训合格可获得江苏联合职业技术学院大专文凭、化工高级工职业资格证书、德国 BBIW 培训合格证书。所有学生实行订单式培养，毕业后由保税区管委会推荐进入江苏扬子江国际化工园的优秀企业就业，成为具有国际视野的高素质技术技能型人才。

瓦克化工企业学院的成立，进一步保障了张中专中德合作化工项目的顺利实施，促使江苏扬子江国际化学工业园中的更多企业积极参与校企合作共育人才的教育活动，扩大了张中专化工专业人才的培养规模，提升了张中专办学的美誉度。

第五章 “三元二区”融创中心的实践成效与反思

为加快构建现代化职业教育体系，培养更多高素质技术技能人才、能工巧匠和大国工匠，张家港中专校审时度势、乘势而上，积极研学国家对职业教育的政策文件，重新定位学校发展方向，牢牢抓住区域产业高质量发展的东风，将“推进校企合作、深化产教融合”作为现代化职业教育提质创新发展的新主导，依托“三元二区”融创中心新平台，努力深化项目、转化成果、开拓路径、创新质量，不断升华教育理念，促进专业成长，加快学校师资、课程、专业建设速度，从而培养更多优秀技术技能型人才，更好更快服务企业发展，推进教育链、人才链、产业链、创新链“四链融合”，实现“三元二区”融创中心下的产、学、研良性互动与校、企、生多方共赢。

一、“三元二区”融创中心的实践成效

江苏省张家港中等专业学校以习近平新时代中国特色社会主义思想为指导，深入贯彻党的十九大及十九届四中、五中全会和全国教育大会精神，全面落实《国家职业教育改革实施方案》（国发〔2019〕4 号），始终坚持“以就业为导向、以服务为宗旨”的办学方针，积极响应“互联网+行动”“中国制造 2025”等要求，落实“一带一路”、长江经济带等国家战略部署，积极围绕《张家港市国民经济和社会发展第十四个五年规划和二〇三五年远景目标纲要》，有效对接区域主导产业、支柱产业、战略新兴产业发展，以更适应地方经济和社会发展需要。

2014 年，习近平总书记对职业教育发出了产教融合、校企合作、工学结合、知行合一的重要指示，张中专以此为契机积极探索未来发展方向，主动创新办学模式，努力实践“三元二区”融创中心。自 2015 年实施“三元二区”

融创中心以来，学校上下一心、攻坚克难，取得了夺目的荣光，也获得了社会的认可，主要集中表现在以下四方面。

（一）学校办学品质稳步提升

"三元二区"融创中心是在校企深度合作实践基础上，围绕"立德树人标杆、融合育人标杆、服务社会标杆，率先建成江苏领航职业学校"的"三标杆一率先"目标，形成的培养高素质技术型、技能型人才的新载体。"三元二区"融创中心的实践推广，助推学校成功升格为江苏联合职业技术学院张家港分院，并荣获"江苏省高水平示范校""江苏省现代化示范校""江苏省领航职业学校"等荣誉。学校各项办学条件均符合国家标准，且高于江苏省同类其他职业学校。张中专始终朝着培养学生"就业有能力、创业有本领、升学有通道、发展有后劲"的方向，努力建设成为"立足江苏、面向全国、迈向世界"的一流职业技术学校。

1. 招生生源数量和质量齐升

（1）生源数量稳步增加

张家港市连续多年名列"全国综合实力百强县"第三，产业结构布局合理，经济发展迅猛，人才需求量大。"三元二区"融创中心的办学宗旨明确，学校每年根据区域产业结构类型及发展方向、历年招生数据及当年初中毕业生数据情况，紧密结合产业发展人才需求，合理制订专业招生计划。近三年，张家港每年有初中毕业生约 11200 人，根据 2020 年录取数据，普、职录取比例趋向 1.2∶1，学生和家长对职业教育的认可度不断增强，高职生源数量逐渐增加，尤其是制造、机电等专业（表 5-1）。张中专 10 个高职专业招生人数持续保持在 550 人左右，且各专业每年招生总人数也比较均衡，2018—2020 级高职学生总人数达 1679 人（表 5-2）。

表 5-1　近三年张中专在校生及当年招生情况

单位	在校学生数						当年招生数					
	中职			高职			中职			高职		
张中专	2020 年	2019 年	2018 年	2020 年	2019 年	2018 年	2020 年	2019 年	2018 年	2020 年	2019 年	2018 年
	1977	1927	2098	2746	2708	2073	721	774	500	609	550	528

表 5-2　近三年张中专高职各专业招生情况

序号	专业名称	总人数（人）	2020 年	2019 年	2018 年
1	机械制造与自动化	233	84	79	76
2	机电一体化技术	260	89	87	86
3	工业过程自动化技术	73	37	36	0
4	汽车检测与测量技术	125	36	46	43
5	应用化工技术	113	37	38	38
6	服装设计与工艺	135	43	47	45
7	计算机应用技术	132	48	44	40
8	计算机网络技术	134	48	43	43
9	会计	334	138	85	111
10	国际商务	140	49	45	46
总人数/年（人）		1679	609	550	528

（2）生源质量稳步提升

“三元二区”融创中心办学成效明显。一是学校积极发挥优秀学生的榜样作用，每学期都邀请升入本科院校的学生回校介绍大学学习生活，发动获得全国技能大赛金牌的学生畅谈技能训练要点，举办专转本学生考试成功经验分享大会，聘请优秀毕业生宣讲职场求职经验、工作经历。二是通过报纸、学校网页和微信公众号等媒体扩大宣传力度，使学校知名度再度有所提升。“三元二区”融创中心的实施打破了生源质量的“天花板”，学校高职录取分数线连续 3 年大幅提升，2018 年为 552 分、2019 年为 572 分、2020 年为 583 分（图 5-1）。

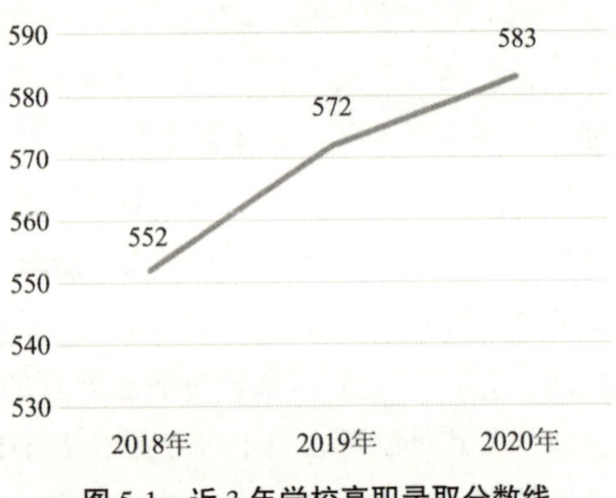

图 5-1　近 3 年学校高职录取分数线

由此可见，社会对高职教育的认可度和评价度正在逐渐提高，这在很大程度上破解了学生就业难、学校招生难的困境，吸引更多的优秀初中毕业生报考张中专，进一步提升了学校的生源质量和办学质量，为学校快速发展提供了厚实的基础保障。

2. 师资队伍建设卓有成效

(1) 注重教师团队建设，形成师资梯队培养体系

教师在做好教育教学外，还要完成学校安排的各项工作任务。要抓好学校管理，做强专业建设，扩大品牌效应，仅仅靠教师个人单打独斗是不现实的，更需要发挥教师团队的力量，群策群力、突破瓶颈、再创佳绩。现“三元二区”融创中心已成为教师团队建设的新引擎。

一是在发挥企业自身人才培养体系优势的背景下，积极助推学校教师组建团队，再根据团队创建标准择优选取，并结合团队优势发挥好示范引领作用。目前，学校已培养了教学、德育、技能、创新、科研、党建等六大方向教师团队，2020 年又助推学校新建 12 个教师团队（表 5-3）。

表 5-3　教师团队建设名单

序号	团队名称	团队类别
1	创未来优秀教师团队	创新创业团队
2	七彩数学空间教学创新团队	教学创新团队
3	智控教学创新团队	教学创新团队
4	守正创新思政教学团队	教学创新团队
5	岸芷汀兰语文教学团队	教学创新团队
6	3C 领航计算机团队	双师型教师团队
7	竞创团队	双师型教师团队
8	会计双技教学团队	双师型教师团队
9	筑匠工作室	双师型教师团队
10	春雨名优班主任工作室	班主任团队
11	筑梦起航班主任团队	班主任团队
12	寻梦者党员先锋团队	党员先锋团队

二是共同设计、规划教师团队成员分类分层培养体系。通过搭建多层次、多类型教师职业能力发展和交流平台，根据教师执教能力、研发能力、社会服务和资源整合等能力的发展规律，并结合新教师、骨干教师、专业带头人、团队领衔人、技术技能教师、企业兼职教师等不同类型和不同职业发展阶段，进行

培训项目顶层设计，明确每个类型和每个阶段的培训目标与内容，从而建立完善的阶梯式成长体系，以教师个人能力提升促进教师团队快速发展（表5-4）。

表5-4 阶梯式成长体系

序号	时间	成长目标
1	入校3年	参加教师团队，在团队成员的帮助下，熟悉教学流程，能胜任教学
2	入校5年	成为团队骨干教师，有一定的教学科研能力，执教能力强，与团队其他成员一起参与研发、竞赛等活动
3	入校10年	成为团队专业带头人，是技术技能型教师，代表团队参加教学大赛、技能大赛或参与德育比赛
4	入校15年	成为团队专业领衔人，有技术专长，辅导团队新成员成长，成为企业兼职教师

（2）发挥名室名师引领作用，培育教师成长

“三元二区”融创中心助推名师工作室建设，积极把各项举措落到实处，在教育教学改革、教师专业成长和学校创新发展过程中发挥了重要作用。一是发挥了工作室的引领作用。融创中心集合工作室骨干成员的智慧和力量，发挥团队协作和创新精神，积极在专业建设、教学改革、德育管理、学生发展、技能培训、校企合作等方面进行探索和实践，努力创新与转化教育教学成果，现已建成江苏省名师工作室2个、苏州市名师工作室6个。二是发挥了名师的辐射作用，要上好每一堂课，除了必须具备敬业精神、知识功底以外，最重要的是必须具备处理教材的能力、组织教学的能力、表达表演能力和随机应变的能力。融创中心通过各项教学活动中名师的示范和辅导，不断鞭策青年教师扎实练好教学基本功，掌握四种教学基本能力，激发青年教师的内驱力，提高青年教师的责任意识，为更多青年教师成为省、市级教学骨干和教学名师搭建成长的平台。截至2020年6月，学校有专业教师215人，其中技师及高级技师131人，双师型教师比例达81.9%，高级职称比例为42.5%，硕士以上比例为26.6%。学校现拥有全国职教名校长1人、省职教领军人才4人、全国优秀教师1人、苏州市名教师3人、苏州市学科带头人17人、苏州市劳模1人、张家港市劳模1人、全国职业院校技能大赛优秀指导教师12人、市级以上骨干教师113人，学校师资整体素质优良。

(3) 加大联合培训力度，夯实教师教学技能

“三元二区”融创中心特别注重教师基础技能培养，为帮助青年教师“练就过硬基础技能本领，加快提升执教能力，站稳实训教学课堂，掌握企业岗位技能”，学校开展“领航大学堂技能提升”活动，通过积极发挥“金牌教练”技能优势，定期邀请企业技术骨干到校指导，涵盖机械、机电、汽修、数控、化工、信息、经贸、服装等专业，受到了专业教师的热捧。一是促进教师参与校本技能培训工作。企业的加入无疑给教师的技能提升注入了强心剂，吸引了更多的专业教师加入技能提升活动，通过制定“一人一向”技能提升培养规划（表 5-5），围绕“一年练好专向技能水平，二年带好技能实习考工，三年比好技能大赛获奖”的目标，结合教师个人专业兴趣开始选定技能方向，由校企共同参与“传帮带”辅导，通过周周安排训练项目，强化技能训练过程管理，加大技能训练力度和淘汰率，并定期组织抽测和考评，利用夜办公等时间逐渐打好技能基础。目前，学校共培育了 15 个专业的中青年教师技能队伍，形成了专业全覆盖、教师总动员的浓厚培训氛围。二是突出了教师参与技能大赛的地位。根据融创中心办学技能提升培养计划，按照“先从校内练兵，再到兄弟学校交流，最后到省市大比武”的大赛路线，在校、企联合培训的基础上，增强了教师参赛的信心和决心，提升了教师的责任感和荣誉感。以“机械制造与自动化”专业为例，由于技能大赛相对于日常教学实训和考工，标准更高、难度更大，比赛中的图形轮廓复杂、零件装配巧妙，会涉及新工艺的安排，包括装夹方式选择、加工顺序确定、切削用量选择、刀量具使用等，对于教师掌握的技能要求更高，因此，教师要更注重技能新工艺与新方法的学习、掌握和实践。联合技能培训的开展，逐步提升了专业教师技能水平，为专业教师下企业实践奠定了基础。

表 5-5　教师技能提升培养规划

	第一年	第二年	第三年
技能发展	练好专项技能	带好技能实习	比好技能大赛
大赛层次	校内练兵	校外交流	省、市比武

（4）提升企业实践热度，强化教师专业技能

学校关注教师专业成长一般侧重于基础技能培训，对于企业先进生产技术的介绍或引入较少、较缓慢，导致企业生产与学校实训对接的培训较欠缺。“三元二区”融创中心以“拓宽教师技能视野，提高岗位能力水平”为出发点，组织实施“百师入企”项目，积极推动校企深度合作，紧密强化校企关系。一是“专业教师下企业”轮训积极。教师分专业主动参加为期30天的分时段定岗专业实践，在发挥企业学院培训主体优势的背景下，专项提升教师对企业的专业认知和实践能力，并主动参与校企合作项目，表现在参与企业产品改造升级、设计研发项目等，近5年共升级、研发16项，参与项目数量明显增多，入企人数也逐年增加（图5-2）。二是“校企双导师制”实施积极。针对3年内专业新教师缺乏企业实践经历的现实，学校还积极聘请企业技术骨干担任技能导师每周授课，帮助青年教师了解行业企业技术技能发展状况，学习生产技术、设备维护、车间管理等，预先拉近校企距离，感受校企氛围差异，提升企业实践经验，近5年参与企业导师培训的青年教师人数也逐年增多，形成了良好的培训氛围（图5-3）。三是职业素养培育积极。一方面教师通过进企业，掌握一线生产技能，拓宽专业技术视野、传承工匠精神，推进校企合作一体化进程，实现职业技能与岗位技能、岗位能力素养的全面提升，以更好更快地对接企业岗位，推动职业学校和企业形成命运共同体；另一方面通过对照企业标准，在学校的文化宣传、培训指导中积极厚植企业承担职业教育责任的文化环境，培育和传承好专业精神和职业精神。

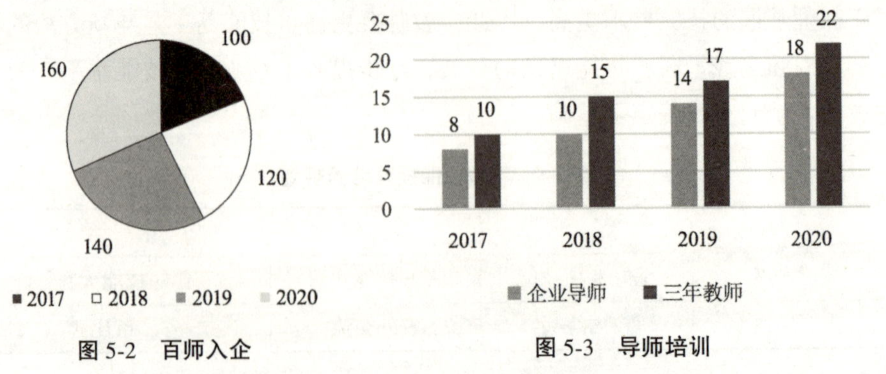

图5-2 百师入企　　图5-3 导师培训

学校坚持“教学技能”和“专业技能”两手抓，以“校技能培训”和

“企业定岗实践”为阶梯手段，采用“请进来、走出去”的培训方式，通过“三元二区”融创中心打造高层次师资队伍，为学校与企业提供校企合作、产教融合的交互平台和空间，积极深化校企合作关系，扩大校企合作效益。

3. 教学科研成果突出

（1）加强学习，提升教学科研水平

如果说教研是教育生命的源泉，那么科研便是教育的起点、旗帜和抓手。“三元二区”融创中心在运行中曾遇到一些棘手、困惑的校企合作办学难题，如“三元二区”融创中心如何发挥学校、企业、国外职教集团这三者的载体作用，产业学院及企业学院运行模式，包括师资配备、课程设置、技能实训等。由于缺少经验可借鉴，因而这些问题解决难度大、速度慢、效率低，影响了校企合作的开展进度及成果显现。为了切实找到解决问题的方法，学校高度重视科研引领。一是敢于转变观念。教师的角色不仅仅是教育者，还应该是科研者、实践者，要有“鱼和熊掌兼得”的执着和信念，主动养成强烈的科研意识，努力成为教、科、研全能的教师。二是乐于学习充电。在融创中心办学中会遇到多样性、不确定性问题，要求教师具有丰富的知识和能力作为支撑，张中专积极倡导教师多学习教育教学、校企管理、科学技术等知识，强化理论和专业学习，培养科学的规划建设思路，掌握科学的研究方法。三是善于总结反思。教师把更多的时间和精力放在科研上，以为校出谋划策为出发点，以提升科研能力为立足点，以解决校企合作实际问题为目标点，主动发挥教研组、教学团队的科研力量，积极思考融创中心办学中的难题，有效提高自身的科研素养和能力。四是甘于校本研修。张中专实现了每个教研组、每个教学团队均有校企合作科研项目，如校企教材编写、校企课题研究等，每位专业老师也都撰写了校企合作方向的论文，从而形成了良好的科研氛围。学校鼓励青年教师先以某一教学方法、教材开发、冠名班级管理等作为研究切入点，做好校企合作研究的经验积累和准备，再由点成线、由线扩面，逐步深入和拔提，不断提升研究能力，为学校发展营造了浓厚的科研氛围。五是脚踏实地。教师从遇到校企合作问题开始，就要秉持科学态度，遵守研究原则，从确定研究课题、计划、目标、内容、方法、保障等到形成可借鉴、可推广的成果范式，都要科学、持续和深入，都要落地生根、开花结果，积极传承创新务实的科研精神。

在“三元二区”融创中心办学背景下，教师的科研能力提升较快，科研成果丰硕，2017—2020 学年，论文发表、获奖、教材出版、课题研究的数量每学年都稳步提升，主要教育教学成果奖也突显了成就（表 5-6、表 5-7）。

表 5-6　教师课题、教材、论文情况

年度	课题研究	教材出版	论文获奖	论文发表
2017—2018	16	11	36	156
2018—2019	19	13	42	172
2019—2020	22	15	48	189

表 5-7　教育教学成果奖

序号	主要教育教学成果奖	时间	奖项
1	打造大国工匠：制造类专业人才“四位一体”协调培养模式的构建与实践	2017 年	江苏省一等奖
2	机械制图与计算机绘图课程改革研究与实践	2017 年	江苏省二等奖
3	“校企合作赛考促学课证融通”中高职衔接系统培养高质量人才的探索与实践	2017 年	江苏省二等奖
4	打造阳光德育品牌，引领学生多元发展	2018 年	苏州市特等奖
5	县域统筹中高职“多渠道、双主体”贯通培养多层次本土化人才的探索与实践	2020 年	苏州市特等奖
6	依托新型载体培养“现代工匠”——“三元二区”企业学院育人模式的探索与实践	2020 年	苏州市一等奖

（2）校企合作，助推教科研成果应用

教师在校企合作课题、论文上有了新亮点，在发明与专利上也有了新特色，这是新时代职业教育名师能力的一种表现。在“三元二区”融创中心大环境中，教师逐渐改变了以往主要集中于教学教具的改进，而涉及实训加工、生产实践、生活应用的创新发明较少的状况。一是依托校企合作，推动科研创新活动开展，聚焦智能制造、工业机器人、机械制造与设计、计算机网络与物联网应用等领域，积极组织由企业专家参与的创新培训、创新比赛，发挥专业教师及企业技术人员优势，加强创新辅导、专利申请，把创新与专利发明作为

学校的一项竞技活动，从系部到学校再到省、市进行比赛，扩大了师生参与面，培养了创新意识，提升了基础创新能力。二是依托校企合作，助推产教研成果转变。学校坚持“从企引入，由校输出”的师资互培思路，挑选专业教师融入企业科研开发团队，一起参与企业相关技术攻关、产品研发、设备升级、专利申请告示活动，教师经历从学校到企业、从作品到产品、从教具到专利、从基础到专业的学习和实践，与企业技术人员进行技术沟通，确定设计方案，制造创新产品，申报实物专利，群策群力、相辅相成，大幅提升了自身的科研及技术水平，把创新发明转化为专利成果，发挥了学校在企业创新发展中的重要作用，更好地服务地方产业经济发展。自 2016 年以来，校企加快合作与开发，现共申请国家实用新型专利 15 个，在江苏省同类学校中已处于领先位置（表 5-8）。

表 5-8　张中专专利申请情况

序号	时间	专利名称	专利号
1	2016 年 4 月 27 日	清扫器以及清扫装置	zl201520668671. 5
2	2016 年 6 月 8 日	服装裁剪放缝剪刀	zl201521132607. 1
3	2016 年 6 月 22 日	双面胶夹架	zl201521132189. 6
4	2016 年 6 月 1 日	气动式动力装置	zl201521132187. 7
5	2018 年 5 月 11 日	一种台灯	zl201721330903. 1
6	2018 年 4 月 20 日	一种衣物熨烫烘干装置	zl201721330902. 7
7	2018 年 5 月 18 日	学生专用警示伞	zl201721162559. X
8	2018 年 2 月 5 日	智能行李箱	zl201820262489. 3
9	2018 年 2 月 5 日	挂壁式吹风机	zl201820262486. X
10	2018 年 2 月 5 日	一种搬运带装置	zl201820262489. 9
11	2020 年 8 月 5 日	一种电梯智能语音装置	zl202021599657. 1
12	2020 年 8 月 5 日	一种基于无线网多传感器智能安全帽	zl202021599402. 5
13	2020 年 8 月 5 日	一种疲劳驾驶警示器	zl202021599648. 2
14	2020 年 8 月 5 日	一种太阳能便携式消毒餐具盒	zl202021599406. 3
15	2020 年 8 月 5 日	一种太阳能折叠伞式钓鱼箱	zl202021599642. 5

“三元二区”融创中心以“科研兴校，科研兴教”为理念，积极构建科研平台，营造科研氛围，推进企业创新实践成果向学校教学资源转化，让科研成为学校提质培优行动的重要驱动力，从而提升学校办学品质，实现校企共建双赢的良好局面。

（二）人才培养过程特色显著

“三元二区”融创中心围绕“坚持立德树人，体现培养特色，进一步明确专业培养目标，完善思政课程体系，规范课程整体设置，优化实践教学体系”，积极探索适合校企合作下工学交替、产教融合的人才培养模式及课程体系结构，积极推动教学改革、校企合作。

1. 培养模式与课程体系建设有成效

（1）人才培养方案日趋完善

“三元二区”融创中心是职业教育人才培养的一种新载体，对于完善人才培养方案具有指导意义。学校每年按照五年制高职教育专业建设质量标准，定期组织高职院校、企业行业专家和专业骨干教师参与制定新专业培养计划，召开老专业的调整方案研讨会，以“五育并举+职业技能”为主线，将之贯穿于五年制高职教育人才培养工作的始终。在设计人才培养方案中，突出人才培养的针对性、实用性、连续性，目的是让学生具有强劲的可持续发展能力。目前，学校人才培养注重“五育”的落实，注重学校基础技能的训练和企业岗位技能的对接，注重校区产业学院和厂区企业学院学习区域的轮换，注重学校教师与企业导师的定期互聘教学（图 5-4）。从 2015 年开始，学校“三元二区”融创中心各专业人才培养方案已经过 3 次修订。为抓住苏锡常都市圈职业教育改革发展机遇，2020 年学校再次进行修订，以更适合

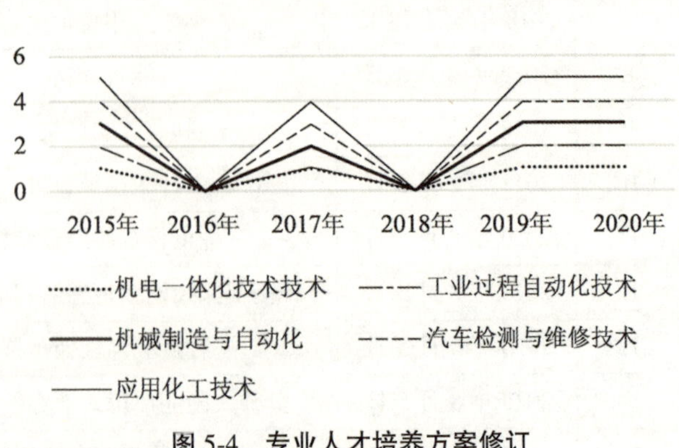

图 5-4　专业人才培养方案修订

企业和学校的共同发展需求。

（2）专业课程体系逐渐完善

企业竞争力的提升离不开“新人才、新技术、新工艺”的引进、实践与创新，“三元二区”融创中心根据企业发展需求及专业人才培养方案要求，注重提升技能人才培养质量，着力从专业课程体系入手，按照突出应用性、相关性、实践性的原则重组专业课程结构，包括思政课程、群平台课程、专业方向课程、群选修课程等的选择和比例分配，注重课程与岗位能力的联系，加强校企合作专业课程体系建设。以“机电一体化技术”专业为例。2020 年学校完成人才培养方案重新修订，重建突出培养“五育”和技能的课程体系，以更适合五年制高职教育专业建设质量标准及区域产业发展需求，现“机电一体化技术”专业课程结构调整为公共基础课 27 门（35%），其中德育、文化必修课程 17 门、选修课程 10 门；专业技能课程 17 门（22%），其中专业群平台课程 8 门、专业核心平台课程 9 门；集中实践课程 2 门（2. 5%）；选修课程 29 门（38%），其中公共选修 12 门、专业拓展选修课程 17 门；素质拓展课程 2 门（2. 5%）（表 5-9）。

表 5-9　机电一体化技术专业课程体系框架

<table>
<tr><td rowspan="4">机电一体化技术专业课程体系结构</td><td rowspan="4">公共基础课程</td><td rowspan="2">德育课</td><td>必修课</td><td>1. 职业生涯规划；2. 职业道德与法律；3. 经济政治与法律；4. 哲学与人生；5. 思想道德修养与法律基础；6. 心理健康；7. 创业与就业教育；8. 形势与政策；9. 中华优秀传统文化；10. 毛泽东思想与中国特色社会主义体系概论</td></tr>
<tr><td>限选课</td><td>1. 党史；2. 国史；3. 改革开放史；4. 社会主义发展史；5. 习近平新时代中国特色社会主义思想</td></tr>
<tr><td rowspan="2">文化课</td><td>必修课</td><td>1. 语文；2. 数学；3. 英语（含专业英语）；4. 体育；5. 信息技术；6. 美育；7. 历史</td></tr>
<tr><td>限选课</td><td>1. 物理；2. 化学；3. 地理；4. 职业素养；5. 安全教育</td></tr>
</table>

续表

机电一体化技术专业课程体系结构	专业技能课程	专业群平台课程	1. 机械制图；2. 机械制造技术基础；3. 钳工技术训练；4. 机械加工技术训练；5. 电工技术基础；6. 电子技术基础；7. PCL 编程及应用技术；8. 液压与气压传动
		专业核心平台课程	1. 电子装接工艺与技术训练；2. 机电设备电气控制技术基础；3. 电力拖动技术训练；4. 单片机应用技术；5. PLC 技术训练；6. 机电一体化技术基础；7. 机电设备装调技术基础；8. 机电设备管理和维护技术基础；9. 质量管理与控制技术基础
	集中实践课程	毕业设计	
		顶岗实习	
	选修课程	公共选修	1. “五名”工程；2. 自我管理；3. 普通话口语交际；4. 概率与统计；5. 应用文写作；6. 书法；7. 中国名著欣赏；8. 工程数学；9. 职业沟通；10. 公共礼仪；11. 新闻采访；12. 音乐欣赏
	选修课程	专业拓展选修课程	1. 计算机网络技术；2. CAD/CAM；3. 先进制造技术；4. 精密测量技术；5. 多媒体与图形处理；6. 无线电装配技术；7. 现代物流技术；8. 数控线切割；9. 家电维修技术；10. 电工电子设计；11. 机械手和机器人技术；12. 楼宇自动化控制技术；13. 模具制造技术；14. 组态技术；15. 企业管理与营销；16. 管理心理学；17. 数控机床故障诊断维修技术
	素质拓展课程	入学教育及军训	
		社会实践	

（3）现代学徒制发展速度快

学校“以校企合、产教融合”为抓手，充分发挥“三元二区”融创中心办学优势，积极推动现代学徒制试点。目前，学校已在机械、机电、化工专业联合永钢集团、华灿光电集团、瓦克化工开展现代学徒制试点，也为其余专业顺利实施现代学徒制奠定了基础。在 2019—2020 年苏州市职业教育现代学徒制项目建设名单中，学校有 4 个项目入列（表 5-10）。近三年学校共有 402 人次的教师参加了由太仓中专校承办的现代学徒制培训，教师通过学习参观、经验交流和实践体验，整理了现代学徒制建设思路。一是培养模式更清晰。以提

表 5-10 张家港市列入苏州市职业教育现代学徒制项目建设名单

序号	年份	试点项目	学校	合作企业	合作专业
1	2019 年	机电一体化技术专业“1+N”现代学徒制项目	江苏省张家港中等专业学校	江苏新美星包装机械股份有限公司、云绅（张家港）精密工业有限公司、张家港市保意电器有限公司、江苏多佳维空调系统有限公司	机电一体化技术
2	2019 年	“四位一体”现代学徒制人才培养项目	江苏省张家港中等专业学校	瓦克化学（张家港）有限公司	应用化工技术
3	2020 年	基于“厂区+校区”协同育人永钢现代学徒制项目	江苏省张家港中等专业学校	江苏永钢集团有限公司	机械制造与自动化
4	2020 年	“双核驱动两区融合”贝内克长顺现代学徒制试点项目	江苏省张家港中等专业学校	贝内克-长顺汽车内饰材料（张家港）有限公司	机电一体化技术

高学生技能水平为目标，按照“学生→学徒→准员工→员工”四位一体的人才培养总思路，实行分段式育人机制，学生第一至第三学年在学校完成课程学习任务，掌握专业所需各项基本技能，践行 6 个对接（学校与企业、基地与车间、专业与产业、教师与师傅、学生与员工、培养培训与终身教育），让学生充分体验、模仿、尝试、感悟企业文化；第四至第五学年实行现代学徒制试点，让学生践行企业工作和企业文化，并实施班组化管理模式，1 名师傅带 5 名左右徒弟，组成学习小组，确保学生掌握实习岗位技能。二是教学模式更到位。以适应职业岗位需求为导向，积极改革教学方法，加强实践教学，着力促进知识传授与生产实践的紧密衔接，推行工学结合、实施双导师制，学校确定专业教师任导师下实习单位指导学生理论学习，实习单位选派技术人员做师傅负责实习生岗位技能传授，以现代化实习场所作为教学主阵地，注重能力培养和技能训练，促进知识学习、技能实训、工作实践的融合，推动教、学、做的统一，实现学生到员工的成功转变。三是教师引入更精确。通过制定人才引进和奖励机制，主动吸引优秀企业工程技术人员、管理人员和有特殊技能的人才来校担任专职或兼职教师，不断优化专、兼结合的专业师资队伍结构，倍增师资队伍专业技术力量。四是评价模式更有效。以能力为标准，构建了三方评价

机制，由企业、学校和中介机构对实习生的岗位技能进行达标考核。理论考核与操作考核相结合，学生掌握的基本技能须达到高级工水平，切实提高学生的就业基础能力、岗位核心能力，实现“人人有技能、个个有特长”的目标。

专业人才培养方案是人才培养工作的总体设计和实施蓝图，各专业群积极围绕岗位群工作领域，加强专业群平台课程、群核心课程、专业方向课程、群选修课程的建设，形成各专业间彼此联系、共享开放的课程体系，并滚动推进各专业人才培养方案、专业课程体系修订的进程。根据“三元二区”融创中心建设标准，学校已完成十大高职专业人才培养方案的最新修订，完善了校企合作专业课程结构体系，促使学校专业群更好地服务区域产业群。

2. 教学模式与教学方法改革有成效

教学改革依然是关系职业教育发展速度和质量的重要因素。“三元二区”融创中心推动了教学改革的步伐，积极坚持“翻转课堂”“行动导向”教学模式，采取适合的教学方法，使学生由被动学转变为自愿学、自主学，把教师主动教学转变为引导教、辅导教，从而提高学生的自主学习能力和探究精神。

（1）融合项目化教学，规范教学过程

在“三元二区”融创中心办学中，学校始终坚持教学改革，积极探索适合的教学方式，梳理了融合项目化教学的过程，主要表现在以下方面。一是情景导入，明确任务。通过结合企业文化、产品，以问题导入等方式，激发学生学习兴趣，创设良好学习情景，这是一节精品课的序曲。二是自主协作，实施任务。将课前设置的任务交由小组学生负责处理，包括资料收集与整理、方案设计与规划、项目任务实施与评价等，从而增强学生的自主学习与探究能力、小组协作与创新能力，而教师主要负责启发、引导学生或适当协助学生完成项目任务。三是成果展示，评价任务。结合实际适当安排学生个人展示或推选小组代表进行展示，组员再进行补充和完善，以提高学生的知识理解、思想感受、口语表达等能力，这是课堂的精彩环节。四是统计分析，全面总结。教师收集检测结果，进行统计分析及全面的总结和评价，这是课堂的点睛环节。2021 年，“省教学创新团队”在负责人带领下，开设“罐装线中输送单元的调试”项目苏州市展示课，课堂中团队的 3 名教师引进企业实际生产案例，通过项目化教学的方式将课堂教学与企业生产相结合，为学生快速融入企业生产一

线打下了坚实基础。2019年，“省机电名匠工作室”成员开设“轴外径尺寸精度控制”项目苏州市公开课，在“项目为主线、学生为主体、教师为主导”的原则下，轻松愉快地完成了教师的教、学生的学、学生的做和教师的评，丰富了活动项目，活跃了课堂氛围，提升了教学质量。

（2）引入信息化教学，提升课堂效率

如何更好地发挥校企能效，创新教学方式，提升课堂效率，在“三元二区”融创中心办学中得到了探索与实战。学校通过摸索、尝试、实践，找到了行之有效的教学方法——信息化教学，教师利用先进的网络教学平台如“雨课堂”“蓝墨云”“学习通”等，解决了融创中心的实际教学困难，提高了教学效率（图5-5）。引入信息化教学对课堂教学效率提升的意义主要体现在以下方面。一是在课前，教师把学习资料上传至平台，包括预习资料、试卷作业、微课视频等，并发布讨论问题，让学生在课前做好预习准备，并完成规定的预习任务。二是在课中，学生结合教师的层层引导，在自主学习微课视频后，能迅速针对问题进入讨论和探究，进行分析、对比和制定，以完成知识和技能的学习；教师则以启发、引导、激励和表扬等教学活动贯穿整个课堂，记录和解决共性问题，逐步帮助学生掌握知识点，再根据信息化软件统计任务完成情况，实现对学生全面、客观的评价。三是在课后，学生仍可重复观看微课或完成信息化软件上新发布任务，通过收集、讨论等活动完成新任务，为下次课做好充分的预习准备。利用信息化手段组织教学，既便于项目化教学的深入

图5-5　泛雅网络教学平台

推广，也实现了做、学、教的相互融合，培养了学生探究创新精神，提升了课堂教学质量。在2019年的苏州市评优课、张家港市课改活动中，开课的22位教师都积极采用信息化教学，获得了周边市区学校教师的一致好评。在2020年江苏省教学能力大赛上，教学团队的教师融入课程思政理念，引入产教融合项目，切入信息化手段，敢闯敢拼、日夜兼程，荣获江苏省二等奖和三等奖，为将来参加省教学能力大赛树立了赶超目标。

学校牢固树立新时代发展理念，以立德树人为根本，以产教融合为主线，以教学改革为抓手，积极发挥“三元二区”融创中心办学优势，改进教学方法，完善育人模式，积极服务学生全面发展和终身发展，服务区域经济发展，努力擦亮学校新名片。

3. 校企合作与产教融合推进有成效

（1）努力提升校企合作意识

学校以五大专业群对接张家港经济产业集群，努力把“三元二区”融创中心打造成为校企合作主阵地。一是由学校领导组队，集合校专业负责人、专业骨干教师及教师发展中心，深入调研有影响力的机械、电子、信息、化工等与学校专业相关企业，积极吸引有助于推动学校专业发展的企业作为深度合作企业。目前，学校已和世界五百强中的江苏沙钢集团，苏州民企100强中的江苏永钢集团、东渡纺织集团，中国民营企业五百强中的飞翔化工等企业开展合作。二是学校围绕“校企合作推动产教融合”的专业建设思路，积极与企业开展合作育人项目，如校企人才培养、校企课程开设、师资互聘互培、实训内容选定、实训基地共建等，连续5年为企业定向输送优秀毕业生约6500人；同时也吸引了更多龙头企业，如江苏新美星、江苏银河电子、张家港广大特材等45家企业参与校企合作，建成了永钢、广大特材、新美星等8家优秀企业学院，为学生的对口就业选择指明了方向，从而进一步夯实了“三元二区”融创中心建设的根基。

（2）积极实践“7S”管理模式

①“7S”（整理、整顿、清扫、清洁、素养、安全、节约）管理意识增强

在职业学校实训教学中，除了要强化学生职业信念（爱岗、敬业、忠诚、奉献、开放、合作）、传授职业知识技能（专业知识、专业技能）外，最重要

的就是要引导学生养成企业“7S”管理意识，这是学校正常开展实训教学的安全保障，也是对接企业岗位技能的重要环节。“三元二区”融创中心推动了学校实训“7S”管理的有序开展和精准实施，效果显著。一是学校“7S”管理意识日趋强烈，每个实训场地都张贴有“7S”管理规章及图片，师生能积极遵守“7S”管理要求，并主动学习合作企业生产一线“7S”管理视频，以企业“7S”标准作为学校“7S”管理衡量标准。二是教师示范“7S”管理全面到位，实训教师能结合不同实训项目，亲身讲解和示范“7S”具体操作流程，帮助学生清晰认识和掌握实训前、中、后所要完成的“7S”目标和任务。三是学生实践“7S”管理积极主动，以实训场地为实践场所，严格按照“7S”标准，从开始的尝试到后来的习惯，从课上到课下，学生能自觉、有序、完整执行“7S”管理要求，促使“7S”管理理念贯穿于整个实训教学，帮助学生提前体验企业“7S”管理标准，从而提升了学生的职业能力，养成了职业习惯。目前，“7S”管理在学校各专业实训场所已实现全覆盖，且“7S”管理正随着实训教学开展的进度逐步升级。

②“7S”管理方法多样

“三元二区”融创中心在实施中明确要求各实训场地必须严格对照“7S”管理标准，不断强化学校实训教学管理能力，逐渐培养师生的职业行为习惯。一是“承包”方式提效率。学校选定优秀专业教师作为实训室管理员，负责检查实验室环境卫生、设施设备情况等；选定专业骨干教师作为实训基地负责人，负责检查基地整体情况；选定系助理及系主任作为实训全面检查、抽查负责人，负责系的全面实训情况。二是“轮换”方式显公正。负责人检查实验室、楼层、基地的整体“7S”管理情况，并及时做好反馈、记录和整改工作。周一由实训教师自查，周二由所在系检查，周三由基地负责人检查，周四由实验室管理员检查，周五由实训处检查，学校则不定期抽查（表 5-11）。三是“扫码”方式创新样。通过现场扫描二维码上报实训检查结果，包括“7S”定点项目检查拍照、视频、文字描述等，最后由实训处根据后台数据统一导出，并在第一时间公布“7S”管理检查周报。四是“条例”制定有依据。学校把实训“7S”管理作为评优评选条例之一，彰显“7S”管理的必要性和重要性，不断提倡和执行“7S”管理，直到成为一种行为习惯，现“7S”管理已真正

渗入每位师生的心里和行动中。

表 5-11　分级检查

日期	周一	周二	周三	周四	周五
检查人	实训教师	系部	基地负责人	实验室管理员	实训处
	学校（不定期抽查）				

③“7S”管理满意度高

近三年，各合作企业对推行“7S”管理后的毕业生满意度逐年提高（图 5-6）。在推行“7S”管理后，学生的奋斗目标更明确，爱岗敬业更坚定，行为习惯更有成效，同事关系更融洽，实训环境更整洁，实训秩序更稳定，知识结构更全面。永钢集团人力资源管理科科长朱林峰说：“张家港中专校毕业生进入企业后，始终展示着优良的职业素养，尤其是在生产岗位上遵守‘7S’管理，帮助企业减少了浪费，保障了安全，提高了生产效率和企业形象，‘7S’管理已成为每个员工的职业习惯，专业化、规范化和职业化显著提升。”这也促进了学校将“7S”管理持续作为人才培养的重要方面之一。

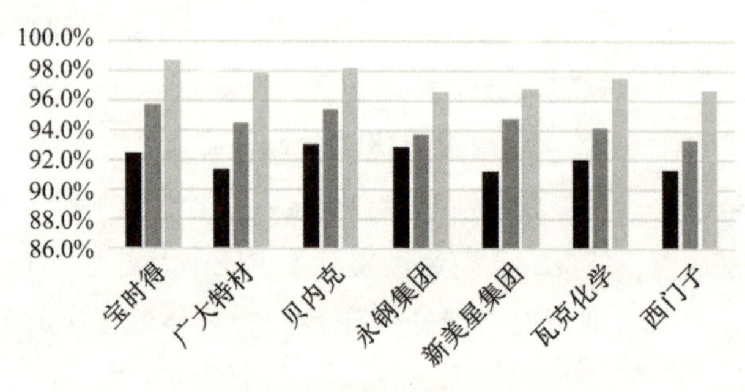

图 5-6　“7S”管理满意度

“三元二区”融创中心除了推行“7S”管理让师生感受职业要求外，还积极引入企业家和优秀毕业生报告会、顶岗学生谈体会等活动，并成立学生创业中心，将职业素养与就业教育、创业教育、劳动教育作为必修课纳入教学计划，全面培养学生的职业道德和职业素质，为专业学生创业、创新能力的培养提供展现平台。

（3）深化培养学生专业技能

① 分段培养专业技能

“三元二区”融创中心促进校企课程与技能衔接更紧密、更合理。前 3 年以学校学习、实践为主，由学校负责专业基础知识和技能教学；第四年以学校学习、实践为主，以企业和国外职教集团教学为辅；第五年以企业学习、实践为主，主要由企业负责岗位知识和技能教学，学校和国外职教集团教学为辅。以“机械装备产业学院”对接“永钢企业学院”为例（表 5-12）。学生前 3 年主要学习的专业课程有：第一年“机械制图”专业基础课程、钳工和 CAD 技能课程；第二年“电工基础”专业基础课程、车工和电工电子技能课程；第三年“数控编程技术”专业核心课程、数控和 CAM 技能课程，专业技能项目紧密围绕专业人才培养方案要求适度进行调整，帮助学生逐步掌握专业基础技能；第四年进行企业轮岗见习，以“质量管理”“设备运维”等岗位知识课程学习和专业基础（通用）技能轮换为主，逐步适应企业岗位职责；第五年定岗实习，在企业完成高级工（1+X）证书鉴定和上岗证培训后，根据预设设备检修岗位、设备安装调试岗位等进行定岗定责的生产技能实践。从理论到实践，从基础到专业，从学校到企业，分段完成岗位专业知识和技能学习，实现了学生专业技能与岗位能力需求的“零距离”，也为企业招聘和学生就业双选创造了机会，为“三元二区”融创中心的办学与推广提供了实践模式，可谓一举多得。

表 5-12 专业主要课程安排

机械制造融创中心	第一年	第二年	第三年	第四年	第五年
专业课程	机械制图	电工基础	数控编程	设备管理、设备运维	高级工（1+X）鉴定和上岗证培训
技能课程	钳工、CAD	车工、电工	数控、CAM	专业基础/通用技能轮换	设备检修、设备安装调试定岗
学习区域	学校学习为主			学校为主、企业为辅	企业学习为主

② 融合提升岗位技能

岗位技能熟练度是学生成功就业的关键，岗位技能的提升离不开学校和企

业的联合培养，"三元二区"融创中心推动了学生学校基础技能和企业岗位技能的双螺旋提升。一是强化基础技能培训，学校的专业技能培养以基础技能实践为主，并作为岗位技能学习和提升的载体。以机械专业为例，有效培养了学生掌握绘图软件的图形绘制、标注和出图，钳工的划、冲、锯、锉、钻、铰，普车（数控车）的装夹、车外圆、切槽、车螺纹、镗孔，数控的铣的装夹、铣轮廓、钻孔、镗孔的硬操作技能以及数控的编程、磨耗等软操作技能，并适当引入企业简单加工产品，以产品作为实训课题，运用基础技能完成产品设计与加工，不断提升学生基础技能水平。二是积极引入企业生产案例，在实训教学中主动对接企业生产条件和需求，把校企联合开发的新型活页式教材作为实训教材，根据企业生产案例设计实训项目，每个项目由多个任务组成，每个任务围绕 1~2 个技能点进行实践。三是积极开展以"行动导向教学"为主题的教研活动，通过项目化教学的方式将课堂教学与企业生产相结合，引入企业实际生产案例，做到生产与教学相融合、机械专业与电气专业相融合、学生团队和教师团队相融合这"三个融合"，为学生快速融入企业生产一线打下坚实基础。四是发挥角色主导作用，在学校的技能培养中，教师以示范、讲解、管理为主，而企业导师则定期入校进行技能指导，并协同教师辅导完成实训项目作品。在企业的技能培养中，以企业产品生产为主，由企业导师全程负责，注重基础技能向岗位技能的转变和提升，经过磨合期，95. 5%的学生基本能掌握岗位技能，独立胜任岗位职责。根据近三年的数据统计，学生对素养与技能作用的认识水平正稳步提升，对专业技能与岗位技能相辅相成的认可也逐年提升（图 5-7、图 5-8）。

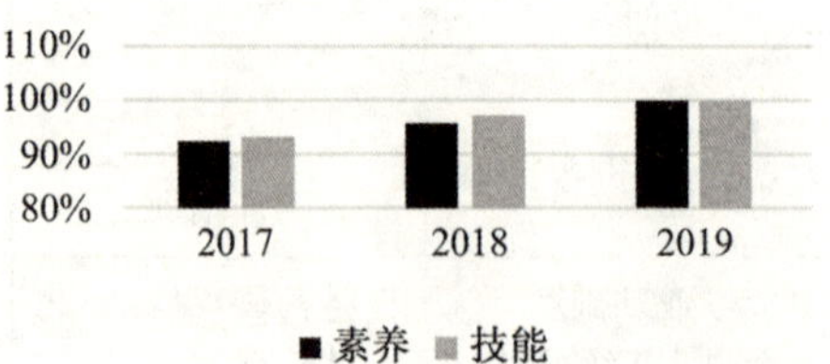

图 5-7　学生对素养与技能作用的认识水平

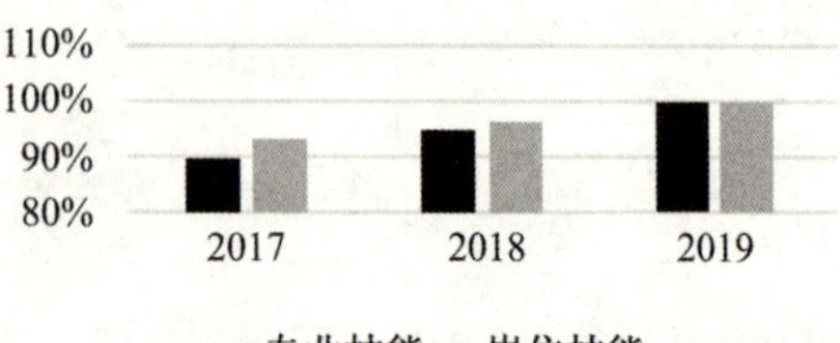

图 5-8　学生对专业技能与岗位技能相辅相成的认可情况

(4) 全面开发校企合作项目

① 校企合作建设专业课程

课程是“校企合作、产教融合”的催化剂，是传授知识和技能的载体。课程开发与建设已成为学校推行“三元二区”融创中心的一把手工程，学校在积极发挥校企力量的基础上，成立企业技术人员、专业负责人、专业骨干教师一体化的课程开发团队。一是创建校企合作课程。根据课程对接岗位的思路，充分结合校企固有条件，构建以工作过程和岗位职业能力要求为行动导向的相关专业核心课程，与企业技术专家一起对现有适合的专业课程进行调整，将企业基础技能实践项目充实到教学项目之中，不断优化教学内容，增强教学的实践性与针对性。如学校与永钢集团企业合作开发的“电工技能实训仿真”课程，与广大特材企业合作开发的“数控车项目操作”课程，与宝时得企业合作开发的“MASTERCAM——产品实例应用”课程，与新美星企业合作开发的“车工技能操作”课程，与加特可企业合作开发的“PLC 技术训练”课程等，都在原有课程知识和操作能力基础上融入了岗位生产技术技能，这些课程有效提升了学生的企业岗位适应能力。二是开发校企精品课程。在校企合作开发的校本课程基础上，不断完善教学内容，优化教学方法，丰富教学资源，提升学生对课程学习的兴趣。通过网络教学平台载体，如泛雅平台及“学习通”“雨课堂”“蓝墨云”班课等软件，实现课程的网络化学习，促进现代信息技术在教学中的应用，提升课程学习的便捷性和高效性，全面提高教育教学质量。如 2020 年“机电一体化技术”专业开发的“电气控制与可编程控制器应用技术”“电工技术基础”“电子技术基础”等 3 门网络精品课程及 1 门苏州市申报精品课程。第三方教育评价机构（张家港市尤博特教育）数据显示，网络课程在线教学的使用率达 100%，好评率达 96.7%（图 5-9）。近 5 年以来，学校共有 4 门精品课程通过苏州市精品课程建设资源评选，为共享优质教学资源提供了便捷（表 5-13）。

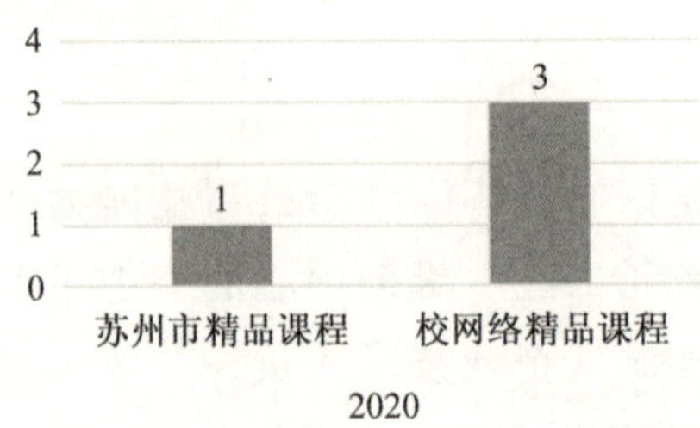

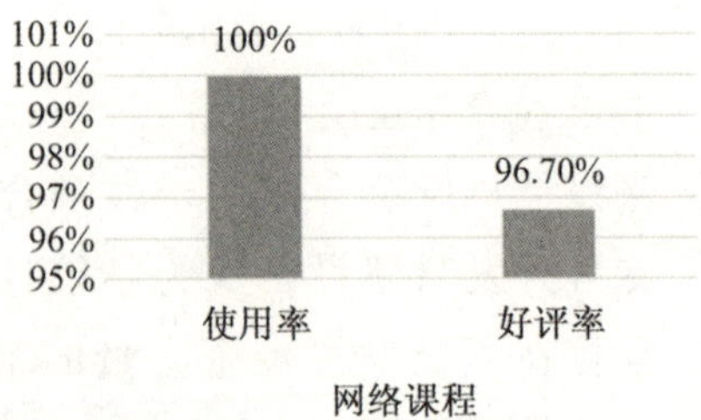

图 5-9 精品课程及网络课程使用情况

表 5-13 苏州市精品课程

系部	精品课程	年份
自控系	工业产品设计	2015 年
信息系	MAYA	2016 年
经贸系	会计电算化	2018 年
信息系	服装 CAD	2020 年

② 校企合作开发融合教材

“三元二区”融创中心在促进学校人才培养、课程体系建设的基础上，增加校企联合开发教材的力度，尤其是工科类教材开发。一是根据专业教材项目内容对接岗位能力培养的思路，在结合学校实习项目内容基础上，通过引入企业生产案例，确定课程教学项目。二是通过课程项目研讨，引进企业新技术、新工艺、新方法，设计与岗位产品和技能相关的项目任务。三是注重行动导向教学的运用，充分发挥学生的主体作用和教师的主导作用，注重对学生分析问题、解决问题能力的培养，在行动导向驱动中完成项目任务。四是紧密贴合企业实际生产加工要求，开发与企业相匹配的新型活页式、工作手册式教材，提高融合教材的实用性和应用性。围绕“机电一体化技术”专业课程体系建设目标，2020 年校企合作开发的融合教材主要有《德国 AHK 职业资格考试机电一体化工系列教材（一）机加工基础与技能》《德国 AHK 职业资格考试机电一体化工系列教材（二）电气控制与 PLC》《现代学徒制人才培养模式工学结合工作任务手册》《中德合作双元制教学模式项目校本教材》(图 5-10)。新开发的新型活页式、工作手册式教材使用率 100%，好评率达 97.5%。

图 5-10　校企合作开发教材

③ 校企合作共建实训基地

“三元二区”融创中心模式是校企合作办学、加强内涵建设、提高学校办学软实力的重要途径，推进了实训基地的建设进程，形成了产、学、研、训、赛、考一体化和实训生产化，更好地服务了学生技能培养，提高了就业创业本领。一是根据生产性实训需要，通过学校申购、企业赠送以及校企共建等途径，升级重点专业现有实训设备。按照现代企业真实生产环境和管理运作模式的特点，改进和完善实训环境设计、工位设置、操作流程、人员配置以及环保与安全要求等，提升实训基地的软、硬环境建设水平。目前，在“三元二区”融创中心办学模式下，已建成国家级数控紧缺型人才培养培训基地 1 个、省级实训基地 5 个、省技能教学研究基地 1 个、省高水平示范性实训基地 3 个、省现代化实训基地 2 个、江苏省学业水平考试技能考点 5 个、中高职衔接现代职教试点项目 11 个。二是继续加强现有校外实习基地建设，强化校外实习基地功能，为专业教师下企业锻炼、组织学生进企业实践提供实习场地和岗位，并充分利用企业生产与经营的软硬件资源，着力提升师生专业技能与职业素养，为开展实训教学提供了重要保障。目前，学校与永钢集团、新美星包装机械、广大特材、贝内克等企业建立了以行业企业为依托的校企合作、产教融合的企业学院，其中新美星企业学院被评为 2018 年苏州市优秀企业学院。

校企联手共建融创中心，发挥双方深度融合的辐射作用，在专业课程设置、技能项目调整、职业素养养成、实训基地建设上，不断构建课程体系，达成专业建设标准，完善专业人才培养方案。同时，在专业对接企业过程中，加

快课程、教材、实训基地的开发和创建，并按照“小步走、高质量”的建设思路，实现共建共享资源，加大职业教育改革的力度，提高人才培养质量。

（三）人才培养质量初见成效

1. 人才培养质量一流

（1）专业认识方向准

在整体专业布局上，学校紧贴当地经济产业结构，依托“三元二区”融创中心这座桥梁，围绕张家港冶金、机电、化工、纺织等四大传统产业链，瞄准新能源、数字经济、生物医药等三大新兴产业链，以专业群对接产业群，从上至下开展各专业人才培养方案研读活动，向学生和家长做好专业介绍，尤其是专业人才培养方案的解释工作，帮助学生和家长深入了解专业基本情况，如职业岗位面向、继续研修专业、专业核心课程、“1+X”证书方向等。2020 年新生专业认识调查数据显示，95.6%的新入学学生对融创中心定位的专业方向、专业课程、专业技能有一定的认识，开拓了学生视野，有助于他们了解职业生涯方向，避免了学生因对所报专业认识不清、对所学课程理解模糊而在校消极学习现象的重现。融创中心模式的实施有效帮助学生做到专业认识有方向，学习目标有定位，学习过程有引导，学习结果有成效，高效对接就业岗位，出现了毕业即就业的良好态势，2020 年学校毕业生 1200 人，毕业率 100%，为社会培养了大批合格的毕业生，减轻了劳动力缺口的压力，更好服务区域经济高质量发展。

（2）专业知识水平高

“三元二区”融创中心加强教学管理和质量监控。一是深入开展常规调研，通过随机抽查听课、抽查学生作业、师生座谈等方式，及时掌握学生学习情况，发现问题并提出解决策略，再进行回头调研，检查整改成效，促进课堂教学效率提升。二是统一安排模拟测验，依据考试大纲要求组织期中、期末和学业水平测试模拟考试，通过考试检测阶段性学习效率，督促学生积极弥补知识点的不足，真正提升教学质量，真正为学生升学、就业、创业提供必要的基础学业能力。三是开展教学质量分析，及时汇总和发布测试统计表，各校积极组织处室、系部进行教学质量分析，按照甄选目标、寻找问题、丈量差距、分析原因、评价反馈、

制定措施、实践行动的过程，进一步加强教学管理，加大监测力度，强化教师责任心，以学业水平测试为手段，不断提升教学质量。2020 年，学校在江苏省学业水平测试中，全科合格率达 97.87%，比全市高出约 1.2 个百分点（表 5-14）；在江苏省专转本考试中，录取学生 45 人（表 5-15）。

表 5-14　学业水平测试情况

年度	范围	参考人数	全科合格人数	全科合格率
2020	全市	1505 人	1454 人	96.61%
	张中专	470 人	460 人	97.87%

表 5-15　专转本考试录取情况

序号	录取本科院校	录取人数
1	金陵科技学院	18 人
2	南京工业职业技术学院	11 人
3	南通理工学院	10 人
4	三江学院	3 人
5	苏州大学应用技术学院	2 人
6	苏州大学文正学院	1 人

（3）技术技能本领好

表 5-16　中级工、高级工通过率

年度	中级工	高级工
2021	100%	95.6%
2020	98.93%	93.56%
2019	98%	93.13%

"三元二区"融创中心依托培养体系优势，积极发挥校企力量，整合资源，突出学生技能培养地位，把技能培养贯穿于产业学院及企业学院教学过程，通过定期安排培训、精心组织训练、共同考核分析、更新成长档案，不断加大学生技能培养力度，提升其技术水平。在职业资格证书考核中，2020 年学生中级工、高级工通过率分别达 98.93%、93.56%，近 3 年通过率逐年提升，为学生成功就业提供了基础保障（表 5-16）。在技能大赛中，学生取得了

骄人的成绩。截至 2020 年，张中专在全国职业院校技能大赛中共荣获 51 金、16 银、2 铜，位列全省同类学校前茅；在江苏省技能大赛中张中专共有 335 人获奖，其中一等奖 87 人。此外，学校承办了 3 个省技能大赛项目，连续两年承办全国职业院校技能大赛“空调与制冷”中职组赛项，获得优秀组织奖，并且连续 6 年被评为江苏省职业院校技能大赛先进单位，先进的设备和场地为学生技能提升提供了保障。“三元二区”融创中心以提升学生技能为目标，以服务学生发展为宗旨，走出了“练技能、强内涵、促发展、提质量”的特色之路。

（4）创新创业能力强

“三元二区”融创中心为学生创新创业提供了展示舞台，在整个学习阶段注重创新意识培养和创新能力提升。一是积极开展金点子比赛，发动全体学生参与到金点子比赛中，经学校筛选后进行制作与调试，并邀请企业行业专家进行指导和评选，在活动中提升学生的创新能力。二是开展模拟创业比赛，完成项目概述、产品介绍、市场分析、公司战略、管理团队、营销策略、财务分析，提升创业知识、创业技能的掌握与运用能力。截至 2020 年，学校在江苏省创新创业大赛中获奖 66 个，其中一等奖 9 个，连续 4 年被评为江苏省职业教育创新大赛最佳组织学校。2020 年，张中专参加第四届中华职业教育创新创业大赛，获一等奖（图 5-11）。2020 年，张中专参加江苏省创新创业大赛并获奖（表 5-17）。通过创新创业平台实现成果孵化，学校共申请国家实用新型专利 30 个，完善的培养体系造就了高技能人才培养的良好局面。

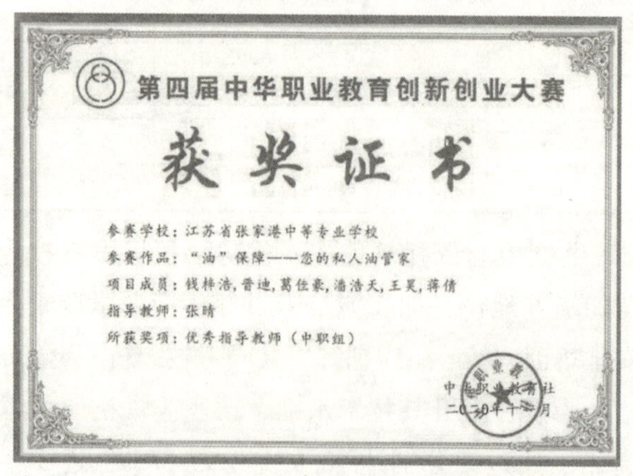

第四届中华职业教育创新创业大赛

获奖证书

参赛学校：江苏省张家港中等专业学校

参赛作品：“油”保障——您的私人油管家

项目成员：钱梓浩，晋迪，葛佳豪，潘浩天，王昊，蒋倩

指导教师：张晴

所获奖项：优秀指导教师（中职组）

中华职业教育社

图 5-11　第四届中华职业教育创新创业大赛一等奖获奖证书

表 5-17　张中专参加江苏省创新创业大赛获奖情况

序号	项目	名称	奖项	级别	荣誉
1	创新	"油"保障，您的私人油管家	一等奖	江苏省	创业启蒙之星（江苏省唯一）
2	创新	e 路护驾——AI 驾驶行为警示器	二等奖	江苏省	
3	创业	念念布忘原创布包手工坊——国风雅韵引领时尚新潮流	一等奖	江苏省	

2. 对口就业形势好转

"三元二区"融创中心已成为学校、企业及国外职教集团紧密联合的纽带，促进三方发挥各自优势作用，有效培养定企业、定岗位的合格毕业生，提高了毕业生就业率。

（1）初次就业率高

"深化校企合作，共建双赢之路"是"三元二区"融创中心的办学目标。毕业生的就业率及就业方向是双赢的指标，也是社会最关注的问题。学校在各专业推动实施"三元二区"融创中心过程中，一是有效融入阳光德育管理、领航学堂培训、"百师"系列活动("百师"入企、"百师"致远、"百师"首席)，在不断总结专业建设成果的基础上，能积极展示专业亮点特色，宣传学校办学品牌，提升人才培养质量。二是内外双向同步发力，逐渐扩大职业教育辐射力和影响力，从而吸引更多层次和类型的企业加入校园招聘队伍。2020 年 12 月，学校举办校园招聘双选洽谈会，全市有 130 余家企业争相加入，包括永钢集团、沙钢集团、攀华集团、东海粮油等多家市重点骨干企业，给学生提供的专业岗位类别众多，涵盖了机械、机电、数控、汽修、信息、财会、商务、化工、服装等多个行业，为参会毕业生提供了超过 3000 个优质就业岗位。2020 届毕业生总数约 1000 名，初次签约率达 95. 2%。"三元二区"融创中心为学生创造了更多的就业机会，也为学生搭建了更宽广的就业平台。

（2）就业趋势转好

在精准稳妥推进企业复工复产大环境下，学生就业前景广阔。一是毕业生深受企业行业用人单位欢迎，尤其装备制造类、交通运输类毕业生，学生就业率大幅提升。根据江苏联合职业技术学院智慧就业信息服务平台及毕业生跟踪就业率抽查结果，张中专 2020 届毕业生实习半年后的就业率为 98. 23%，高于

同期同类省内职业学校平均数97.92%。二是张中专毕业生月收入比省内同期同类职业学校毕业生平均月收入高。张中专2020届毕业生平均月收入为3809元，其中月收入前三名的是制造大类、交通大类和电子信息大类。三是彼此满意度逐渐提高。2020届就业学生满意度调查结果显示，企业用人单位普遍认为进入企业的毕业生技能扎实、踏实肯干、积极进取，满意度（95.92%）高出2019届一个多百分点；2020届毕业生对于企业提供的就业岗位、生产管理及发展空间比较欣赏，对企业满意度（97.58%）高出2019届近一个百分点（表5-18）。

表5-18　毕业生就业、月收入及满意度情况

序号	指标		单位	2019年	2020年
1	就业率		%	97.92	98.23
2	月收入		元	3409	3809
3	毕业生对企业满意度		%	96.82	97.58
4	企业对毕业生满意度		%	94.61	95.92
5	自主创业比例		%	2.1	3.6
6	专业大类月收入	制造大类	元	3652	4223
		财经大类	元	3212	3616
		交通大类	元	3822	4062
		电子信息大类	元	3750	3935

（四）管理制度体系逐渐完善

“三元二区”融创中心能取得令人瞩目的成效，还在于制度体系的不断完善和坚决的执行力度，按照“以上率下，上下联动，层层压实责任，个个落实完成”目标，不断促进制度的完善与创新，持续推动制度的贯彻与落实，为“三元二区”融创中心顺利开展办学提供了坚实保障。

1. 完善制度体系，提高执行质量

（1）促进体系健全，厚植制度信念

“三元二区”融创中心优化了学校办学章程，依法对学校的各项制度进行

了全面梳理。一是完善各项制度，推动形成校企管理、师资管理、教学管理、实训管理、学生管理、教科管理、后勤财务管理、信息化管理、安全管理、质量控制、党建工作、群团组织等全面化、系统化的制度体系（表5-19）。在此基础上，按照学校教职工代表大会审核制，形成定稿、印制成册，并定期组织全体师生学习和落实。例如，在学校组建培训合作处时，遵循行政管理制度，经全校教师民意调查，教代会成员投票及校长室统一评选，选聘经验丰富、踏实勤勉的专业骨干教师担任中层领导，负责校企合作与产教融合，由中层直接对接分管校长，实现点对点互联，成为校企合作的纽带，提高了执行效率。二是践行各项制度，不仅仅局限于校园网、微信公众号等扩面宣传，更注重“细与点”的做法，做好宣传栏、实训场地、走廊、食堂等显眼处与重要点的制度宣传，联合各处室深入查验制度执行情况，以实践检验制度的合理性，积极营造“党建廉政”“德技双馨”“校企文化”“阳光德育”等育人氛围，从纸上制度层面上升到实际行动层面，促进学校制度落地生根、开花结果，从而形成一套协调和可持续发展的完整制度体系，保证学校的正常运作和管理。

表5-19 学校主要管理制度

序号	学校管理制度	序号	学校管理制度
1	组织机构管理制度	6	教职工考勤管理制度
2	党风廉政建设制度	7	教师绩效考核制度
3	教学管理制度	8	教师培训制度
4	学生管理制度	9	校企合作管理制度
5	教职工代表大会制度		

（2）重构督导机构，完善质量运行机制

机制必须执行才能发挥强大作用，否则就是流于形式的一则广告而已。“三元二区”融创中心推进了学校执行机构的重构。一是学校在原有师资督导处基础上成立质量评估处，下设质量保障、学生发展、师资质量、服务保障、质量管控等多个专项质量督导组，负责督查校企合作中相应专项工作的组织协调和任务落实，强化专业人才培养各环节的事前质量建标、事中实时监控、事

后诊断改进，提升了质量评估处的执行效率（图 5-12）。二是充分发挥内部质量保证机制的预警功能和激励作用，形成管理制度与工作流程有机结合的内部质量管控机制，建立常态化的校企合作专业诊改机制、课程质量诊改机制、师资质量诊改机制、育人工作诊改机制和质量事故管控机制等，充分发挥督导机构作用，激发督导主体意识，现已成为学校内部质量保障体系建设典范。通过现场督导调研、网上督导公示、网上诊改申报等方式，不断完善学校督导机制，提升学校督导实效。

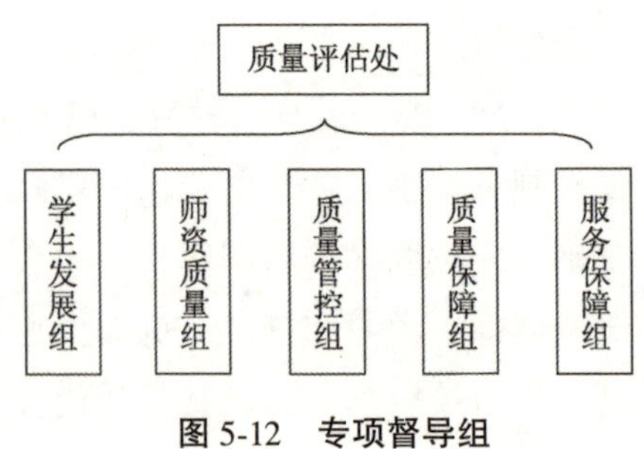

图 5-12　专项督导组

2. 落实改革方向，明确发展定位

（1）完善大赛机制，提升师生技能水平

“三元二区”融创中心在办学中紧紧围绕“知识改变命运、技能成就人生”的培养目标，逐步完善大赛机制。在教师层面：一是注重考核，将提高师生技能与创新水平作为考核衡量办学质量及教师年度评优评先的指标，充分肯定教师的业绩，提高了重视度；二是提高奖励，除了评优评先优先考虑外，学校还按照文件规定给予一定物质奖励，弘扬奉献精神，提升了满意度。在学生层面：一是发动宣传，从入学第一年开始，实训处及系部即积极组织和动员师生报名参加技能大赛和创新大赛，帮助师生明确大赛的作用和意义，提升了参与度；二是扩大范围，各系部按照专业进行赛项承包，各班上报至少两名学生、至少两个项目参与训练选拔，发挥师生引领作用，提升了辐射度；三是加大奖励力度，除了学校给予评优评先资格外，还按照学校文件要求进行现金奖励，并在达到本科学历条件下将其列入教师招聘优先名单，大大提升学生参加竞赛的积极性。以大赛促教学是“三元二区”融创中心发展的促进手段。从学生中选拔优秀技能选手参加省、市组织的各类大赛，有助于开拓学生专业视野，而组织学生参加全校性的大赛活动则有助于提高学生参与的主动性，丰富校园生活的乐趣。近年来，通过不断完善大赛机制，师生的技能水平不断提高，在历年江苏省和全国的技能大赛、创新大赛中，学校取得了优异成绩，持续保持江苏省内中职学校第一。在 2019 年全国职业院校技能大赛中，学校共

有9名学生获得金牌。在2021年江苏省职业院校技能大赛中，学校获一等奖10个、二等奖9个、三等奖5个，名列苏州全市第一。

（2）改革培训机制，提升教师内在质量

为牢固树立“成功就是成为最好的自己”的成才观和“失之毫厘、谬以千里”的质量观，学校把培养经济社会急需的高素质、高技能人才作为培养目标，大力推进“三元二区”融创中心改革培训机制，依据自身专业建设和人才培养的实际需求，制订教师专业发展与顶岗实践培训具体方案。一是校企共同协商制定了顶岗实践培训协议书，明确了培训中双方合作内容、权利义务、争议解决等条例规范，强调了遵守企业规章、落实培训项目、参与培训考核、统计实践学时等具体要求，形成了涵盖学校、系部、企业、部门等方面的多维制度体系。二是校企共同协商确定了顶岗实践培训内容，以学校基础技能为主体，改变以往过于专业的、技术的企业岗位实践，紧密结合生产技术，调整培训内容，有效促进教师顺利通过企业顶岗实践培训，掌握当前产业结构转型升级及发展趋势、前沿技术开发、关键技能应用等领域的知识，学习国内一流企业的生产组织方式、工艺流程、岗位职责、操作规范、管理制度等，推进企业实践成果向学校教学资源转化，改进教学方法和途径，优化实训项目和内容，实现相关专业结构的合理调整，促进教师专业成长，提升教师内在质量，推动学校可持续发展进程。

（五）小结

学校“三元二区”融创中心定位精准、实施有力。一是德育引领：立德树人，以生为本，健全“三全”育人体系，丰富“阳光德育”内涵，实施阳光系列工程，培养“脸上有笑、手中有技、心里有爱、生活有趣”的“四有”新人。二是融合育人：以能力为核心，突出校企双主体，发挥“政企校外”资源优势，共建产业学院、企业学院，创新体制机制，开展产教融合型实训基地、职教集团建设等的探索。三是服务社会：发挥“一体两翼多平台”的服务功能，提高技能人才培养质量，树立职教服务区域经济高质量发展的标杆。

在新时代高职教育创新发展中，张中专将一如既往地坚持“三元二区”融创中心办学方向，主动推进学校全面建设，强化校企合作、深化产教融合、

服务产业发展，不断提升学生培养、教学改革、师资提升、基地建设、科研转换、机制完善、就业发展等方面的工作成就，为促进张家港经济转型和结构调整，打造升级版区域经济提供重要的战略人才支撑。张中专必将紧扣“教育高质量发展”主题，以“争当表率、争做示范、走在前列”为奋斗指向，以“三聚两先一名市”为主要目标，以“创新提质年”为工作主线，落实立德树人根本任务，打造张家港职业教育新高地，全力建办人民满意的职业教育，以优异的教育实绩庆祝建党100周年。

二、“三元二区”融创中心实践的反思

“十三五”期间，江苏省张家港中等专业学校奋力抢占职业教育发展制高点，牢固树立高质量融合发展理念，以立德树人为根本，以产教融合为主线，以内涵建设为着力点，积极深化教育教学改革，瞄准苏锡常都市圈规划及长三角经济带发展机遇，抢先孕育和实践“三元二区”融创中心，全面服务学生全面发展和终身发展，服务区域经济发展和社会发展，不断引领学校向着新时代职业教育高质量发展新方向迈进。

（一）奋力远航、善作善成，点燃学校高质量发展新引擎

1. 发展基石日益夯实

张中专坚持与时俱进，不断开拓创新，在原有“全国教育系统先进集体”“国家改革发展示范校”“江苏省职业教育先进集体”等荣誉基础上，实现再定位、再发力、再创新、再突破，形成了校企合作、产教融合、阳光德育等鲜明的办学特色，先后被认定为江苏省中等职业学校领航计划建设单位、江苏省现代化示范性职业学校、江苏省现代化实训基地，并成功升格为江苏联合职业技术学院张家港分院（以下简称“张家港分院”）。多年来，融创中心的办学沉淀和积累为学校的可持续快速发展提供了坚实的基础。

2. 服务产业定位明确

张中专结合张家港产业类型结构，尤其是新兴产业、主导产业、支柱产业的发展态势，积极调整学校现有专业结构，通过申报工业过程自动化技术、工业机器人技术应用、应用化工技术等新专业，准确定位学校专业发展方向，并

迅速规划各专业服务区域功能，有效增加实训场地和各专业用地场所。在融创中心办学大背景下，学校先后建成机械装备、智能制造、能源化工等3个产业学院，形成9个覆盖各专业的功能复合、设备先进、管理精细的实训基地。近年来，随着学校的不断发展壮大，现有校园面积已达到饱和状态，目前高职园区新学校已进入动土阶段，含市公共实训中心及中德瓦克化工实训基地，建设用地360亩，建筑面积17万平方米，学校师生总规模将达11000人。基建方向明确，速度迅速，为学校的高质量发展提供了基础保障。

3. 办学机制不断创新

张中专积极创新办学机制，紧紧围绕“学历+技能”双向培育，在对学生进行文化、素质教育和培养的同时，更注重专业知识与技能培养，通过工学结合、校企合作和顶岗实习，让学生与就业岗位零距离对接，实现招生与招工同步、教学与生产同步、实习与就业联体，使学生入学就有工作，毕业就是就业。融创中心培养模式从“招企入校1.0”版本逐渐升级为“‘三元二区’融创中心3.0”版本，积极探索由企业、学校、外教集团共同参与的协同育人机制，发挥校区产业学院及厂区企业学院的优势，包括师资、设备、机制、管理等资源，提高了学生的职业能力和实践能力，提升了培养质量和培养效率。同时，为学校现有的江苏联院五年一贯制教育以及与高等院校合作办学的中高职衔接贯通培养的“3+4”及“3+3”分段教育改革和创新提供了借鉴，丰富了现代职教体系的培育过程，搭建了技能人才升学的立交桥，形成了既完整又完善的现代职教体系，为更多的学生接受更高层次、更高质量的职业教育奠定了基础，有效激励了职业教育办学机制的不断完善与创新。

4. 师资队伍持续加强

张中专坚持“品牌教师支撑品牌专业”的发展策略，根据建档确立教师教学、技能、管理等能力情况，积极依托融创中心办学红利，通过名师引领、团队建设、校企合作等举措，层层抓牢、步步落实，全面提升学校教师整体能力水平。一是增加、扩大了名师、骨干和团队的人数与规模，学校拥有全国职教名校长1人，省职教领军人才4人，省职教科研中心组成员5人，省名师工作室2个，苏州市名师工作室5个，全国优秀教师1人，苏州市名教师3人，苏州市学科带头人17人，全国技能大赛金牌教练12人。二

是提升了高级职称、高学历教师比例，全校高级职称教师占42.5%，硕士以上学历教师占26.6%，思政教师占比稳步提升，提升了学校在全省职教界的知名度。

5. 教科研共同发展

张中专依托融创中心，提升了学校整体的教科研能力水平。在教研上，教师参与省级以上教学大赛及技能大赛获奖人数逐渐增多，参加教学大赛获全国一等奖4人，获省奖21人；参加技能大赛获全国金牌51人、银牌19人、铜牌2人，涵盖机械、计算机、汽车、化工等8大类15个专业，张中专连续6年被表彰为江苏省职业学校技能大赛先进学校。教学和技能的高峰凸起，推动了学校专业的建设与发展，学校已获省品牌专业4个、省示范专业5个，5大专业群已初具规模。在科研上，近5年，学校完成国家级课题1个、省级课题22个，省教学成果一等奖1个、苏州市教学成果特等奖1个，教师每年论文发表数量均达150篇以上，申报专利30个，积极遵循了“教研先行、科研引领”的研究思路，在创建硬实力的同时，更强化了软实力的作用，实现教、科、研同步和同向发展。

6. 人才质量显著提升

张中专紧紧围绕“德技双馨”的育人目标，不断为学生的全面发展、个性发展提供广阔空间，在立德树人教育活动的基础上，积极加强学生职业能力的培养，并将学生的职业素养、创新精神、工匠精神作为提升人才培养质量的重点，在教学中不断渗透“五育”教育、技能教育、创新教育，打造职业教育三全育人新格局，积极内化学生道德品质，外化学生行为规范，努力将学生培养成为具有行为文明、热爱劳动、艰苦朴素等优良品格的技术技能人才，学生中的就业、创业明星不断涌现。在2021年省技能大赛中，荣获一等奖10个、二等奖9个、三等奖5个，名列苏州市同类县、市第一；中级工、高级工通过率分别达100%、95.6%，学生的技能水平得到全面提高，有效提升了毕业生对口就业率、本地就业率及企业对学生的满意度，缓解了张家港产业技术技能人才缺口的压力。

（二）聚沙成塔、固本强基，筑牢学校高质量发展压舱石

1. 以坚定发展为统领，凝聚全员人心干实事

经过36年的发展沉淀，张中专形成了励精图治的浓厚发展氛围，积累了可观的教育成果和厚重的文化底蕴，创造了创新发展的正能量、干事创业的新风尚，这些都将是学校未来发展的力量源泉、坚实保障和人心所在。再经过国家中等职业教育改革发展示范、江苏省现代化示范性职业学校、江苏省领航学校建设单位等重大项目的历练洗礼，全校上下具有负重前行、滚石上山、善打大仗、敢打硬战、能打胜仗的决心和信心，抗压力和战斗力都有明显提升。学校将继续立足张家港经济发展需求和学校改革发展实际，坚持以服务发展为宗旨、以促进就业为导向、以立德树人为根本，牢固树立“德技双馨”的质量观和“时不我待”的发展意识，大力提升学校整体办学质量和对外服务能力，为面向百年目标和奋进“十四五”汇聚强大的精神力量。

2. 以项目创建为抓手，加固学校整体硬实力

自2015年融创中心实施开始，江苏省、苏州市陆续出台了一系列有关职业教育改革发展的政策，如《教育部　江苏省人民政府关于整体推进苏锡常都市圈职业教育改革创新打造高质量发展样板的实施意见》《省教育厅关于推进五年制高等职业教育高质量发展的意见》《江苏省职业教育质量提升行动计划（2020—2022年）》等。学校坚持以“创建促发展、合作促双赢”为建设思路，坚决以政策为指导依据，以创建为着力抓手，积极抓住创建机遇，全力落实目标任务，努力推动学校专业建设发展长足进步，项目任务创建屡攀高峰，整体办学实力显著增强，在省专业群、省现代化实训基地等的创建中取得了较大成就，尤其是在学校升格为张家港分院及创建成省领航计划建设单位后，各指标建设完成度大幅提升，学校整体发展和人才培养质量实现了根本性改善和历史性改观。

3. 以制度规范为约束，发挥现代管理高实效

抓制度建设是学校各项工作顺畅开展的基础保障，张中专在推行融创中心办学前，已开始落实其制度制定工作，包括基本架构、运行机制和保障机制，从试行到正式实施，确立了一套完整的融创中心办学制度。只有健全制度体

系，才能将制度规定内化为自觉要求、外化为自觉行动，从而确保融创中心各项实施工作正常开展。抓规范管理是基本手段，必须按程序操作、照规定办事，力求规范化、避免随意性，做到守制度、讲规矩，不越位、不乱为，一切工作都要以融创中心发展为主，不断提升工作管理实效。抓任务落实是有效监督，学校在推进融创中心工作中能发挥处室管理能效、明晰岗位职责、精简工作流程，提升工作监督力度，任务从开始到最后都能抓紧、抓牢、抓实，不留责任死角，提高任务落实速度和质量，发挥制度规范管理的实效性。

（三）补缺挂漏、瑕不掩瑜，绷紧学校高质量发展责任弦

1. 区域职教影响不足

张中专虽然取得了许多亮眼的成绩，但学校品牌还未真正成形，职教区域品牌影响力不大，与太仓（现代学徒制）、常熟（双元制）等周边城市中专学校特色相比还差些火候。归根结底，还是缺少特色品牌、拳头品牌，还不善于归纳、总结和提炼，宣传工作还缺乏力度、广度和深度，教师的热情、活力、冲劲与热火朝天的新时代职业教育发展时局还存在反差，这些都在一定程度上弱化了学校影响力和辐射力。

2. 师资辐射范围不广

张中专师资结构还不均衡、能力还不突出，融创中心的能效发挥还有待增强，主要表现在以下方面。一是教师引领作用还不强。虽然学校拥有张家港市级骨干教师较多，但苏州市级以上骨干教师、名教师、领军人才数量偏少，硕士以上教师比例不高，外聘专家引入数量偏低。二是大赛成绩还有很大提升空间。虽然学校每年在技能大赛上金牌数量收获满满，先后培育了一批全国金牌教练、金牌学生，为实训教学提供了厚实的师资梯队力量，但技能竞赛金牌主要集中在加工制造类、信息技术类、轻纺食品类，学校其余大类（财经商贸类、石油化工类）还没有新突破，各大类专业未能形成并驾齐驱的发展态势，这明显制约了学校专业发展。在教学大赛上，近 3 年除文化课获得 1 次省一等奖外，还未有其他学科获省一等奖，专业学科最好成绩也只是省二等奖，教学大赛已逐渐成为学校发展的短板。在创新创业大赛上，虽然 2020 年荣获全国一等奖，但目前大赛的科技含量变高、创新亮点变难，竞赛日趋激烈，学校还未能持续保持获省一等

奖趋势，波动性较大，“大众创业、万众创新”的意识不强烈。三是团队建设还不足。在教研、科研、德育、创新等领域的高水平教师团队数量不多，团队层次不高，团队成果不亮，团队辐射力不强，影响了团队整体提升的速度。

3. 培养质量时效不快

张中专融创中心的品牌特色还不够鲜明，品牌宣传还不够响亮。一是学校培养模式还要继续优化，尤其是校企合作、产教融合机制还要继续完善，融创中心下的产业学院及企业学院优势没有完全显现，还要继续坚持一切以学生的发展为重的目标，注重培养过程，善于借力、凝聚合力、精准发力，不断创新、实践和完善育人机制，切实提高培养质量，提升培育速度。二是教学管理和服务的质量还要继续提升。自 2020 年 9 月由部转系后，校、系二级管理运行模式还在试行实践中，融创中心下各系产业学院的运行也还处在磨合期，其管理和服务质量还有待提高。三是质量督导和评价更要进一步加强，改进管理不精细、执行不到位、督查不严格的问题，过程性材料要留底存档备复查，以一流的督导和评价方式助推培养速度。尤其要加强对联合培育毕业生、企业的调研力度，动态掌握企业需求、毕业生对口就业情况，确保及时发现问题、及时调整策略、及时落实行动，不断完善融创中心运行机制，做好融创中心运行保障工作，从而真正发挥融创中心的培养优势，切实提高人才培养质量时效。

（四）前途广阔、大有可为，瞄准学校高质量发展新目标

1. 主动适应内外双循环发展格局

内外双循环新发展格局将使生产、分配、流通、消费更多依托国内市场，进一步加速我国产业转向、服务转向和人才需求转向，以出口为主要方向的产业、企业和人员将不得不调整、分流，传统低端制造人才将逐步为高端服务型人才所取代。各种新产业、新职业将逐步涌现，学校的人才培养方向、服务方向都将面临新挑战，要在人才培养供给侧和产业人才需求侧的动态调整中实现新的供需平衡。

2. 快速融入长三角一体化发展战略

以上海为龙头的长三角都市圈，集中了大量优质的职业学校，有丰富的职教发展资源，作为紧邻上海的中专校，张中专要在校际联盟构建、人才培养协

作、资源共建共享、推进国际合作等方面加快融入长三角都市圈发展大局，在更高的平台上实现学校的高质量发展，不断提升在长三角都市圈的发展竞争力。

3. 有效服务地方产业高质量发展

为地方经济社会发展提供适用人才仍是职业教育的核心任务，学校要持续深入推进产教融合、校企合作，主动对接张家港市产业发展方向，尤其是张家港市新定位并发展壮大的“3+N”新兴产业体系，共同打造职业教育与产业发展命运共同体，推动“专业链”“产业链”“需求链”“人才链”四链融合，推动张家港经济稳定快速发展。

（五）小结

张中专探索实施融创中心职教模式加快了张家港职业教育融合创新发展的速度，为全面落实职业学校提质培优“一校一策”行动方案和职教现代化建设行动方案以及省领航学校建设单位提供了建设目标。在提升融创中心办学地位的目标下，张中专不断加快思政课教师队伍、“双师型”教师队伍、教学创新团队、名师工作室建设进程，不断深化校企合作、产教融合、学徒制培养模式，不断打造教师企业实践流动站、示范校职工培训基地，不断推进“课堂革命”“三教改革”“1+X”试点工作，不断开展教学能力大赛、创新创业大赛、技能大赛，不断提升校园智慧化、数字化管理水平，不断推动集团化办学，打造区域内有影响力的示范性职教集团。

“十四五”是全面实现张家港教育名市建设的决胜期，是职业教育提质增效的机遇期，也是职业教育高质量发展的关键期。张中专将继续坚持以习近平新时代中国特色社会主义思想为指导，全面贯彻党的十九大和十九届二中、三中、四中、五中全会精神，按照中央、省委、市委改革决策部署，立足新发展阶段，贯彻新发展理念，构建新发展格局，呈现出励精图治、发奋图强的健康态势，按计划有序推进“十四五”学校各项建设任务，在弘扬正气、树立新风、凝聚人心基础上，有效增进执行能力、提高教学质量、改善管理效能、提升服务质量，将习近平总书记对职业教育“大有可为”的殷切期盼转变为“大有作为”的生动实践，践行起职业教育“争当表率、争做示范、走在前列”的光荣使命，为区域经济快速发展贡献更多教育力量。

附 件

附件 1：学生综合素质多元评价操作说明

【道德与公民素养】定性定量评价学生的道德素养和公民素养，总分为 6 分。

二级指标	主要观测点
1-1 道德与公民素养（6 分）	道德素养（3 分）
	公民素养（3 分）
评价细则	评分办法 ①“道德素养”按照三级标准计分，优秀记 3 分、良好记 2 分、合格记 1 分，有严重违反道德的行为记 0 分。 ②“公民素养”按照三级标准计分，优秀记 3 分、良好记 2 分、合格记 1 分，严重违反学校规章制度、受到记过以上处分的记 0 分。

【学习与创新能力】定性定量评价学生的学习能力、实践能力和创新能力，总分为 8 分。

二级指标	主要观测点
1-2 学习与创新能力（8 分）	学习能力（3 分）
	实践能力（3 分）
	创新能力（2 分）
评价细则	评分办法 ①“学习能力”按照学生学习能力表现情况计分，优秀记 3 分、良好记 2 分、合格记 1 分。 ②“实践能力”按照学生参与社会实践的程度和效果计分，优秀记 3 分、良好记 2 分、合格记 1 分，不合格记 0 分。 ③“创新能力”按照学生创新意识和创新技能计分，优秀记 2 分、良好记 1.5 分、合格记 1 分，不合格记 0 分。

【合作与交流】定性定量评价学生的合作能力、交流能力，总分为7分。

二级指标	主要观测点
1-3 合作与交流（7分）	合作能力（4分）
	交流能力（3分）
评价细则	评分办法 ①“合作能力”按照学生参与活动和团结协作的情况计分，优秀记4分、良好记3分、合格记2分； ②“交流能力”按照学生交流能力表现情况计分，优秀记3分、良好记2分、合格记1分。

【运动与健康】定性定量评价学生的体育运动、心理健康和职场健康，总分为6分。

二级指标	主要观测点
1-4 运动与健康（6分）	身体健康（2分）
	心理健康（2分）
	职场健康（2分）
评价细则	评分办法 ①“身体健康”按照学生基本体质、运动技能、运动和卫生习惯的表现情况计分，优秀记2分、良好记1.5分、合格记1分。 ②“心理健康”按照学生自我认识和情绪表现情况计分，优秀记2分、良好记1.5分、合格记1分。 ③“职场健康”按照学生的职场健康和安全知识的掌握情况与行为表现情况计分，优秀记2分、良好记1.5分、合格记1分，在学习和工作场所中出现安全责任事故记0分。

【审美与表现美】定性定量评价学生的审美和表现美，总分为3分。

二级指标	主要观测点
1-5 审美与表现美（3分）	审美（1.5分）
	表现美（1.5分）
评价细则	评分办法 ①“审美”按照学生感受美和欣赏美的能力计分，优秀记1.5分、良好记1分、合格记0.5分。 ②“表现美”按照学生行为和艺术表现情况计分，优秀记1.5分、良好记1分、合格记0.5分。

【公共基础学习】定性定量评价学生的学习态度、学习过程、学习效果，总分为 26 分。

二级指标	主要观测点
2-1 公共基础学习（26 分）	学习态度（5.2 分）
	学习过程（5.2 分）
	学习效果（15.6 分）
评价细则	评分办法 按照学习态度、学习过程、学习效果计算课程学期总评成绩。

【公共拓展学习】定性定量评价学生的学习态度、学习过程和学习效果，总分为 4 分。

二级指标	主要观测点
2-2 公共拓展学习（4 分）	学习态度（0.8 分）
	学习过程（0.8 分）
	学习效果（2.4 分）
评价细则	评分办法 按照学习态度、学习过程、学习效果计算课程学期总评成绩

【专业基础学习】定性定量评价学生的学习态度、学习过程和学习效果，总分为 15 分。

二级指标	主要观测点
3-1 专业基础学习（15 分）	学习态度（3 分）
	学习过程（4.5 分）
	学习效果（7.5 分）
评价细则	评分办法 按照学习态度、学习过程、学习效果计算课程学期总评成绩。

【专业技能学习（专业实训）】定性定量评价学生的学习态度、学习过程和学习效果，总分15分。

二级指标	主要观测点
3-2 专业技能学习（专业实训）（15分）	学习态度（3分）
	学习过程（4.5分）
	学习效果（7.5分）
评价细则	评分办法 按照学习态度、学习过程、学习效果计算课程学期总评成绩。

【专业拓展学习（拓展课程）】定性定量评价学生的学习态度、学习过程和学习效果，总分为2分。

二级指标	主要观测点
3-3.1 专业拓展学习（拓展课程）（2分）	学习态度（0.4分）
	学习过程（0.6分）
	学习效果（1分）
评价细则	评分办法 按照学习态度、学习过程、学习效果计算课程学期总评成绩。

【专业拓展学习（教学实践）】定性定量评价学生的实践态度、实践过程和实践效果，总分为2分。

二级指标	主要观测点
3-3.2 专业拓展学习（教学实践）（2分）	学习态度（0.4分）
	学习过程（0.6分）
	学习效果（1分）
评价细则	评分办法 按照学生的实践态度、实践过程和实践效果计分，优秀记2分、良好记1.5分合格记1分，未参与活动者记0分。

【专业拓展学习（专业讲座）】定性定量评价学生的学习态度和学习效果，总分为 2 分。

二级指标	主要观测点
3-3.3 专业拓展学习（专业讲座）（2 分）	学习态度（0.8 分）
	学习效果（1.2 分）
评价细则	评分办法 按照学生参与专业讲座学习态度和学习效果计分，优秀记 2 分、良好记 1.5 分合格记 1 分，未参与活动者计 0 分。

【技能表现（技能活动）】定量评价学生的参与情况和活动效果，总分为 2 分。

二级指标	主要观测点
3-4.1 技能表现（技能活动）（2 分）	参与情况（1 分）
	活动效果（1 分）
评价细则	评分办法 按照学生参与活动情况和活动效果计分，优秀记 2 分、良好记 1.5 分、合格记 1 分，未参与活动者计 0 分。

【技能表现（作品设计）】定性定量评价学生的设计情况和效果，总分为 2 分。

二级指标	主要观测点
3-4.2 能表现（作品设计）（2 分）	设计情况（1 分）
	设计效果（1 分）
评价细则	评分办法 按照学生毕业作品设计情况和效果计分，优秀记 2 分、良好记 1.5、合格记 1 分，未参与活动者计 0 分。

附件 2：永钢企业学院奖教金、奖学金发放办法

为奖励优秀、树立典型、创先争优、促进发展，推进现代学徒制试点工作，持续稳定地培养一代又一代合格的永钢人，促进校企双方的教育工作者更好地教书育人、管理育人、服务育人，提升现代学徒制办学水平和校企合作教育实力，全力推进职业教育事业的发展，特制订《永钢企业学院奖教金、奖学金实发放办法》。资金来源为企业提供的专项资金，总额为每学期每班级 1 万元。考核评定方案如下。

一、永钢企业学院奖教金考核标准和发放办法

（一）永钢企业学院奖教金考核标准

1. 关注关心永钢试点项目，积极推进新型现代学徒制模式：15 分。

2. 深度参与现代学徒制教学管理工作，积极做好授课、联络工作：15 分。

3. 在组建永钢冠名班中，积极组织发动有效生源，成效显著：10 分。

4. 积极宣传永钢办学理念，凸显永钢精神，凝聚永钢冠名班向心力：10 分。

5. 积极尝试校企融合性课程开发，备课、授课规范严谨：10 分。

6. 课堂管理严格、活动安排有计划，组织纪律性强：10 分。

7. 专业知识、阅历丰富，传授知识、技能科学规范；传播正能量：10 分。

8. 提交高质量的现代学徒制教学心得或总结：10 分。

9. 深入学生实际，深受学生爱戴和好评(“永钢学员反馈表”)：10 分。

（二）永钢企业学院奖教金发放办法

1. 时间上以学期为单位，每学期一评定，学期结束时发放。

2. 参评对象为来自校企双方所有受聘参与永钢冠名班组建、组织教育管理、专业理论、企业文化、岗位技能教学的教师、专家、管理员、岗位师傅。

3. 每学期奖教金总额为 5000 元。

4. 永钢企业学院奖教金考核及发放的解释权在校企双方管理层。

二、永钢企业学院奖学金考核标准和发放办法

为凝聚永钢企业学院学员的精气神，培养学生工匠精神，使学生瞄准大师定位，扎实掌握新技术，用技能武装自己，不虚度学习光阴，自信地走向永钢职场，为振兴地方钢铁产业的发展建设做出贡献，特制定永钢企业学院学员奖

学金考核及发放办法如下。

（一）永钢企业学院奖学金考核标准

1. 确立了永钢工匠岗位的发展定位，矢志不渝、坚定不移：15 分。

2. 对外宣传永钢精神、永钢文化，传播正能量：15 分。

3. 呵护永钢冠名班的集体利益，积极为永钢冠名班的建设出谋划策：15 分。

4. 爱岗敬业，注重实习岗位安全生产，敬畏质量规则：15 分。

5. 学习及岗位实践的态度端正，认真听课，勤于笔记：10 分。

6. 尊重师傅，尊敬师长，恪守学生本分；团结关心同学，互帮互助：10 分。

7. 上进心强，踏实努力；热爱实习岗位，勤于钻研技能：10 分。

8. 参加校企双方组织的考试、考核成绩具有领先优势：10 分。

（二）永钢企业学院奖学金发放办法

1. 时间上以学期为单位，每学期一评定，学期结束时发放。

2. 参评对象为当届的永钢冠名班全体学员。

3. 每学期奖学金总额为 5000 元。

4. 永钢企业学院学员奖学金考核及发放的解释权在校企双方管理层。

附件 3：永钢企业学院校企人员“互聘互用”管理办法（试行）

第一章 总 则

第一条 为认真贯彻落实《国务院关于加快发展现代职业教育的决定》精神，切实加强永钢企业学院（以下简称“学院”）校企人员“互聘互用”管理工作，进一步促进校企深度融合，共同培养适应地方经济社会发展需要的高素质技术技能人才，特制定本管理办法。

第二条 校企人员“互聘互用”是指通过签订校企合作协议，以全面提升人才培养质量和服务企业能力为宗旨，校企合作双方互作职责、有具体任务、有相应待遇、有锻炼提高，充分发挥专兼职教师的组合优势，形成“双师”素质培养和“双师结构”专业教学团队建设的长效机制。

第三条 校企人员“互聘互用”是加强学院专业教学团队建设的重要举措，教学团队中至少有 1 名在行业、企业有影响的专业技术人员或管理人员兼任专业带头人或教研室主任，至少有 1 名专业带头人或骨干教师兼任江苏永钢集团有限公司（以下简称“永钢”）的技术骨干、部门领导。申报院级优秀教学团队、推荐省级以上优秀教学团队必须以校企人员“互聘互用”为基本条件。

第二章 互聘互用协议的签订

第四条 校企人员“互聘互用”协议书按学院规定的程序审批后，由学院与永钢签订。协议包括兼职人员的互聘，兼职人员职务及职责，兼职人员考核及管理，兼职人员待遇等内容。通过校企双方的组织行为，对等互聘对方人员，统筹安排兼职人员的工作，使兼职人员妥善处理好本职工作和兼职工作的关系，保证兼职人员的工作成效和学院正常的教学秩序。

第五条 兼职人员聘期由校企双方根据工作需要协商确定。

1. 学院可以根据专业建设、教学团队建设、校内实训基地建设等工作需要，确定企业兼职人员的聘期，一般为 2~3 年。

2. 永钢可以根据产品生产、技术改造、技术服务、生产经营管理等具体项目及工作任务需要，确定学院兼职人员的聘期，一般为 2~3 年。

3. 兼职人员聘期内工作时间可根据工作特点，实行脱产与半脱产结合、

固定工作时间与弹性工作时间相结合等形式，原则上每周到对方单位工作的时间不少于 1 天。学院兼职人员还可根据永钢的实际需要，调用机动时间完成兼职工作任务。

第三章　兼职人员工作职责

第六条　永钢兼职人员工作职责

1. 指导和参与制定专业建设规划、人才培养方案，共同推进专业课程体系和实践教学体系改革。

2. 指导和参与人才培养模式改革以及专业核心课程建设与教材建设等各项教育教学改革工作，共同提升人才培养质量。

3. 指导和参与制定专业教学团队建设规划，协助安排专业教师到永钢顶岗挂职，协助聘请永钢兼职教师到学院承担教学任务。

4. 指导和参与制定校内生产性实训基地建设方案以及学生实训项目，协助安排学生到永钢顶岗实习。

5. 根据职业资格标准和永钢工作要求，指导和参与教学过程管理和教学结果评价，形成由永钢参与的教学质量监控体系。

第七条　学院兼职人员工作职责

1. 指导和参与校企联合申报科技类或社科类科研项目，为永钢科研工作提供理论或技术上的指导、咨询，帮助开展科研项目的调研、论证、评估等工作。

2. 指导和参与永钢的技术、管理工作，协助永钢开展产品研发、技术开发、技术服务以及市场调研、营销策划、生产经营管理等工作。

3. 指导和参与永钢制定员工培训计划，充分利用学院专业教学资源，协助永钢做好岗位培训、技术培训、生产经营管理培训等工作。

4. 指导和参与校企联合开展专利技术研究、开发、申报，协助企业将专利技术转化为生产力，提高永钢经济效益。

5. 根据学院专业实践性教学需要，指导和参与企业建立校外实训基地，协助永钢安排、管理学生的顶岗实习。

第四章　兼职人员的待遇

第八条　永钢兼职人员的待遇

1. 学院为永钢兼职人员每月发放1000元兼职津贴，作为兼职专业带头人或兼职教研室主任的报酬。永钢兼职人员除履行规定的工作职责外，如果还承担了相应的教学工作，其课酬由各系参照相应标准负责发放。

2. 永钢兼职人员可参加学院组织的相关考察、学习、交流活动，也可主持或参与学院的科研创新团队、科研及技术服务机构，或以学院名义申报科研项目、完成科研任务，并按学院相关规定享受科研经费资助和奖励。

3. 对于兼任专业带头人或教研室主任3年以上、为学院专业建设做出贡献、聘期考核为“优秀”的永钢兼职人员，学院可聘任为“客座教授”，下一轮聘期内每月发放2000元兼职津贴以及相应标准的课时津贴。年龄在45周岁以下者，学院根据实际需要和有关规定，经本人申请，可按规定程序优先聘为学院编内专任教师。

第九条　学院兼职人员的待遇

1. 学院兼职人员在完成学院规定的教学工作量的前提下，可不再增加教学工作量；兼职年度考核为“合格”的可认定为完成学院规定的年度到永钢顶岗挂职任务，享受暑假期间教师顶岗挂职津贴（按33个工作日计算，下同）。

2. 对于兼任技术负责人、部门领导3年以上，为永钢的技术、管理工作做出贡献，聘期考核为“优秀”的学院兼职人员，学院将认定为“双师型”教师，下一轮聘期内永钢将提高相应的工作津贴，学院也按教师顶岗挂职津贴标准2倍发放。

第五章　兼职人员的管理与考核

第十条　校企双方共同确定兼职人员工作任务书，明确具体考核要求。兼职人员根据工作任务书的要求制定工作计划、预期物化成果，并按月填写工作手册。校企双方联合对兼职人员在兼职期间的工作情况进行管理、考核。

第十一条　兼职人员的考核分为年度考核和聘期考核，聘期为1年的只进行聘期考核。

1. 年度考核。兼职人员需在每学年末填写“永钢企业学院校企人员‘互聘互用’年度考核表”，并提交年度工作总结、工作手册、阶段性成果等有关材料，由校企双方相关部门按工作任务书及具体考核要求进行考核，提出考核意见，确定考核等级。年度考核等级分为“合格”“不合格”，考核等级为“不合格”的，校企双方将终止兼职聘任合同，更换兼职人员。

2. 聘期考核。兼职人员需在聘期结束前填写《永钢企业学院校企人员“互兼互聘”聘期考核表》，并提交聘期工作述职报告、工作成果等有关材料，由校企双方相关部门（学院为教学系）按工作任务书及具体考核要求进行考核，提出考核意见，确定考核等级。考核等级为“不合格”的，校企双方将不再聘任为兼职人员。

第十二条　校企双方根据实际情况为兼职人员建立工作室，配备必需的办公用品，提供必需的教学资料、科研资料，创造必要的工作条件，以利于开展工作。

第十三条　永钢兼职人员要定期参加专业教研活动和高职教育理论培训，掌握高职教育规律，熟悉高职学生特点，将自己丰富的实践经验与专业建设、课程教学有机融合，努力提高工作质量。

第十四条　学院兼职人员要定期参加技术研发、生产经营等相关会议和活动，掌握生产技术、经营管理等的规律和特点，将自己丰富的理论知识与企业工作有机融合，努力提高工作质量。

第六章　附　则

第十五条　本办法由学院办公室负责解释，自公布之日起施行。以往有关规定凡与本办法不一致的，以本办法为准。

第十六条　在校企人员“互聘互用”过程中如遇未尽事宜，将另做补充规定。

续表

课程结构		序号	课程名称 [illegible]	总课时	各学期课程教学按周学时安排 [illegible]																				考核方式	
					第[illegible]年 [illegible]				第[illegible]年 [illegible]				第[illegible]年 [illegible]				第[illegible]年 [illegible]				第[illegible]年 [illegible]				考试	考查
					[illegible]		[illegible]		[illegible]		[illegible]		[illegible]		[illegible]		[illegible]		[illegible]		[illegible]		[illegible]			
					[illegible]	[illegible]	[illegible]	[illegible]	[illegible]	[illegible]	[illegible]	[illegible]	[illegible]	[illegible]	[illegible]	[illegible]	[illegible]	[illegible]	[illegible]	[illegible]	[illegible]	[illegible]	[illegible]	[illegible]		
专业技能课	专业基础课	[illegible]	电工技术 [illegible]	[illegible]					[illegible]															√		
		[illegible]	无机化学 [illegible]	[illegible]	[illegible]		[illegible]																	√		
		[illegible]	有机化学 [illegible]	[illegible]					[illegible]		[illegible]													√		
		[illegible]	电子技术 [illegible]	[illegible]							[illegible]													√		
		[illegible]	分析化学 [illegible]	[illegible]									[illegible]		[illegible]									√		
	专业方向课	[illegible]	[illegible] 工艺仪表控制	[illegible]									[illegible]											√		
		[illegible]	[illegible] 工艺仪表控制 [illegible]	[illegible]											[illegible]									√		
		[illegible]	[illegible] 工艺操作 [illegible]	[illegible]													[illegible]							√		
		[illegible]	化工制图(含 [illegible]) [illegible]	[illegible]									[illegible]		[illegible]									√		
		[illegible]	[illegible] 工艺操作 [illegible]	[illegible]															[illegible]		[illegible]			√		
		[illegible]	[illegible] 化学工业工艺设备	[illegible]													[illegible]							√		
		[illegible]	[illegible] 化学工业工艺设备 [illegible]	[illegible]													[illegible]							√		
		[illegible]	[illegible] 工业化学工艺	[illegible]									[illegible]											√		

续表

课程结构		序号	课程名称 [redacted]	总课时	各学期课程教学按周学时安排 [redacted]																				考核方式	
					第[redacted]年 [redacted]				第[redacted]年 [redacted]				第[redacted]年 [redacted]				第[redacted]年 [redacted]				第[redacted]年 [redacted]				考试	考查
					[redacted]		[redacted]		[redacted]		[redacted]		[redacted]		[redacted]		[redacted]		[redacted]		[redacted]		[redacted]			
					[redacted]	[redacted]	[redacted]	[redacted]	[redacted]	[redacted]	[redacted]	[redacted]	[redacted]	[redacted]	[redacted]	[redacted]	[redacted]	[redacted]	[redacted]	[redacted]	[redacted]	[redacted]	[redacted]	[redacted]		
专业技能课	专业方向课	[redacted]	[redacted] 工程质量控制和统计	[redacted]											[redacted]										√	
		[redacted]	化工专业英语 [redacted]	[redacted]									[redacted]		[redacted]		[redacted]		[redacted]						√	
		[redacted]	德语 [redacted]	[redacted]															[redacted]		[redacted]					√
		[redacted]	[redacted]工业安全	[redacted]											[redacted]						[redacted]					√
	岗位技能课	[redacted]	[redacted] 实验室实训	[redacted]		[redacted]		[redacted]		[redacted]		[redacted]		[redacted]		[redacted]		[redacted]							√	
		[redacted]	[redacted] 安全试验室实训	[redacted]		[redacted]		[redacted]																		√
		[redacted]	化工分析中级实训 [redacted]	[redacted]										[redacted]		[redacted]									√	
		[redacted]	[redacted] 电气控制实训	[redacted]										[redacted]		[redacted]										√
		[redacted]	[redacted] 迷你工厂实训	[redacted]														[redacted]		[redacted]		[redacted]			√	
		[redacted]	[redacted] 模拟工厂实训	[redacted]														[redacted]		[redacted]		[redacted]			√	
		[redacted]	[redacted]工艺仿真实训	[redacted]																[redacted]						√
		[redacted]	[redacted]化工企业实训	[redacted]		[redacted]		[redacted]		[redacted]		[redacted]		[redacted]		[redacted]		[redacted]		[redacted]		[redacted]	[redacted]		√	
		[redacted]	[redacted] 化工企业“特需”教育	[redacted]													[redacted]		[redacted]		[redacted]					√
		[redacted]	[redacted]团队合作	[redacted]															[redacted]		[redacted]					√
			小计 [redacted]	[redacted]	[redacted]	[redacted]	[redacted]	[redacted]	[redacted]	[redacted]	[redacted]	[redacted]	[redacted]	[redacted]	[redacted]	[redacted]	[redacted]	[redacted]	[redacted]	[redacted]	[redacted]	[redacted]	[redacted]			

续表

课程类别		序号	课程名称	课时及学分		周课时及教学周安排										考核方式	
				课时	学分	一	二	三	四	五	六	七	八	九	十	考试	考查
						■■■■	■■■■	■■■■	■■■■	■■■■	■■■■	■■■■	■■■■	■■■■	■■		
专业（技能）课程	专业（群）平台课程	■	基础化学	■■■	■■	■	■									√	
		■	瓦克化工企业学院专业认识实习	■■	■	■■											√
		■	基础化学实验	■■	■		■■									√	
		■	化工分析	■■	■			■								√	
		■	化工制图与■■■	■■	■				■							√	
		■	瓦克化工企业学院分析化学实验	■■	■			■■								√	
		■	电工技术基础	■■	■			■								√	
		■	能源化工产业学院电工工艺与技术训练	■■	■				■■								√
		■	电子技术基础	■■	■				■							√	
		■■	化工单元操作	■■	■					■	■					√	
		■■	化工仪表与自动化	■■	■					■	■					√	
	小计			■■■	■■	■	■	■■	■	■	■						
	瓦克企业学院专业核心课程	■	能源化工产业学院中德化工实训	■■■	■				■■	■■						√	
		■	工业分析	■■	■					■						√	
		■	化工安全技术	■■	■					■						√	
		■	精细化工生产技术	■■	■						■					√	
		■	化工■■■与清洁生产	■■	■						■						√
		■	能源化工产业学院化工仿真实训	■■■	■					■■	■■						√
		■	能源化工产业学院电器控制实训	■■■	■						■■						√
		■	化学反应工程	■■	■							■	■			√	
		■	瓦克化工企业学院迷你工厂实训	■■■	■							■■				√	
		■■	毕业设计	■■■	■									■■		√	
		■■	瓦克化工企业学院顶岗实习	■■■	■■										■■■	√	
	小计			■■■■	■■					■	■	■	■	■	■		

续表

课程类别			序号	课程名称	课时及学分		周课时及教学周安排										考核方式	
					课时	学分	一	二	三	四	五	六	七	八	九	十	考试	考查
							■■■■	■■■■	■■■■	■■■■	■■■■	■■■■	■■■■	■■■■	■■■■	■■		
专业(技能)课程	专业方向课程	工业分析与检验	■	化验室组织与管理	■■	■								■			√	
			■	仪器分析	■■	■							■				√	
			■	瓦克化工企业学院工业分析技能训练	■■■	■■				■■	■■							√
			■	化学检验员高级工训练与考级	■■■	■■								■■	■■		√	
		限选精细化工	■	高分子化学	■■	■								■			√	
			■	化工工艺学	■■	■							■				√	
			■	精细化工生产技术仿真实训	■■■	■■				■■	■■							√
			■	瓦克化工企业学院模拟工厂实训	■■■	■■								■■	■■		√	
	小计				■■■	■■							■	■				
任选课程	人文素养类		■	演讲与口才	■■	■			■									√
			■	市场营销	■■	■					■							√
			■	公共关系理论与技巧	■■	■							■					√
			■	礼仪规范教程	■■	■								■				√
			■	交际英语	■■	■								■	■			√
			■	古诗词赏析	■■	■									■			√
			■	高职生文学赏析	■■	■									■			√
	小计				■■■	■■			■		■		■	■	■			

续表

课程类别		序号	课程名称	课时及学分		周课时及教学周安排										考核方式	
				课时	学分	一	二	三	四	五	六	七	八	九	十	考试	考查
						■■■■	■■■■	■■■■	■■■■	■■■■	■■■■	■■■■	■■■■	■■■■	■■		
任选课程	专业拓展类	■	化工信息检索	■■	■				■								√
		■	绿色化学	■■	■						■	■					√
		■	化工企业管理	■■	■							■					√
		■	工业催化	■■	■							■	■				√
		■	化工专业英语	■■	■								■	■			√
		■	化工设计概论	■■	■								■	■			√
		■	食品化学	■■	■								■	■			√
		■	材料化学	■■	■									■			√
		■	分析仪器维护	■■	■									■			√
		■■	化工物流	■■	■									■			√
	小计			■■■	■■				■		■	■	■	■■			√
素质拓展课程	入学教育及军训			■■	■	■■											√
	瓦克化工企业学院社会实践			■■	■		■■										√
	小计			■■	■	■■	■■										
合计				■■■■	■■■	■■	■■	■■	■■	■■	■■	■■	■■	■■	■■■		

参考文献

人民网. 技能人才需求旺盛（民生视线）[EB/OL].(2021-03-19)https://baijiahao.baidu.com/s? id=1694610761678547272&wfr=spider&for=pc

刘增辉. 中国职业技术教育学会副会长陈李翔：以三大行动推动产教融合向纵深发展[EB/OL].(2021-04-08)https://www.sohu.com/a/459686507_100016406.

赵文平. 职业教育产教融合型课程形态初论［J］. 高等职业教育探索，2021（1）.

王祝华. 产教融合从内涵深化到载体创新［J］. 中国高校科技，2019（12）.

陈灵超，涂三广，董宏建. 数据视域下中职师资培养的现状、成因及发展策略——基于教育部2010—2017中职校（机构）教师队伍状况分析［J］. 职教论坛，2019（1）.

《张家港市2020年国民经济和社会发展计划执行情况与2021年国民经济和社会发展计划报告》

《张家港市职业技能提升行动实施方案》

刘桓，陈福明，程艳红. 基于产教园的高职院校深化产教融合协同育人的机制探索［J］. 中国职业技术教育，2018（25）.

施捷. 产教融合中职服装专业“大课堂”教学模式课题实施路径探析［J］. 江苏教育研究，2020（12）.

姚丽霞，朱劲松. 推进校企融合协同育人的思考与实践——以江苏联合职业技术学院张家港分院为例［J］江苏教育，2020（12）.

董静. 学习领域项目教学课程的实践与思考——以五年制高职建筑工程技术专业为例 [J]. 江苏教育，2019 (84).

陆俊杰. 新时代产教融合要有新境界 [J]. 江苏教育，2018 (20).

柳燕，李汉学. 现代学徒制下企业职业教育责任探析 [J]. 职业技术教育，2015 (31).

赵志群. 职业教育工学结合一体化课程开发指南 [M]. 北京：清华大学出版社，2009.

胡艳曦，曹立生，刘永红. 我国高等职业教育校企合作的瓶颈及对策研究 [J]. 高教探索，2009 (1).

Heidegger, G.Gestaltungsorientierte Forschung und Interdisziplität [A]. Ranuer, F.ed.Handbuch Nerufsbildungsforschung [C]. Bielerfeld: W.Bertelsmann, 2005.

邢晖. 创新铸造新时代职教“双师型工匠之师”——学习《国家职业教育改革实施方案》体会 [J]. 中国职业技术教育，2019 (7).

丁俊. 高职院校“教学过程与生产过程对接”的实时互动远程教学研究 [J]. 职业技术教育，2020 (29).

朱国奉，杭瑞友. 高职工学研融合培养技术技能人才的策略研究 [J]. 中国职业技术教育，2015 (29).

肖加平. 职业院校如何提供“适合的教育”：改革思路与行动策略 [J]. 职业技术教育，2020 (33).

苏州市教育局关于印发《关于推进苏州市职业院校企业学院建设的意见》的通知 [EB] http://www.zfxxgk.suzhou.gov.cn/sjjg/szsjyj/201803/t2018 0330_971899.html.

祁占勇，王羽菲·多元·联动. 共治：新时代产教深度融合视域下职业教育人才培养的行动逻辑 [J]. 职教发展研究，2019 (2).

孔繁敏. 应用型本科人才培养的实证研究：做强地方本科院校 [M]. 北京：北京师范大学出版社，2010.

闫智勇，姜大源，吴全全. 职业教育行动逻辑课程的时代意蕴和建构思路 [J]. 职教发展研究，2019 (1).

姚丽霞. 产教融合协同育人 互动双赢提升质量——以江苏省张家港中等

专业学校为例［J］. 江苏教育研究，2018（10）.

姚丽霞. 制造类专业“四位一体”协同培养模式探析——以江苏联合职业技术学院张家港分院为例［J］. 江苏教育（职业教育），2017（12）.

姚丽霞，朱劲松. 浅析“四位一体”现代学徒制产生的效应［J］. 江苏教育研究，2016（33）.

姚丽霞，朱劲松 .“四位一体”现代学徒制的架构与效能——以江苏省张家港中等专业学校为例［J］. 江苏教育（职业教育），2016（14）.

万烨锋. 校企合作的融合提升之路［J］. 江苏教育研究，2018（30）.

余通海. 朝着新时代真善美健的德育方向戮力前行——江苏省扬州市全面推行中等职业学校新时代德育工作［J］. 江苏教育研究，2018（C6）.

朱永新. 卓越课程使人幸福完整［N］. 中国教育报. 2018-01-03.

刘尚明. 校企合作机制创新对职业教育专业建设促进作用的研究［J］. 当代职业教育，2014（3）.

徐明成. 校企合作机制创新研究［J］. 教育与职业，2014（21）.

冉云芳. 企业参与职业教育办学的成本收益分析［D］. 华东师范大学博士论文，2016.

朱凌云. 生涯发展需求与生涯教育［J］. 中小学心理健康教育，2011（22）.

崔景贵. 走向适合的积极职业教育［J］. 江苏教育（职业教育），2017（76）.

潘海生. 人本回归　创新引领［J］. 江苏教育（职业教育），2018（2）.

探索中国特色职教发展道路. 国新办举行新闻发布会介绍职业教育改革与发展情况［EB/OL］. http://www.jyb.cn/zyjy/zyjyxw/201406/t20140627_587913.html.

郑丽梅. 追求职业技能与职业精神培养的融合［N］. 中国教育报，2015-10-26.

郑玉清. 现代职业教育的理性选择：职业技能与职业精神的高度融合［J］. 职教论坛，2015（5）.

叶东，吴晓. 中国式“现代学徒制”［N］. 中国产经新闻，2013-11-21

(02).

杨黎明. 关于现代学徒制（一）——什么是现代学徒制［J］. 职教论坛，2013（6）.

赵志群，陈俊兰. 现代学徒制建设——现代职业教育制度的重要补充［J］. 北京社会科学，2014（1）.

冯克江. 关于现代学徒制研究文献综述［J］. 辽宁高职学报，2014（08）.

赵鹏飞. 现代学徒制人才培养的实践与认识［J］. 中国职业技术教育，2014（21）.

马能和. 五年制高职教育发展及实证研究［M］. 南京：江苏教育出版社，2008.

方华，黄小峰. 大学生创新教育的理论与实践［J］. 安徽工业大学学报（社会科学版），2008（5）.

刘沫. 理工科大学生创新教育的理论研究与实践［D］. 南京：南京工业大学，2005.

栾玉广. 科技创新的艺术［M］. 北京：科学出版社，2000.

后 记

产教融合、校企合作是职业教育发展的必然要求和趋势，也是提升职业教育质量的必由之路。在我国职业教育发展过程中，从中央到地方出台了很多关于产教融合、校企合作方面的政策性文件，特别是 2019 年国务院正式印发的《国家职业教育改革实施方案》更是明确指出，职业院校应当根据自身特点和人才培养需要，主动与具备条件的企业在人才培养、技术创新、就业创业、社会服务、文化传承等方面开展合作。多年来，广大职教工作者一直在探索中前行，在校企合作、产教融合方面形成了很多的经验和方法，但理想的深度产教融合、校企合作模型还未成熟，很多地方的职业教育和产业还未形成有效的链接，校、企双主体育人还没有真正落到实处，职业教育的社会贡献度还没有发挥最大效益。面对这样的情形，作为一所一直在实践和探索产教融合、校企合作的地方职业学校，从早期的“引企入校、前店后厂”，到中期的“四位一体”，再到自 2015 年开始实施的“融创中心、产业学院”建设，张中专一直都在不断尝试各种校企合作新路子。回顾总结这些年校企合作的实践，我们认为以“融创中心、产业学院”为纽带的产教融合、校企合作之路更为科学合理，这是一条可行之路，也是一种较为成功的模式。这一办学之路已经得到了地方政府、企业、国外优质职教资源等的支持与帮助，无论是在培养适合的人才方面，还是在服务产业、企业等方面都取得了一定的成绩。我们的做法或者说经验，虽然一些报纸杂志已有零星报道或发表，也在国内的一些研讨会上做过经验分享，但我们依然希望能把这些年来的探索与实践整理出来，与广大职教同行分享，以使职业教育产教融合、校企合作的形式更加多元，程度更加深入——这就是出版本书的初衷。

本书即将完稿之际，正值 2021 年全国职业教育大会召开。习近平总书记对职业教育工作做出了重要指示：在全面建设社会主义现代化国家新征程中，职业教育前途广阔、大有可为。要坚持党的领导，坚持正确办学方向，坚持立

德树人，优化职业教育类型定位，深化产教融合、校企合作，深入推进育人方式、办学模式、管理体制、保障机制改革，稳步发展职教本科，加快构建现代职业教育体系，建设一批高水平职业院校和专业，培养更多高素质技术技能人才、能工巧匠、大国工匠。中共中央政治局常委、国务院总理李克强也做出了重要批示：要瞄准技术变革和产业优化升级的方向，推进产教融合、校企合作，吸引更多青年接受职业技能教育，促进教育链、人才链与产业链、创新链有效衔接。本书围绕习总书记强调的“优化职业教育类型定位，深化产教融合、校企合作”要求，紧扣类型教育特点，面向国家战略性新兴产业、智能制造产业体系对高端产业人才的需求，以跨界、融合与重构的顶层设计，加大融创中心、产业学院、企业学院等方面的融合探索力度，不断深化与行业企业的合作，为区域培养更多高素质技术技能人才，助力区域经济发展。

本书是集体智慧的结晶，各个章节的整理撰写者都是直接负责产教融合、校企合作具体工作的教师，每一个产业学院、企业学院的建设案例都是真实的。全书由朱劲松负责框架设计和统稿工作，姚丽霞协助做了许多资料收集、整理以及书稿校对等工作。全书主创团队包括朱劲松、姚丽霞、张华、叶绪娟、胡梅、陆超顺、张斌、朱然琪，大家分工协作完成了全书的撰写。在写作过程中，我们参阅和引用了相关文献资料，在此对原作者一并表示感谢。

感谢江苏理工学院教育学院李德方院长，他对本书的策划、构思和出版做了很好的指导工作。感谢江苏理工学院马建富教授领衔的专家团队对本书框架设计、文本构思、书稿校对等方面所给予的指导与帮助。同时感谢江苏省张家港中等专业学校产教融合、校企合作团队多年来孜孜不倦的实践与改革。

产教融合、校企合作的方法与途径有许多，只要能提高人才培养质量，服务经济社会发展，就是有效的、有益的。尽管我们进行了多年的实践与探索，但本书所呈现的方法与途径也只是产教融合的有效探索之一，旨在抛砖引玉，期盼更多的专家学者与职教行家研究、探索和总结出更多的有效方法。随着党和国家对职业教育的日益关注与重视，职业教育的产教融合、校企合作一定会更加有深度、有宽度、有高度。

朱劲松
2021 年 5 月于港城